하늘의 부르심 vs. 교회의 부르심

히브리서와 에베소서 비교 연구

국립중앙도서관 출판예정도서목록(CIP)

하늘의 부르심 vs 교회의 부르심 : 히브리서와 에베소서 비교 연구 / 지은이: 존 기포드 벨렛 ; 엮은이: 이종수. -- [서울] : 형제들의집, 2015
        p. ;   cm

원표제: Opened heavens : musings on the epistle to the Hebrews
원표제: Brief notes on the epistle to the Ephesians
원저자명: John Gifford Bellett
권말부록: 세대적인 진리 연구의 유익
영어 원작을 한국어로 번역
ISBN 978-89-93141-72-6 03230 : ₩16000

히브리서[--書]
에베소서[--書]

233.787-KDC6
227.87-DDC23

CIP2015009553

하늘의 부르심 vs. 교회의 부르심

히브리서와 에베소서 비교 연구

존 기포드 벨렛 지음 | 이종수 엮음

형제들의 집

차 례

제 1장. 하늘의 부르심에 대한 예시......................... 07

제 2장. 하늘의 부르심과 교회의 부르심..................... 40

제 3장. 하늘의 부르심 - 히브리서........................... 71

제 4장. 교회의 부르심 - 에베소서........................... 185

부 록. 세대적인 진리 연구의 유익........................... 248

저자 소개 존 기포드 벨렛................................... 278

존 기포드 벨렛,
(John Gifford Bellett, 1795-1864)

오 깊도다 하나님의 지혜와 지식의 부요함이여!
오 영광의 지고함이여! 은혜의 넓고 깊음이여!
기적 중의 기적이여! 하나님이 이와 같은 방식으로 자신을
계시하실 때, 우리는 우리 얼굴을 가릴 수 밖에 없다.
그럼에도 우리는 고요히 주님을 신뢰하는 가운데,
우리 영혼의 깊은 애정을 다해 주님을 사랑해야 할 것이다.

제 1장 하늘의 부르심에 대한 예시
The Heavenly Calling Foreshown

　사도 바울은 그리스도 안에서 자기 골육인 형제들을 가리켜 "함께 하늘의 부르심을 입은 거룩한 형제들"(히 3:1)로 부르고 있다. 다른 성경에서는 이 부르심을 일컬어 "그리스도 예수 안에서 하나님이 위에서 부르신 부르심"(빌 3:14)이라고 했다. 게다가 에베소서에서는 이것을 "영광의 아버지의 부르심"이라고 말했다(엡 1:17,18). 이러한 부르심을 입은 사람들에게, 하나님은 그 은혜의 지극히 풍성함을 오는 여러 세대에 나타내고자 하셨다(엡 2:7). 주님은 장차 주님의 권능이 나타나는 그 날에, 주님이 행하신 모든 역사를 통해서 뿐만 아니라 하늘과 땅에서 주님의 영광을 빛내줄 구름같이 허다한 증인들을 통해서 찬송을 받으실 것이지만, 특별히 (그리스도 예수 안에서 영광스러운 구원으로 부르심을 받은) 사람들을 통해서 크게 영광과 칭송을 받으실 것이다.

이러한 하늘의 부르심에 참여하는 일은, 오늘날 신약성경을 통해서 계시된 것과 같이 다른 세대에서는 알려지지 않았다. 왜냐하면 이 부르심은 하나님이 모든 지혜와 총명으로 넘치게 해주신 교회에게만 허락된 것이며(엡 1:8), "그 뜻의 비밀을 우리에게 알리셨으니 곧 그 기쁘심을 따라 그리스도 안에서 때가 찬 경륜을 위하여 예정하신 것"(엡 1:9)이기에 오직 신약성도들에게만 알리신 것이기 때문이다. 이는 참으로 경이로운 방식으로, 그들로 하여금 "우리가 그리스도의 마음"을 가진 것을 증거하려는 것이다(고전 2:16). 하나님은 하나님의 깊은 것을 성령을 통해서 그들에게 보이셨다(고전 2:10). 이는 그들로 "원만한 이해의 모든 부요에 이르러 하나님의 비밀"을 깨닫게 하려는 것이었다(골 2:2). 그들에게 이처럼 높은 특권을 부여해주었던 것은 바로 이 사실에 터 잡고 있는데, 곧 아들께서 그들의 선지자란 사실에 있다. 그들은 "하나님의 영광의 광채시요 그 본체의 형상이신" 아들을 통해서 말씀을 들었다(히 1:2,3). 그래서 아들께서는 "내가 내 아버지께 들은 것을 다 너희에게 알게" 하셨던 것이다(요 15:15). 하나님은 선지자들을 통해서 여러 부분과 여러 모양으로 그들에게 말씀하셨지만, 이스라엘은 이처럼 높은 특권의 자리에 서있지 못했다. 그럼에도 선지자들은 아들이 아니었고, 아버지의 품속에서 보내심을 받지도 않았다. 그들은 땅에 속한 자들이었기에 땅에 속한 것을 말할 뿐이었다. "위로부터 오시는 이는 만물 위에 계시고 땅에서 난 이는 땅에 속하여 땅에 속한 것을 말하느니라."(요 3:31) 왜냐하면 이스라엘은 땅에 속한 백성이며, 그들의 시민권과 그들의 처소는 이 땅이기 때문이다. 하지만 교회[1]는 하늘 가족이며, 교회의 선지자는 하늘로서 오신 주님이시다. 따라서 주님은 하늘에서 보고 들으신 것을 증거하셨다. "은혜와 진리"로 충만하신 주님은 우리 가운데 거하시면서, 아버지 품속을 떠나오신 아들로서 아버지를 우리에게 알게 하셨고, 또 "우리에게 지각을 주사 우리로 참된 자를 알게" 하셨다(요일 5:20). 그리스도 안에서 또한 그리스도를 통해서, 찬송을 받으실 하나님이 계시되었다. 이제 우리는 "예수 그리스도의 얼굴에 있는 하나님의 영광을 아는 빛"을 가지게 되었다(고후 4:6).

땅에 속한 것들에 대해서 예언했던 선지자들은 우리에게 주님의 땅에 속한 영광에 대해서 많이 말했는데, 그 자체만으로도 황홀하고, 은혜롭고, 경이롭기 그지없는 예언의 말씀이었다. 이사야 선지자는 여호와께서 시온 산에서 통치하실 것과 자기 백성들 앞에 영광스럽게 나타나실 것에 대해서 예언했다(사 24:23). 에스겔은 인자께서 궁창 위에서 영광 가운데 있는 것을 보았고,

---

1) 이스라엘과 교회를 이렇게 지상 백성과 하늘 백성으로 구분하는 것은 단순히 추측하는 것이 아니라, 말씀의 계시를 따르는 것이다.

나중에는 그 동일한 영광이 큰 왕의 지상에 있는 도성인 예루살렘으로 돌아오는 것을 보았다(겔 43:1,2). 그리고 다니엘은 이 지상에서 나라와 통치를 세우시는 그리스도의 영광의 증인이었다. 사실 선지자들은 일반적으로 그리스도를 이스라엘의 왕으로서, 그리고 온 땅의 하나님으로서 이방나라들을 자신의 기업으로, 그리고 땅 끝까지 자신의 소유물로 삼으시는 분으로 예언했다. 이 모든 것이 아들의 영광을 말하는 것이긴 해도, 여전히 땅에 속한 영광에 대한 것이다. 이 모든 영광이 나타나는 배경은 지상이다. 따라서 이방인이 "함께 후사가 되고 함께 지체가 되고 함께 약속에 참여하는 자"가 되는 것은, 선지자들에겐 전혀 계시되지 않았던 "비밀"이었다(엡 3:6). 예수 우리 주님과 함께 하나님의 공동후사가 되는 것은, "하늘에 속한 모든 신령한 복"(엡 1:3)에 속한 것으로서, "거룩하게 하시는 자와 거룩하게 함을 입은 자들이 다 하나에서" 났기 때문이며(히 2:11), 그리스도의 몸이자 "만물 안에서 만물을 충만케 하시는 자의 충만"(엡 1:23)인 교회에게만 주신 복인 것이다. 이 모든 것은 인자께서 들어가신 "하늘에 속한 것들"이다. 이는 인자이신 주님만이 하늘에서 내려오신 분이시며 또한 홀로 하늘에 오르신 분이기 때문이다(요 3:13).

이러한 내용은 새로운 것이 아니다. 하나님의 목적이 나타나는 데에는 적절한 때와 정해진 사역이 있었다. 교회는 하나님의 목적에 따르면 새로운 것은 아니었지만, 그 나타남은 전혀 새로운 것이었다. 지상에 오시는 메시아로서 예수님은 이스라엘이 오랫동안 기다려온 소망이었다. 따라서 주님의 탄생을 기념하는 찬송과 지상 백성에게로 오시는 주님을 환영하는 것은 이스라엘에겐 경축할만한 좋은 일이긴 해도, 하늘에 속한 일과는 아무 상관이 없었다. 게다가 주님의 부활은 주님의 지상에 속한 영광과 유대인의 소망을 제거하는 것이 아니었다. 왜냐하면 지상에 속한 백성들은 메시아의 부활 뿐만 아니라 교회를 통해서도 영적인 유익을 얻을 수 있게 되었기 때문이다. 선지자들은 그 일을 예언했고, 부활에 기초해서 약속을 받았으며, 그들의 조상들에게 주어진 약속은 "이스라엘 열두 지파가 밤낮으로 간절히 하나님을 받들어 섬김으로 얻기를 바라는" 것이었다(행 26:6-9 참조). 다윗의 보좌에 대한 소망은 부활과 동일시되었다(행 2:30,31). 다윗에게 주어진 확실한 자비를 확고히 하는 것은 부활이었다(행 13:34). 그러므로 주님의 죽음과 부활이 예루살렘에서 이루어졌을 때, 그에 대한 증거를 우선적으로 이스라엘 민족에게 알리도록 했던 것이다. 이보다 더 중요한 것이 있다. 승천도 주님을 유대인과의 연결을 끊는 것이 아니었다. 왜냐하면 승천은 주님을 높은 곳으로 오르게 했으며, 선물을 패역자 곧 이스라엘에게서 받으시도록 했고(시 68:18), 새 언약을 이스라엘에게 주시는 일을 가능케 했다. 우리는 주님이 "이스라엘로 회개케 하사 죄 사함을 얻게" 하는 일을 승천의 자리에서 하시는 것을 볼 수 있다(행 5:31). 하지만 하늘로 승천하신 후 주님의 재림을 땅에서 기다리는 일에 앞서, 지금 하늘에서 부르시는 부르심 또는 하늘의 부르심은 유대인의 소망을 넘어서는 것이다. 아버지 집에 있는 많은 거할 곳과 하나님의 아들이신 그리스도와의 형제 관계 속에 있는 성도로서 맛보는 기쁨과 영예는 비밀로 간직되어 왔다. 그러한 것이 교회가 부르심을 받은 높은 부르심이며, 교회의 부르심은 자신의 지상 백성 이스라엘에게서 거절당하신 후 부활하셨을 때 하늘의 영광 속으로 승천하신 아들에게서 보내심을 받은 성령님을 통해서 지금 신약시대의 성도들에게 알려진 것이다. 바로 그 순간까지 때가 아직 되지 않았으며, 하늘의 부르심이 계시될 그 때까지 하늘로 부르시는 사역은 준비되지 않았던 것이다.

비록 나타날 계시였지만, 하나님은 비밀로 간직해오셨다. 그럼에도 하나님은 세상 시작부터 다양한 예표와 모형을 통해서 표현하는 것을 기뻐하셨다. 이제 신약시대의 성도들은 완전한 계시의 빛을 통해서 그 비밀을 볼 수 있게 되었을 뿐만 아니라, 그러한 상징들과 그림자들을 역으로 추적할 수 있게 되었다. 신약의 성도들은, 주님이 땅과 지상 백성들(the earthly people)을 다루시는 섭리 중에서도, 여전히 자신을 하늘에 속한 가족으로 여길 수 있는 특권을 부여받았다.

최근 나의 영혼에 신선한 위로가 되었던 일을 나누고 싶다. 왠지 모를 불안한 마음은 늘어만 가고 또 우리를 둘러싼 세상 어두움은 더욱 짙어만 가는 요즘, 오히려 우리 하나님의 빛은 더욱 순수하게 빛난다. 이것이 우리의 위안이다. 구름 기둥은 이스라엘이 통과하는 광야 어느 곳에서건 항상 동일하게 그들을 인도했다. 사망의 그림자가 드리운 그 땅은 그들이 행군하는 어디에서건 어두컴컴했다. 하지만 하나님의 기둥은 여전했다. 그들이 어디에 있건, 항상 동일한 거리에서, 확실하게, 변치 않는 안내를 해주었다. 하나님의 구름 기둥은 광야의 어둠에 아무 영향을 받지 않았다. 광야가 이스라엘에게 더욱 외로운 장소가 될수록, 구름 기둥은 더욱 그들이 바라보고, 그들이 의지할 수 있는 동료이자 친구가 되어주었다. 사랑하는 독자들이여, 오늘날 우리에게도 마찬가지이다. 성도로서 우리가 걸어야 하는 길이 외롭고도 외로운 길이긴 하지만, 주의 말씀은 영원하다. 주의 말씀엔 어둠이 없고, 불확실한 것도 없다. 만일 우리가 불평하는 현재적 어두움이 예수님 안에도 있었다고 할 것 같으면, 우리에겐 슬픔과 절망 밖에 없을 것이다. 하지만 우리 주님은 이 땅에서도 여전히 하늘에 속한 자로서, 하늘의 기쁨을 맛보며 걸어가셨다. 이 사실이 말씀의 촛불을 통해서 밝히 빛나고 있다. 하나님은 촛대를 평상 아래 두지 않으신다. 오히려 모든 사람이 밝히 볼 수 있도록 높이 들어 올려서 비추게 하신다. 어두움은 우리를 둘러싼 세상만을 덮고 있을 뿐이지만, 만일 우리의 눈이 악하다면 온 몸도 어두울 것이다(눅 11:33-36). 그러므로 밤은 깊고 외롭지만, 여전히 우리를 인도하고 격려해줄 빛이 있다. 단순하게 순종하는 성도들은 분명 어두운 곳을 비추는 등불을 가질 것이다(벧후 1:19). 집터가 무너져도, 의인은 자신이 무엇을 해야 할지를 안다. 왜냐하면 하나님의 등불은 여전히 밝게 비추고 있기 때문이다(눅 11:36). 형제들이여, 이것은 우리의 위로이다. 우리 하나님의 말씀은 영원하다. 뿐만 아니라 우리 하나님은 항상 은혜로운 손길을 펴서 우리를 인도하고 또 안내하신다!

구약성경에서 예표적인 다양한 인물들이 주님을 어느 한 쪽 측면만의 영광의 특징을 모형적으로 보여주고 있다는 사실에 주목할 필요가 있다. 사실 어느 누구도 주님을 온전히 예표할 수 있는 사람은 없다. 그들은 하나님의 손 아래서 제한적인 측면에서만 주님의 모습을 예표하도록 정해졌고, 그 이상은 허락받지 못했다. 그들의 어느 특징적인 모습 속에서, 우리는 예수님의 모습을 약간 볼 수 있을 뿐, 그것이 전부였다. 이 사람 저 사람의 이야기는 따로 경이로운 이야기이긴 해도, 주님의 이야기엔 절반도 미치지 못한다(왕상 10:7). 하지만 그 모든 이야기를 통해서 우리가 배울 수 있는 내용은 매우 많다. 이제 내가 다루고자 하는 하나님의 깊은 것들은 오직 성령님만이 통달하실 수 있는 것으로서, 사실 하나님은 우리에게 성령으로 이 모든 것들을 보이신 반면, 그들에겐 예표를 통해서 보여주셨던 것이다.

아담과 이브의 하나됨을 통해서 그리고 결혼 법을 통해서, 그리스도와 교회의 하나됨을 세상의 시작부터 알리셨다. 모든 피조물을 다스리는 일에 이브가 아담의 통치권에 연합되어 있었던 것과 같이, 지상에 있는 모든 것을 하늘에 속한 성도들이 주님과 함께 공동의 기업으로 상속받도록 정해졌다. 성막의 각 부분들의 구조와 조합 속에는 하나님이 목적하신 바의 상당 부분이 표현되었다. 바깥뜰과 더불어 성소는 하늘의 식양(heavenly patterns)을 따라 건축되었는데, 하늘과 땅은 별개이긴 해도, 하나로 연합되어 있는 모습을 나타내도록 설계되었다. 이처럼 하늘과 땅의 하나됨과 동시에 별개성은 형의 얼굴을 피하여 도망을 치던 족장 야곱이 꾼 "사닥다리가 땅 위에 섰는데 그 꼭대기가 하늘에 닿아 있는" 꿈을 통해서 이미 나타났다(창 28:12). 구약성경에는 이처럼 예시적인 그림들이 어떤 예표적인 특징을 가진 인물들을 통해서, 그리고 그들이 가진 예표적인 특징의 조합을 통해서 상당히 많이 그려져 있다. 따라서 그들을 함께 모아보고, 또 성막의 각각의 부분들처럼 하나씩 살펴보면, 하늘에 속한 것들과 땅에 속한 것들의 질서를 발견하게 되며, 최종적으로는 세상 시작부터 예시되어온 것들이 드러나게 될 것이다. 이 점에 있어서, 나는 최근에 강한 확신을 가질 수 있었다. 사실 이렇게 확신을 갖는 것은 성도의 의무이다. 뿐만 아니라 하나님의 다양한 역사 속에 흐르는 하나님의 섭리를 발견하는 것, 하나님의 손으로 돌리는 물레에서 빚어지는 그릇의 모양에서 하나님의 마음과 목적을 읽어내는 것, 그리고 하나님이 우리의 영광을 위하여 창세 전에 미리 정하신 감추인 지혜를 말하는 것(고전 2:7)은 오히려 신약 성도의 기쁨인 것이다.

이제 우선적으로 에녹과 노아를 통해서 모형적인 인물들의 조합에 대해서 살펴보자.

땅은 처음엔 아담에게 주어졌다. "하나님이 그들에게 복을 주시며 그들에게 이르시되 생육하고 번성하여 땅에 충만하라, 땅을 정복하라, 바다의 고기와 공중의 새와 땅에 움직이는 모든 생물을 다스리라 하시니라."(창 1:28) 하지만 아담의 손에서 땅은 부패했고, 가인과 그 일족의 소유가 되자, 창세기 4장에서 보는 것처럼 더욱 부패하게 되었다. 그들은 사고, 팔고, 건축하고, 시집가고 장가갔다. 그들은 자기 이름을 내고자 했고, 육신의 판단에 따라 좋은 대로 땅을 경작했다. 그러한 것들이 그 시대의 "세상"이었고, 그들이 사랑하고 아끼던 "세상에 있는 것들"이었다. 하지만 이러한 가인의 세상에서도, (가인에게 살해당한 아벨 대신 이브에게 주신 다른 자식인) 셋의 계보를 잇는 믿음의 가족이 있었는데, 그들만이 "주의 이름을 불렀다."(창 4:26) 이것이 그들에 대한 유일한 기록이다. 세상은 그들을 알지 못했다. 왜냐하면 그들은 세상에 속하지 않았기 때문이었다. 그들은 죽었지만, 그들의 계보는 이어졌다. 그들은 이 땅에서 아무런 기업을 받지 못했다. 그들은 저주받은 땅을 수고하며 힘들게 일구었다. 그들은 하나님의 공의로운 법령에 복종하는 뜻에서 이렇게 했으며, 다만 새로운 땅과 장래에 안식을 주실 것을 바라보았다(창 5:29). 그들은 믿음으로 살았고, 소망 가운데 죽었다. 그들에 대해서 성경은 "세상이 감당치 못하도다"(히 11:38)라고 말했다. 그들은 하늘에 속한 가족이었다. 자신의 꾀를 이루고자 기꺼이 하나님을 배반하고 하나님 앞을 떠나가 버린 세상 가운데서, 그들은 하나님을 알고 또한 하나님의 아시는 바 된 사람들이었다.

하지만 시간이 흐름에 따라 그들도 부패해졌고, 주님은 그들의 배도와 하늘의 특징을 잃어버린 사실을 증거해야만 했다. 그래서 그들을 포기하는 뜻에서 "나의 영이 항상 사람과 다투지는 않으리라"(창 6:3)고 말씀하셨다. 게다가 하나님께서는 사람의 죄악이 세상에 관영함과 그 마음의 생각의 모든 계획이 항상 악할 뿐임을 보셨을 때, 땅 위에 사람 지으셨음을 한탄하사 마음에 근심하셨다(창 6:5-6).

이 일이 있기 전, 에녹은 자신을 부르신 높은 부르심에 충성스러운 사람으로 나타났다. 셋의 가계를 통해서 흐르는 하늘의 소망의 능력을 덧입고, 에녹은 "하나님과 동행"하는 삶을 살았으며, 이 소망의 결국인 "하나님이 그를 데려가시므로 세상에 있지 아니하였다."(창 5:24) "믿음으로 에녹은 죽음을 보지 않고 옮기

웠으니 하나님이 저를 옮기심으로 다시 보이지 아니하니라 저는 옮기우기 전에 하나님을 기쁘시게 하는 자라 하는 증거를 받았느니라."(히 11:5) 이 구절은 이처럼 거룩하고 존귀한 족장 에녹에 대한 단순한 기록이다. 그럼에도 이 구절은 우리에게 에녹을 그분의 날에 영광으로의 승천과 하늘의 부르심의 증인으로서 소개하기엔 충분히 길다. 에녹에게 죽음은 폐기된 것이었고, 생명과 불멸로 들어가는 순간일 뿐이었다. 하나님이 그를 데려가셨기에, 땅에서 그를 찾아볼 수 없었다. 아버지의 집에는 거할 곳이 많이 있는데, 그곳은 이미 준비되었다. 그는 이미 자신의 거처를 얻었다. 성도들은 그를 장차 주님을 만나러 공중으로 휴거되면 보게 될 것이다.

이 모든 것을 종합해서, 에녹은 주님이 땅을 심판하러 성도들과 함께 오실 것을 예언했다. 이 악한 세상에서 영적으로 성별된 삶을 살았던 에녹은, 이후 세상에 임하는 심판에서 벗어나는 사람이 될 수 있었다. 에녹은, 마치 아브라함이 소돔과 고모라와 그 온 들을 향해 눈을 들어보았을 때 연기가 치밀어 오르는 것을 보았던 것처럼(창 19:28), 세상 심판 이전에 자신이 하늘을 오르는 승천을 보았던 것이다. 그래서 그는 "보라 주께서 그 수만의 거룩한 자와 함께 임하셨나니 이는 뭇 사람을 심판하사 … 저희를 정죄하려 하심이라"(유 14,15)고 예언했다.

한편 노아는 심판을 피하도록 데려가지 않고, 안전하게 통과하도록 했다. 에녹을 세상에서 데려가신 동일하신 하나님이 노아는 세상을 통과하도록 하신 것이다(히 11:6,7). 노아는 방주를 준비함으로써 자기 집을 구원했다. 홍수가 내렸고, 물이 세상을 덮었다. 모든 육체가 종말을 고했으나, 그는 새로운 땅을 기업으로 얻는 후사로서 살아남았다. 그리고 하나님은 노아와 땅에 대한 언약을 세우셨고, 하나님은 그에 대한 징표로 자신의 무지개를 구름 속에 두셨다.

이것은 에녹에게 주어진 영광과는 달랐다. 노아는 여전히 땅에 남았다. 하나님은 노아를 분명 기억하셨지만, 그것은 방주의 문을 열어주고 또 그를 다시 땅에 거하도록 해주는 것뿐이었다. 노아는 다시 땅을 밟았다. 하나님은 그를 옮기지 않으셨고, 다만 보존하셨다. 에녹은 하늘로 옮겨져 하나님에게로 갔지만, 노아는 믿음으로 홍수를 통과해서 새 세상으로 들어갔다.

그처럼 교회와 이스라엘의 영광은 다르다. 마찬가지로 하늘 가족과 땅의 가족으로의 부르심도 다르다. 마찬가지로 부활의 자녀와 할례의 자녀도 다르다. 이러한 영광들이 나타나는 시기도 다르다. 에녹이 노아 앞에 왔다. 노아가 옛 세상을 정죄하고 새 세상을 상속받기에 앞서 에녹은 하늘로 옮기었다. 마찬가지로 신약성도들은 주님을 만나기 위해 먼저 공중으로 휴거될 것이며(에녹처럼), 그 후에 이방나라에 대한 심판이 이루어질 것이고, 주님께서는 지상 통치의 영광과 온 나라를 자신의 기업으로 삼으시는 영광 가운데 나타나실 것이다(노아처럼)[2].

하지만 이전에 아담-땅이 부패하였듯이, 노아-땅도 속히 부패하게 되었다. 인생들(사람의 자녀들)은 또 다시 헛된 망상에 빠지게 되었고, 교만과 어리석음 때문에 그 마음이 둔해졌다. 육신은 또 다시 자신의 진면목을 나타냈다. 사람은 변한게 없었다. 홍수의 물이 사람의 어리석음을 씻어내지 못했고, 다시금 하나님처럼 되고 싶은 옛날 욕망이 여전히 꿈틀거리고 있었다. 인생들은 이제 "성과 대를 쌓아 대 꼭대기를 하늘에 닿게 하여 우리 이름을 내고 온 지면에 흩어짐을 면하자"며 의기투합했다(창

---

[2] 마태복음 24장의 예언을 보면서, 나는 우리 주님을 에녹이 아니라 노아의 모형으로 설명하고자 한다. 왜냐하면 여기서 주님이 행하시는 일은 할례의 수종자이시며 이스라엘의 선지자로서 행하는 것이기 때문이다. 노아를 주님의 모형으로 삼을 때에만, 우리는 바른 예언의 해석을 가지게 된다. 이렇게 예언을 바로 해석할 수 있는 열쇠를 가지게 되면, 주님이 말씀하시는 예언을 통해서, 데려가는 것은 고대의 배도자들의 경우처럼 심판을 받은 결과이며, 또한 남겨지는 것은 노아와 그의 가족의 경우처럼 오히려 복을 받는 길임을 보게 된다. 게다가 주님은 우리에 대해서도 말씀하셨다(마 24:44-51). 이 예언 가운데서 주님은 교회에 대해서 말씀하셨는데, 교회의 경우엔 노아가 아니라, 에녹을 자신의 모형으로 삼으셨다. 그렇다면 남겨지는 것은 에녹이 휴거된 이후 남게 된 땅에 거하는 사람들, 즉 땅을 부패시킨 자들에 대한 심판을 받도록 남겨지는 것이며, 데려가는 것은 에녹처럼 영광으로 옮겨지는 것이 된다.

11:4).

주님은 전에 셋의 계보에서, 가인-세상 가운데서도 하늘에 속한 사람을 일으키셨다. 마찬가지로 이제 영광의 하나님은 노아 세상 가운데서 또 다른 하늘에 속한 사람을 일으키셨는데, 바로 아브라함의 계보에서다. 땅의 정부(政府)는 노아에게 주어졌는데, 이제 아브라함은 땅을 떠나고, 고향과 친척과 아버지의 집을 떠나 하나님과 동행하도록 부르심을 받았다. 셋 혹은 에녹처럼 이 땅에서 나그네와 순례자가 되는 것이었다. 아브라함은 그들과는 달리 이 부패한 땅에서 아무 분깃도 받지 못했다. 하나님은 아브라함에게 전혀 땅을 기업으로 주지 않으셨다. "여기서 발 붙일 만큼도 유업을 주지 아니하시고"(행 7:5) 아브라함이 가는 곳마다 장막과 제단이 따랐으며, 그것이 아브라함을 땅에서 하나님과 동행하는 순례자라는 특징을 가진 사람으로 만들었다. 아브라함은, 자신을 부르신 부르심의 특징 때문에 세상과 관계할 것이 없었다. 아브라함은 자녀들과 함께 장막에 거하였으며, 하늘에 있는 본향을 사모하다가 믿음으로 죽었다. 그는 성을 건축하고 자신의 이름을 내고자 했던 인생들의 역사에 참여하지 않았다. 그는 다만 하나님이 지으시고 건축하시는 성을 바라보았으며, 자신의 이름을 창대하게 해주시겠다고 하신 여호와의 약속이 이루어지길 기다렸다(히 11:10, 창 12:2). 하나님은 분명 아브라함과 함께 하셨다. 욥이 말한 것처럼, 그의 등불이 그의 머리에 비추었고, 경이롭고도 또한 복되게도 하나님의 비밀이 그의 장막에 있었다(욥 29:3,4). 이러한 것은 모두 아브라함이 가진 현재적 영광이었고, 그것도 거룩한 영광이었다. 주님은 아브라함에게 주의 행사를 미리 말씀해주셨고, 모든 것을 약속하셨다. 멜기세덱의 손을 통해서 하늘과 땅에 속한 보물들을 맹세로 보증하셨고, 주의 말씀을 통해서 땅 뿐만 아니라 하늘에 속한 비밀들을 알게 해주셨다. 그는 세상의 후사가 될 것이며, 많은 이방 나라들의 아비가 될 것이다. 그는 하나님의 임재에 들어가는 일을 허락받았으며, 땅에서는 "하나님의 친구"로 행했다. 세상을 심판하는 일이 일어나기 이전 그에게 알려졌는데, 이는 심판이 아브라함에겐 가까이 오지 않을 것이란 사실을 알리고, 그의 눈으로 악한 자가 보응을 받는 것을 친히 보도록 하기 위한 것이었다. 아브라함은 그처럼 높은 곳에서 세상을 내려다볼 수 있었고, 소돔과 고모라 땅에서 연기가 옹기점 연기같이 치밀어 오르는 것을 볼 수 있었다. 아브라함은 전에 여호와 앞에 섰던 곳에 서 있었다. 즉 그가 주님께 중보 기도하던 곳에 서있었던 것이다(창 19:27,28). 그곳은 원칙상, 그리고 성격상, 하늘 자체를 의미했다.

아브라함은 에녹처럼 심판이 오기 전에 세상에서 빼어냄을 받게 될 택함을 받은 사람이었다. 이 땅의 위기의 순간은 그에게 아무 관계가 없었다. 하지만 아브라함의 친척, 어리고 연약한 사촌 롯은 남은 자로서 심판을 통과하도록 세상에 남겨졌다. 하나님께서 롯이 거했던 도시를 멸망시키실 때, 하나님은 확실한 사랑의 목적을 가지고 천사를 보내심으로써 그를 그 멸망 가운데서 빠져나오도록 하셨다. 하지만 롯은 아브라함처럼 높은 자리를 허락받지 못했다. 롯과 아브라함은 이후에 다시 만날 수 없었다. 왜냐하면 롯은, 노아처럼 심판에서 살아남은 남은 자로서 여전히 땅에 거해야 했기 때문이다. 반면 아브라함은 에녹처럼[3], 심판에서 벗어나 땅에서 순례자로 살았다.

이처럼 하나님 뜻의 비밀을 아는 지식은 세상의 시작부터 하나님의 마음 속에 품고 계셨던 것이며, 때가 찬 경륜 가운데 나타나도록 정해진 것이었지만, 그럼에도 만물이 함께 모이는 것, 즉 "하늘에 있는 것이나 땅에 있는 것이 다 그리스도 안에서 통일"(엡 1:10)되는 것은 홍수 이전이나 또는 이후에 족장들을 통해서 다양한 모습으로 이미 모형적으로 예시되었다. 그 다음 주님의 섭리는 땅에서 따로 구별해낸 자신의 백성으로 하나의 민족을

---

[3] 나는 이 사실 때문에 충격을 받았다. 아브라함이 소돔과 고모라 땅의 멸망을 알게 된 것은 천사를 통해서가 아니라, 주님 자신을 통해서 알게 된 것이었다. 반면 롯은 천사들을 통해서 자신이 거하는 성의 멸망을 알 수 있었다. 따라서 소돔의 멸망에 대한 일을 볼 때, 우리는 아브라함에게 나타난 분은 주님이었으며, 또한 아브라함에게 말씀하신 분도 주님이었던 것을 알 수 있다(창 18:11-17). 이에 반해 롯을 방문한 것은 두 명의 천사뿐이었다. 이 사실은, 나에게, 아브라함과 롯이 구분된 것처럼, 하늘과 땅에 속한 사람을 구분해야 하는 이유로 보인다.

이루도록 하는 것이었고, 우리는 하나님의 동일한 목적이 또 다른 모습으로 나타나는 것을 볼 수 있다. 즉 우리는 이것을 모세와 여호수아라는 두 인물을 병합한 모형적인 그림을 통해서 볼 수 있다.

모세는 애굽에서 나와서 광야에 들어갔다. 모세에 대해서 성경은 "광야 교회에 있었고 또 생명의 도를 받아 우리에게 주던 자"(행 7:38)라고 기록하고 있다. 모세는 약속의 땅 지경까지만 갈 수 있었다. 가나안은 하나님이 자신에게 구별시킨 땅이었고, 곧 하나님의 세상이 될 참이었다. 하지만 모세는 더 이상 나아가지 못했다. 모세에겐 가나안을 멀리서 볼 수 있는 광야 땅 외엔, 새로운 하나님의 세상인 가나안과는 아무 관계가 없었다. 모세에겐 가나안 땅이 주어지지 않았다. 그의 발은 젖과 꿀이 흐르는 땅을 밟지 못했다. 주님은 모세에게 "너도 올라가는 이 산에서 죽어 네 조상에게로 돌아가리니"(신 32:50)라고 말씀하셨다. 그리고 모세는 그렇게 되었다. 그는 모압 평지에서 느보 산에 올랐고, 비스가 꼭대기에 이르렀으며, 거기서 죽었다. 하지만 과연 모세는 다른 사람들처럼 평범하게 죽었을까? 모세는 어리석은 사람처럼 죽었는가? 그렇지 않다. 주님이 친히 그를 잠들게 하셨다. 죽은 자들이 죽은 사람을 장사지내는 법이다. 하지만 모세는 주님이 장사지내 주셨다. "주께서 모세를 벧브올 맞은편 모압 땅에 있는 골짜기에 장사하셨으니 오늘까지 그 묘를 아는 자 없더라."(시 34:6, KJV 참조) 비록 주님은 다른 방식으로 주님의 보살핌을 나타내셨지만, 모세의 몸이나 에녹의 몸이나 동일한 보살핌을 받았다. 왜냐하면 그들은 모두 동일하게 부활의 자녀였기 때문이다. 어떤 사람은 잠들어 있지만, 살아 남아 있는 사람들이 자는 자보다 결코 앞서지 못할 것이다. 모두가 함께 구름 속으로 끌어올려 공중에서 주를 영접하게 될 것이다(살전 4:15-17). 땅은 모세의 몸을 소유하지 못한다. 다른 사람들처럼 흙이니 흙으로 돌아가는 것이 기정사실이긴 해도, 주님이 친히 그 몸을 장사지내신 것은 영광으로의 부활에 대한 확실성과 분명한 목적으로 그리하신 것이다. 사망 권세도 모세를 붙잡지 못한다. 비록 모세의 죽을 때 나이 일백 이십 세나 그 눈이 흐리지 아니하였고 기력이 쇠하지 아니하였다. 어쩌면 주님은 모세에 대해서 (모든 부활의 자녀에 대해서) "내가 올 때까지 그를 머물게 하고자 할지라도"라고 말씀하실 수 있었다. 왜냐하면 사망은 그들 모두에게 아무 힘도 쓰지 못하게 되었기 때문이다. 하지만 주님은 다르게 마음을 쓰셨고, 그것도 은혜롭게 하셨다. 주님은 모세에게 "예수 안에서 자는 자들"로 불리는 모든 사람들에게 주신 것과 똑같은 보증을 주셨다. 곧 그들의 몸이 무덤 속에서 그저 썩어 없어져 버리는 것이 아니라, 썩을 것으로 심고 영광스러운 것으로 다시 살아날 것이며, 전에 흙에 속한 자의 형상을 입은 것같이 장래에 하늘에 속한 자(곧 하늘의 영광을 입으신 그리스도)의 형상을 입게 될 것이란 확실한 보증을 주신 것이다(고전 15:42-49).

모세에겐 하늘의 측면 또는 교회의 특징이 많이 있다. 이보다 더 잘 표현할 수 있기를 바라는 마음에서 말하지만, 이스라엘 백성들이 광야를 통과하는 모습은, 하나님의 교회가 지상에 있는 모습과 많은 유사성을 가지고 있는 것이 분명한 사실이다. 이러한 유사성은 엄격하게 말하자면, 이스라엘이 가나안 땅에 들어가, 거기서 하나님의 국가를 이루고 정착하는 모습으로 나아가면서 끝난다. 그러므로 그들에게 일어난 모든 일이 사례(본보기)가 되고, 광야에 있을 때 그들이 당한 일은 교회를 위한 교훈과 경계를 위해서 기록되었다(고전 10:1-10). 그래서 유대인들은 민수기를 일컬어 "광야의 책"으로 불렀다. 모세는 이스라엘의 지도자였고, 그들이 광야에 함께 있는 동안 그들의 기쁨과 슬픔에 동참한 사람이었다. 따라서 모세가 땅에서 가지고 있는 그의 자리가 가진 성격상, 이스라엘의 광야 생활이 끝나고 또 하나님의 국가로서 조직되고 나타날 때, 모세는 이스라엘 백성 가운데 자신의 자리를 찾을 수 없었다. 이를 통해서 우리는 모세에게서 땅에 속한 부르심 보다는 하늘에 속한 부르심의 모습을 보게 되며, 이스라엘의 특징 보다는 교회의 특징을 더욱 볼 수 있다.

이외에도 모세는 하늘에서 계속해서 주 예수님과 함께 하고 있으며, 교회처럼 휘장이 제거된 곳에 거하며(히 10:20), 율법을 받았던 곳 곧 천둥과 번개가 치던 곳(출 34:34, 고후 3:18), 그리고 이스라엘이 서있던 자리를 떠나 그리스도의 임재 가운데 거하고 있다(출 24:17). 모세는 하나님의 산 꼭대기에서 평화로운 햇살을 만끽했으며, 거기서 모세는 그리스도의 은혜와 구원의 보증을 받은 채, 그리스도의 충만하심 가운데 걸었다. 그는 주님과 얼굴과 얼굴을 맞대고, 대면하여 대화를 나누는 자였고 또 주님의 형상을 보았으며, 높은 곳에 계신 예수님의 하늘 영광의 빛을 온 몸으로 받을 수 있었다. 이 모든 일의 결과로, 모세는 엘리야와 더불어 그 거룩한 산에 나타날 수 있었는데, 그 자리는 명백히 교회의 자리였다(마 17:3).

여기에 더하고 싶은 것은, 모세는 자신의 동족으로부터 버림을 받고 또 그들의 불신앙의 시기와 자신을 배척했던 때에 아내와 자녀를 얻었다는 점이다. 그래서 모세는 자신에 대해서 "내가 타국에서 객이 되었다"(출 2:22)고 말했다. 마찬가지로 주님도 이스라엘의 불신앙과 거절의 시기에 이방인 가운데 오셨고, 그들에게서 아내와 자녀, 즉 교회를 얻으셨다. 이 모든 일을 통해서 볼 때, 모세는 놀랍게도 현재 세대의 주님과 교회의 부르심의 특징을 가진 예표적인 인물로서, 그에게서 우리는 땅에 속한 부르심 보다는 하늘에 속한 부르심을, 주님과의 관계에서 이스라엘의 특징 보다는 교회의 특징을 볼 수 있다. 그렇다. 모세는 "시내 산에서 말하던 그 천사와 및 우리 조상들과 함께 광야 교회에 있었고 또 생명의 도를 받아 우리에게 주었던 사람[4]"(행 7:38)이었다.

하지만 모세의 후계자, 여호수아는 전혀 다른 특징을 보여준다. 그는 주님이 이스라엘에게 기업으로 주신 땅, 좋은 땅에 우뚝 서있다. 이방족속들이 그의 손에 붙인 바 되었고, 그는 땅의 왕들과 통치자들을 질그릇처럼 깨뜨렸다. 그는 땅을 할례의 자녀들인 이스라엘 지파에게 기업으로 나누어주었고, 그들의 수치를 굴러 떠나가게 했다. 여호수아는 주의 이름으로 그 땅을 정복했으며, 그 땅에 주의 제단을 세웠고, 그 땅을 주의 동산으로 바꾸었다. 여호수아는 승리의 사람이었고, 그 땅을 기업으로 삼은 후사였다. 모세는 다만 애굽과 광야의 사람으로, 요단 저편에서 죽음을 맞이했다. 여호수아는 약속의 땅에 우뚝 서있을 수 있었지만, 모세는 부활의 주님의 손에 의해서 장사지낸바 되었다. 고대 족장들 가운데 에녹과 노아처럼, 모세와 여호수아는 이스라엘 이야기를 통해서 하늘과 땅에 대한 하나님의 이중적인 목적과 그 나타나는 시기의 차이점에 대한 놀라운 이야기를 동일하게 해준다. 노아가 땅을 기업으로 얻기 이전에 에녹이 하늘로 옮겨졌듯이, 마찬가지로 여호수아가 요단을 건너가 약속의 땅을 기업으로 얻기 이전에 모세는 비스가 산에서 주님에 의해서 장사되었다. 하지만 하나님의 인도하시는 손 아래서 차례대로 그들은 동일한 비밀을 가진 자가 되었고, "하늘에 있는 것이나 땅

---

4) 모세 자녀들의 이름은 나름대로 모형적인 중요성을 가지고 있지만, 여기서는 언급하지 않겠다.

에 있는 것이 다 그리스도 안에서 통일되게" 하려는 때가 찬 하나님의 경륜을 예시하는 사람이 될 수 있었다(엡 1:9,10). 이제 두 가지 영광이 따로 있지만, 동일한 주님이 두 가지 영광의 중심이요 또한 핵심(the centre and sustainer)이시다. 거울로 보는 것같이 희미하지만 우리는 에녹과 모세를 통해서 주님이 강림하시는 그때에 살아 있는 자나 혹은 잠자는 자나, 모든 하늘 가족이 하늘로 옮기어지는 것을, 그리고 노아와 여호수아를 통해서 땅이 회복되고 또 그 땅을 기업으로 얻는 것을 볼 수 있다[5].

엘리야와 엘리사의 역사를 통합해 보면, 우리는 선지자들을 통해서도 동일한 증거를 발견할 수 있는데, 이는 동일한 비밀의 또 다른 예시인 것이다. 모든 세대는 이러한 하나님의 목적의 증인이 되도록 구성되었다. 에녹처럼 엘리야도 이 악한 시대에 살았다. 그는 이스라엘의 배도가 최정점에 이르렀던 시대에 부르

---

[5] 모세와 여호수아에 대해서 조금 더 살펴보면, 그들은 이스라엘을 위해서 전혀 다른 섬김과 봉사를 했으며, 주님의 전혀 다른 측면을 나타내고 있음을 볼 수 있다. 모세는 광야를 통과하는 일에서 하나님과 백성 사이에 중보자였고, 여호수아는 백성들을 광야에서 이끌어내는 일에서 구원자요 또한 안식과 약속의 땅에 들어가게 하는 일에 선두주자였다. 그렇다면 모세는 지금 이 세대에서 또는 교회와의 관계 속에서 주님의 대제사장 직분 또는 중보 직분을 나타낸다. 반면 여호수아는 말세에 이스라엘의 구원자로서 주님의 모습을 나타내기에, 장차 주님은 구속을 받은 이스라엘 지파들을 약속된 안식으로 이끌어 들이실 것이다. 예수님은 구원자이시다. 예수란 이름과 여호수아란 이름은 동일한 이름이다. 예수는 헬라식 이름이고, 여호수아는 히브리식 이름이다.

심을 받았고, 공의를 부르짖는 선견자의 심령으로 그는 아합 왕과 그의 모든 불의에 맞서며 심판의 목소리를 높였다. "나의 섬기는 이스라엘 하나님 여호와의 사심을 가리켜 맹세하노니 내 말이 없으면 수년 동안 우로가 있지 아니하리라 하니라."(왕상 17:1) 다른 시대에 세례 요한은 "너희는 회개하라. 독사의 세대여!"라고 외쳤는데, 이러한 외침은 소위 아합 왕 앞에 선 하나님의 선지자, 엘리야의 목소리의 반향이었다. 동일한 정신과 능력이 두 사람 속에 있었다. 하지만 땅에서 그들의 행보는 나름대로 다른 특징을 나타냈다. 엘리야 선지자는 자신이 감당해야 하는 증거가 있었다. 그것이 여기 이 땅에서 그가 감당해야 하는 몫이었다. 물론 다른 시대에 유대인들이 일시적으로 세례 요한의 빛에 즐거이 있기를 원했던 것처럼, 그 시대에도 엘리야의 빛에 즐거이 있기를 원하는 일이 있었다. 모든 백성이 엎드리며 엘리야의 하나님을 주님으로 인정하면서 "여호와 그는 하나님이시로다 여호와 그는 하나님이시로다"라고 말하며, 바알의 선지자들을 잡고 기손 시내로 내려가서 죽였다(왕상 18:39,40). 하지만 하나님의 선지자가 켜서 비추는 등불은, 예수 그리스도의 나라와 참음에 동참하는 자, 세례 요한의 경우처럼 금새 꺼져버렸다. 또 다른 헤롯과 헤로디아인 아합과 이세벨은 엘리야를 죽이려고 공모했기에, 그는 피하여 도망을 쳐야 했고, 곤궁에 빠졌다. 세상은 그를 미워했으며, 사람의 손은 그를 거절했다. 주님은 자신의 종이 고난 받는 증인으로 고통을 받는 것을 아시며, 그를 위로하신다. 하지만 이러한 것이 사람의 적대감 때문에 쫓겨난 사람이 받는 위로의 전부였다. 여전히 사랑의 작은 음성이 그의 귀에 들리긴 했지만, 그를 죽이고자 했던 사람을 피하여 광야에서 숨죽이고 있어야 했다. 엘리야를 죽이고자 했던 원수들은 강했고 많았다. 처음부터 끝까지 엘리야는 고통 받는 사람이었고 추방당한 사람이었으며, 악한 세대로부터 핍박을 받는 하나님의 의로운 증인이었다. 이러한 것이 엘리야가 땅에서 걸어야 했던 길이었다. 마침내 고통의 시간이 끝나고, 그가 선한 싸움을 싸우고 달려갈 길을 마치고 믿음을 지켰을 때, 그는 영광 속으로 들어갈 수 있었다. 믿은 고로 그는 살았고, 고난을 견딤으로 그는 다스릴 것이다(딤후 2:12). 땅은 거절했지만, 하늘은 그를 영접했다. 구름이 그를 가리어 보이지 않게 했다(행 1:9 참조). 이스라엘의 병거와 말들이 엘리야를 부활의 자녀로서 천사들 가운데 있는 자리로 데리고 갔으며(왕하 2:11,12, 눅 20:36), 그의 의로움 때문에 그를 괴롭히던 세상은 이제 그의 상이 하늘에서 크다는 것을 알게 되었다(마 5:12).

이 모든 것이 다 주님과 교회의 특징인 것을 굳이 말할 필요가 없을 것이다. 이 땅에서 믿음으로 행하기 때문에 사람의 미움을 받으며 거절을 당하는 사람은, 조만간 하늘에서 천사들 가운데 영광을 받게 되리라는 것이 바로 하나님의 위로이다. 이 모든 것은 우리에게, 믿음으로 이 세상을 살아가는 하늘에 속한 사람들이 인정을 받지 못하고 또 버림을 받게 될 것을 말해준다. 하지만 믿음으로 산 사람은 부활의 삶을 살게 될 것이며, 고난을 당한 사람은 이 세상을 다스리게 될 것이다. 모세의 경우처럼, 엘리야도 그리스도의 고난에 참여했기에 장차 나타날 영광의 동반자로서 그 거룩한 산에 나타났는데, 이것은 장래 교회의 자리 혹은 교회가 입을 하늘 영광에 대한 예시였다.

하지만 엘리사의 경우, 우리는 다른 측면을 볼 수 있다. 엘리사는 자신의 스승과는 달리 고난을 받지 않았다. 그는 왕 앞에 섰지만, 부끄러움을 당하지 않았다. 이것은 그의 스승 엘리야와 다른 점이었다. 이스라엘 왕이 노하여 엘리사를 죽이고자 사람을 보내었을 때, 성안의 장로들은 성문을 닫고 열어주지 않았다(왕하 6:32). 아람 왕 벤하닷이 병들었을 때, 하사엘을 통해서 선물을 보내며 병에서 낫겠느냐고 물었고, 엘리사는 하사엘의 비밀을 간파했다(왕하 8:7-15). 엘리사는 이스라엘 왕에게 절반의 승리에 대한 보장을 주었고(왕하 13:15-19), 이스라엘의 연합군에게 보급물자를 주었다. 선지자를 따르는 사환의 눈이 열리자 구원의 병거들이 산에 가득한 것이 보였다. 엘리사가 걸었던 모든 길은 그 길을 걸었던 엘리사의 위대함을 남기는 족적으로 남았다. 기근, 질병, 그리고 죽음이 그를 덮칠 것처럼 보였다. 자비와 심판이 그의 손을 통해서 베풀어졌다. 그는 모든 난관을 뚫고, 다만 주 안에서 계속해서 힘을 얻으며 나아갔다. 자연 조차도 그의 명령에 따라 변화되었다. 심지어 그의 시체도 이상하고 놀라운 기적을 만들어냈다(왕하 13:21). 죄수들을 구덩이에 던지자, 그들이 죽지도 않고 오히려 회생하여 다시 땅을 밟았으며, 산 자의 땅에서 주님 앞에 다시금 설 수 있었다.

이 모든 일은 능력의 위대함 가운데 걸었던 삶의 족적이었다. 하지만 오직 땅에서만 위대한 삶이었을 뿐이다. 열왕기하 8장 4절에서 말하는 대로, 엘리사가 행한 일들은 위대한 것이었지만, 여전히 땅에 속한 일에 불과했다. 선지자 엘리사를 통해서 나타난 하나님의 능력은 땅을 위한 것이었다. 엘리사의 영광은, 엘리야처럼 하늘에서 천사들 중에 거하는 영광이 아니라 땅에 거하는 자의 영광이었으며, 엘리사의 능력은 세상의 환경을 초월하지만 세상의 자원 가운데 나타낸 능력이었다. 그렇다면 이 두 선지자의 이야기 속에는 여전히 장차 오는 세상의 하늘과 땅에 대한 하나님의 목적이라는 놀라운 이야기가 예시되어 있는 것이다. 우리가 앞에서 살펴본 것처럼, 여기에서도 동일하게 때와 기한의 차이점을 볼 수 있다. 엘리야는, 엘리사가 그에게서 두 배의 영감을 받고 또 그 큰 힘으로 땅을 종횡무진 다니기 이전에, 회리바람을 타고 하늘로 올라갔다. 이 모든 그림은 교회가 하늘로 승천하게 될 것을 예시하는 것이다. 교회가 휴거되기 이전에, 만물이 회복되고 이스라엘과 땅이 다시금 복을 받는 일은 일어나지 않을 것이다[6].

이상의 것들은 장차 나타날, 때가 찬 경륜에 속한 하나님의 목적과 하늘의 부르심의 독특성과 예표성을 보여준다. 하지만 에녹, 아브라함, 모세, 그리고 엘리야를 노아, 롯, 여호수아, 그리고 엘리사 보다 더 우월한 사람으로 생각해서는 안된다. 나는 다만 개별적이고 또한 개인적으로 하늘에 속한 가족을 상징하는 인물을 앞세웠고, 땅에 속한 가족을 상징하는 인물을 그 다음으로 내세웠을 뿐이다. 나에겐 그들이 가진 모형적인 의미만이 중요했기 때문이다.

따라서 그들을 함께 묶을 때, 장차 이 땅에 세워지는 우리 주님의 나라의 두 부분에 대한 완벽한 그림을 볼 수 있다. 즉 교회가 하늘과 보좌로 부르심을 받게 될 것과 이스라엘이 땅에서 영예로운 자리와 복을 받고, 이방나라들을 다스리는 위치에 들어가게 될 것을 볼 수 있다. 하지만 에녹이 부활의 자녀로서 하늘에 들어가는 것처럼, 노아도 하늘에 들어가게 될 것이다. 변화 산에서 그 모습을 나타내었던 모세와 엘리야처럼, 여호수아와 엘리사도 하늘에 들어가게 될 것이다.

---

6) 동일한 시간 순서는 계시가 나타나는 순서의 문제로 보인다. 왜냐하면 바울은 "이 비밀은 이방인의 충만한 수가 들어오기까지 이스라엘의 더러는 완악하게 된 것이라 그리하여 온 이스라엘이 구원을 얻으리라."(롬 11:25,26)고 말하고 있기 때문이다.

이것은 그 거룩한 산이 우리에게 보여주는 모형적인 의미이다. 모형적인 의미에서 그 거룩한 산에 함께 있었던 베드로, 야고보, 그리고 요한은 땅에 속한 가족이 그리스도의 나라에서 얻게 될 자리를 보여준다. 그들은 여전히 혈과 육을 가진 존재였기에, 하늘의 영광을 다만 바라보기만 할 뿐, 그 안에 들어갈 수 없었다. 우리는 여기에서 천년왕국의 그림을 볼 수 있다. 베드로, 야고보, 그리고 요한, 이 세 제자는 모세와 엘리야가 그 거룩한 산에서 하늘의 영광을 입고 계신 주님과 함께 있는 것을 보았고, 자신들은 다른 자리에 들어가게 될 것을 볼 수 있었다. 베드로는 이 사실을 매우 분명하게 밝혔다(벧후 1:16-18). 모든 성도들의 기업은 하늘에 있다(벧전 1:4). 족장들은 하늘에 있는 본향을 바라보았다(히 11:19). 스가랴 선지자가 예언한 것처럼, 주님이 오실 것이며, 모든 성도들이 함께 할 것이다(슥 14:5). 아브라함, 이삭, 야곱, 그리고 모든 선지자들은 장차 하나님 나라에 있을 것이다(눅 13:28). 성경은 우리에게 하나님의 아들께서 오시기 이전 사람들 뿐만 아니라, 영광을 받으신 아들의 영의 사역 아래 있는 모든 자들을 포함해서, 모든 택함을 받은 사람들은 천년왕국의 하늘에 속한 영광에 참여하게 될 것으로 가르치고 있다. 모두가 한 몸을 이루고 있기 때문이다. 하나님의 아들께서 이 세상에 오실 때까지, 그들은 어린 자녀로서 후견인과 청지기 아래 있었고, 세상의 초등학문 아래 있었지만, 그럼에도 그들은 우리와 동일하게 하나님 아버지의 자녀였다. 우리처럼 모든 것의 주인이었지만 종과 다름이 없었던 것이다(갈 4:1-3).

그리스도의 제자들은 그들의 영적 분량에 맞게 주님의 시험 중에 계속해서 함께 했고, 예수님께서 믿음이 없는 세대 가운데 계신 중에도, 그들은 신실하게 동행했다. 그러므로 그들은 여전히 자녀의 자리를 차지하고 있었고, 그들은 신실한 증인으로서 상급을 받게 될 것이다. 그들은 믿음으로 살았고, 믿음으로 죽었으며, 부활의 자녀로서 살리심을 받게 될 것이다. 더 이상 땅에 속한 자가 아니다. 땅에 속한 자의 형상을 입은 것같이, 장차 사망이 이김의 삼킨바 되는 날, 하늘에 속한 자의 형상을 입을 것이다.

이제 마무리를 하고자 한다. 독자들이여, 우리에 대한 하나님의 섭리와 목적의 깊은 부분까지 알고 싶다면, 우리 구주 하나님의 사랑에 대한 복된 진리를 항상 새롭게 배울 수 있어야 한다. 우리에게 주신 계명은 "네 마음을 다하고 목숨을 다하고 뜻을 다하고 힘을 다하여 주 너의 하나님을 사랑하라"(막 12:30)는 것이며, 또 다른 계명은 "주 안에서 항상 기뻐하라"(빌 4:4)는 것이다. 만일 주님이 우리의 죄를 용서하지 않으셨다면 주님은 이렇게 명하지 않으셨을 것이며, 먼저 죄 사함의 은총을 주실 것이다. 우리가 죄 사함의 기쁨을 주시는 주님을 알지 못한다면, 주님을 사랑하고 또 주 안에서 기뻐하고자 애쓰는 일은 감사 없는 고역

일 뿐이다. 만일 우리가 주님과의 화목을 경험적으로 누리고 있지 않다면, 계명은 순종할 수 없는 괴로운 짐일 뿐이다. 사랑하고 또 주 안에서 기뻐하라고 명령하신 주님은 또한 우리에게 평안을 주시는 주님을 알라고 명령하신다. 만일 주님이 우리 자신을 "내 아들아"라고 부르지 못한다면, 주님은 우리에게 "네 마음을 내게 달라"(잠 23:26)고 말씀하지 않으실 것이다. 하나님의 부르심은 사실 관계로의 부르심이다. 우리에게 주신 명령은 우리에게 가져다주실 은혜를 의미한다. 이런 식으로 우리는 "나는 그의 명령이 영생인 줄 아노라."(요 12:50)고 말씀하신 우리 주님의 달콤한 말씀을 이해할 수 있다. 그렇다면 우리 죄를 용서해주시는 주님의 사랑을 믿는 것이야말로 우리에게 주신 주님의 명령인 것이다. 만일 우리가 죄 사함의 복을 기쁨으로 받아들이지 않는다면, 우리는 하나님께 불순종하는 것이 된다. 그러므로 하나님께 순종하는 것은 하나님의 화목을 받아들이는 일에 의존되어 있다.

이 뿐만 아니라, 우리를 둘러싸고 있는 일들을 이해하고 또 그 모든 것들을 경건의 목적으로 이용하는 것은 예수님의 죽음과 부활을 통해서 이루어진 화목을 아는 일에 의존하고 있다. 이것은 사도 바울이 말한, "그런즉 누구든지 그리스도 안에 있으면 새로운 피조물이라 이전 것은 지나갔으니 보라 새 것이 되었도다 모든 것이 하나님께로 났나니 저가 그리스도로 말미암아 우리를 자기와 화목하게 하시고"(고후 5:17,18)라는 구절대로, 모든 것을 그리스도 안에 있는 새로운 피조물로 볼 때에만 이해할 수 있다. 뿐만 아니라, 성도로서 다른 사람들을 섬기는 봉사도 이 사실에 달려 있다. 예를 들자면, 우리의 사역은 그 사실에서 나온다. 왜냐하면 사도 바울이 "우리를 자기와 화목하게 하시고 또 우리에게 화목하게 하는 직책을 주셨다"(고후 5:18)고 말한 대로, 화목하게 하는 직책이 우리에게 주어졌기 때문이다. "기록한 바 내가 믿는 고로 말하였다 한 것같이 우리가 같은 믿음의 마음을 가졌으니 우리도 믿는 고로 또한 말하노라 주 예수를 다시 살리신 이가 예수와 함께 우리도 다시 살리사 너희와 함께 그 앞에 서게 하실 줄을 아노라."(고후 4:13,14) 우리의 중보는 이 사실에서 나온다. 왜냐하면 우리가 다른 사람들을 위해서 중보 기도할 수 있는 것은 우리가 하나님께 받아들여진 사람들인 것을 알고 있을 때에만 가능하기 때문이다. 아브라함이 소돔을 위해서 기도할 때 그는 주님께 가까이 나아갔다. 율법 아래서 대제사장만이 지성소에 들어갈 수 있었다. 분향 단은 두 번째 휘장 옆에 있었다. 그러므로 교회가 모든 사람을 위하여 기도와 간구와 도고와 감사를 올릴 때, 교회는 당연히, 자신이 온전히 수용되었다는 사실을 알라는 명령을 받았으며, 그 사실을 확신할 때, 아무 의심 없이 기도하게 된다(딤전 2장). 따라서 사랑하는 독자여, 우리는 우리가 필요로 하는 모든 도움을 받도록 복을 받았으며, 또한 하나님의 용서하시고 열납하시는 사랑으로 우리를 항상 지키신다는 사실을 우리 구주 하나님 앞에서 확신할 수 있다. 하나님이 우리에게 주신 명령들과 우리에게 요구하시는 섬김과 봉사는, 모두가 우리로 하여금 화목케 하는 직분을 주신 사실을 반영하고 있다. 우리가 온전히 하나님과 화목된 자라는 의식을 우리는 가는 곳마다 지녀야할 것이다. 아담이 자신의 죄로 오염시킨 세상을 향해 나아갈 때, 그는 자신이 입은 가죽옷을 통해서, 하나님이 친히 자신의 죄를 용서해주셨고, 자신에게 베푸신 은혜에 대한 보증과 증거로 삼을 수 있었다.

마지막으로 나는 이 책을 쓰면서 나의 영혼이 받은 위로에 대해서 언급하고자 한다. 만일 우리가 "이 악한 세대"로 불리는 세상에서, 게다가 온갖 허물과 죄로 가득한 세상에서 기뻐할 수 있었다면, 마치 햇빛과 사시사철 결실을 맺을 수 있는 날씨와 한량없이 솟아나는 수원지를 수천 개를 가진 것처럼 끊임없이 솟아나는 기쁨을 이 세상에서도 누릴 수 있었다면, 그러한 허물과 죄가 영원히 제거되고 또 모든 것이 하나님의 뜻에 복종하는 곳에서 누리는 기쁨이란 과연 어떠할까를 생각해볼 수 있었다. 하나님이 자신의 역사의 완성을 보고 기뻐하실 때, 때가 찬 경륜 가운데 모든 만물을, 하늘에 있는 것이나 땅에 있는 것을 다 그리스도 안에서 통일시키실 때, 그 날에 누릴 기쁨이란! 그 날의 광채로 우리 앞을 밝혀주시고, 우리 마음이 주님의 오심을 더욱 간절히 사모하게 해주시길 바란다.

제 2장 하늘의 부르심과 교회의 부르심
The Heavenly Calling and the Church

하늘의 부르심은 창세로부터 시작되었다. 모든 세대에서 땅은 하나님이 실망하시는 장소였고, 따라서 선택을 받은 사람들은 나그네로, 고통 받는 자로 살아야 했다. 게다가 하늘은 그들의 안식과 기업의 처소였지만, 그들에게 계속 닫혀 있었다. 아브라함은 하늘에 있는 본향을 사모했다. 에녹은 이미 그곳에 들어갔다. 모세는 약속의 땅을 잃었지만, 하나님에게서 비스가 산을 받았다. 다윗은 하나님 앞에서 자신과 자신의 조상들이 땅에서 나그네로 지냈다고 고백했다. "주 앞에서는 우리가 우리 열조와 다름이 없이 나그네와 우거한 자라 세상에 있는 날이 그림자 같아서 머무름이 없나이다." (대상 29:15) 구약시대 가운데 말기에 활동했던 선지자들 가운데 엘리야 선지자는 초기 족장들 가운데 에녹처럼 하늘로 옮겨졌다. 이처럼 하늘의 부르심은 계속해서 기억해야 하는 주제였고, 끝까지 바라보아야 할 소망이었다. 구약시대에서 택함을 받은 모든 사람은, (에녹과 엘리야를 제외하면) 족장 시대이건, 모세 시대이건, 아니면 선지자 시대이건, 하늘 처소에 들어간 사람은 한 사람도 없었다. 주님은 그들 모두를 "부활의 자녀"라고 불렀다. 이를 통해서 주님이 우리에게 가르치고자 하시는 것은, 그들은 죽은 자 가운데서 부활에 의해서 기업을 얻게 될 것이며, 그때 그들은 이 세상의 자녀들처럼 장가가고 시집가는 일이 없을 것이란 사실이다. "예수께서 이르시되 이 세상의 자녀들은 장가도 가고 시집도 가되 저 세상과 및 죽은 자 가운데서 부활함을 얻기에 합당히 여김을 입은 자들은 장가가고 시집가는 일이 없으며 저희는 다시 죽을 수도 없나니 이는 천사와 동등이요 부활의 자녀로서 하나님의 자녀임이니라." (눅 20:34-36)

갈라디아서에서 논쟁이 되는 부분은 구약시대의 성도들이 오늘날 택함 받은 자들과 함께 아들과 후사의 자리에 들어간 것처럼 보인다는 것이다.

마찬가지로, 히브리서를 보면 그들은 오늘날 우리와 함께 하늘의 부르심에 동참하고 또 완전하게 된 사람으로 대우를 받고 있다는 것이다.

하지만 에베소서에서는 결코 그들이 그리스도의 몸 안에서 모이는 있는 성도들과 더불어 연합을 이루고 있다는 조금의 암시도 없다.

이러한 차이점은 매우 중요하다. 이 차이점은 구약 성도들도 하늘의 부르심을 누렸고 또 하늘 처소를 자신들의 본향과 기업으로 삼았지만, 그럼에도 그들은 그리스도의 몸과 그리스도의 신부로서 교회와는 구분되고 있다는 결론으로 우리를 이끌어준다. 나는 이것이 구약성도에 대한 바른 분별이라고 믿는다.

이제 구약시대, 즉 족장들과 선지자들의 시대를 떠나 신약시대로 와보면, 우리는 때가 찬 오순절에 이르게 된다. 성령님은 지금 땅에 계시며, 인자는 영광을 받으신 채 하늘에 계신다. 우리는 지금 그리스도께서 "은혜의 지극히 풍성함" 의 사역을 하고 계신 것을 볼 수 있다. 이는 장차 오는 여러 세대들에서 "하나님의 영광을 찬송하기" 위한 것이다. 성령님은 지금 택함 받은 자들을 하나의 몸 안으로 넣으시는 세례를 베풀고 계신다. 그것은 그리스도께서 머리되시는 하나의 몸이다. 이 하나의 몸은 "만물 안에서 만물을 충만케 하시는 자의 충만"(엡 1:23)으로 불린다. 머리와 몸이 함께 모인 상태를 통칭해서, 놀랍고도 경이로운 이름으로, 즉 그리스도로 불린다(고전 12:12). 이 모든 것은 특별하기 그지없다.

물론, 그리스도의 몸 혹은 그리스도의 충만을 이루도록 불러내시는 하나님의 선택은 하늘에서 그들만의 자리와 기업을 따로 가지고 있는 구약성도들을 포함하게 될 것이다. 그럼에도 그리스도의 몸으로 부르심을 받은 사람들은 구약성도들과 더불어 하늘의 부르심을 공유하지만, 구약성도들은 그리스도의 몸에 참여하지는 못한다. 그 영광스러운 모습으로 하나님의 나라가 나타나게 되면, 즉 장차 오는 세상이 이 세상에 임하면, 구약성도들은 거기서 자신의 이름을 가지게 될 것인데, 이를 테면, 하늘에서 정사를 맡은 자와 권세를 받은 자들(principalities and powers in heavenly places)로 불릴 것이다. 하지만 이 신약시대에 택함을 받아, 한 몸으로 세례를 받은 사람들은 그때 정사와 권세와 이름들 위에 앉아 계신 그리스도의 "충만"이 되고, "만물 안에서 만물을 충만케 하시는 자"의 충만으로 나타날 것이다.

이러한 진리들을 이제 자세히 살펴보자.

그리스도의 몸에 속한 사람들이 공중에서 주님을 만나기 위해 휴거되면, 구약성도들과 신약성도들이 함께 모이게 되고, 모두가 "부활의 자녀"로서 하늘에서 자신의 자리에 들어가게 될 것인데, 그들의 자리는 창세로부터 정해진 것이다. 따라서 휴거는 요한계시록 4장에서 시작될 것이다. 교회의 휴거가 이루어지면, 대환난 가운데 믿는 성도들이 일어날 것이며, 그들 가운데 어떤 성도는 순교자처럼 죽임을 당하게 될 것이고, 그렇다면 그들은 하늘로 옮겨질 것이다. 그들 환난성도는 분명 "존귀한 군대" 또는 "훌륭한 귀족"으로서 위엄의 자리와 보좌를 차지하게 될 것이다. 그럼에도 그들은 지금 이 세대에 택함을 받은 사람들과 더불어 그리스도의 몸의 지체가 되지는 않을 것이다.

요한계시록에 기록된 큰 심판의 시기, 즉 대환난기에 살아남은 하나님의 성도들은 지상에 속한 백성들의 첫 열매, 혹은 씨를 이룰 것이다. 그들이 받은 부르심은 하늘에 속한 부르심이 아니다. 그들에겐 하늘에 거할 처소가 주어지지 않는다. 그들은 천년왕국에서 땅에 거하게 될 것이다. 그들은 첫 열매로서 수확되어 천년왕국에 들어가게 될 것이며, 온 땅의 지면을 사람들로 가득 채울 것이다.

예루살렘, 이스라엘의 땅, 이스라엘 백성들, 그리고 열방의 모든 이방인들이 함께 그리스도의 나라를 이룰 것이며, 예루살렘은 권세와 정부의 중심이 되고 또한 하늘과 땅의 하나님을 예배하는 성소가 될 것이다. 그때 그리스도께서는 그리스도의 나라가 가진 두 가지 영광을 나타내실 것이다.

이 그리스도의 나라는 구약성경의 중심 주제였다. 그리스도의 나라는 심판과 함께 시작될 것이며, 그 마지막은 찬란한 영광으로 빛나게 될 것이다. 하지만 이 천년왕국의 머리이신 그리스도의 몸으로서의 부르심은 구약성경의 주제가 아니었다. 그리스도의 몸으로의 부르심은, 그야말로, "비밀"이었고, 성경은 이것을 "세상의 기초를 놓은 때로부터 하나님 속에 감추었던 비밀의 경륜"이라고 부른다(엡 3:9). 이 비밀은 신약시대의 선지자들에게뿐만 아니라, 이방인의 사도요 또한 이 비밀을 품고 전달하는 그릇으로서, 게다가 이 비밀의 특별한 증인이자 이 비밀을 서신으로 기록하도록 부르심 받은 바울에게 계시되었다.

어쨌든 창세로부터 이 비밀을 비추는 약간의 섬광이 있긴 했었다. 하나님의 마음은 이 비밀에 대한 힌트를 주고 싶었을 것이지만, 하나님이 정한 때와 시기가 도래될 때까지 금지되었다고 우리는 말할 수밖에 없다. 그렇지 않은가? 이것은 우리에게도 마찬가지이다. 과연 우리는 하나님과 그분의 비밀을 볼 수 있다는 사실을 기뻐하고 있는가? 그러한 금지에도 불구하고, 그러한 제한에도 불구하고, 그렇게 감추어온 비밀은 마침내 밝히 드러나게 되었고, 모형으로 혹은 스토리 형태로 빛을 비추며 우리 믿음의 영역을 밝히고 있었다. 하지만 많은 사람들의 눈에는 여전히 그것이 무엇인지 또는 무엇을 의미하는 것인지 도무지 이해할 수 없는 것으로 남아 있는 것도 사실이다.

이미 우리는 이처럼 웅장한 비밀을 성경의 시작부터 끝까지 살짝 살펴봄으로써, 구약성도들과 오늘날 성령을 통해서 하나의 몸으로 선택받은 자들과 요한계시록의 환난 성도들의 (그들이 그 끔찍스러운 시기에 순교를 당하던 또는 살아남던 그들에게 정해진) 운명에 대해서 살펴보았다.

내가 믿기론, 어린양의 신부인 교회의 비밀은 첫 번째 여인에게서 시작되었다. 우리가 아는 대로, 첫 번째 여인이었던 하와는 아담이 잠들어 있는 동안 하나님이 그의 갈빗대를 취하여 여자를 만드신 결과였다. 하와는 주 하나님께서 아담을 위하여 만드신 존재였다. 그리고 아담 옆에서 그를 돕는 배필로 정하셨으며, 어떤 의미에선 동료인 셈이었다.

이 모두는 그리스도의 신부의 모형이다(엡 5장). 모양새는 좀 다르지만, 동일한 비밀을 창세기에 등장하는 다른 여인들에게서 볼 수 있다. 즉 리브가에게서, 라헬에게서, 그리고 아스놋에게서도 볼 수 있다. 물론 출애굽기에 보면, 모세의 이방 신부였던 십보라에게서도 볼 수 있다.

이 모두에게서 교회에 대한 무언가를 읽어내는 일은 매우 쉽다. 에베소서 5장은 분명 이런 식으로 성경을 읽도록 우리를 격려하고 이끌어주며, 또한 이러한 모형을[1] 바르게 읽어내는 방식의 본보기를 보여준다.

레위기 23장 22절에서 이삭 줍는 여인 또한 신비스럽고, 예표적인 인물인 것이 분명하다. 그녀는 이스라엘의 이야기 그리고 땅에 대한 이야기 속에 또는 오순절과 나팔절 사이에 불쑥 등장하고 있다. 유대인의 절기력에서 3달 정도의 휴지기(parenthesis)가 있는데, 만일 우리가 이삭 줍는 자의 이야기를 빼면 아무 것도 없는 공백이 되고 만다. 이삭 줍는 여인은 다만 가난한 객에 불과하다. 그녀는 수확기가 지난 땅에 들어와서, 탐욕과 욕심을 내는 것이 아니라 그저 객으로 들어와서, 객의 몫으로 남겨진, 소위 "식물과 의복"만으로 만족해하는 사람이다. 즉 교회 또는 그리스도인의 자족(自足)을 의미한다. "고아와 과부를 위하여 신원하시며 나그네를 사랑하사 그에게 식물과 의복을 주시나니"(신 10:18), "우리가 먹을 것과 입을 것이 있은즉 족한 줄로 알 것이니라."(딤전 6:8)

나는 룻의 경우를 생각해볼 때, 레위기 23장의 이삭 줍는 여자의 모형과 다르다고 생각하지 않는다. 왜냐하면 룻도 이스라엘의 이야기 속으로 갑자기 들어와 역사의 한 장면을 이루고 때문이다. 룻기는 사사기 역사가 끝나갈 무렵, 즉 이스라엘의 도덕적

---

1) 에베소서 5장 30절의 언어 즉 "우리는 그 몸의 지체이며, 또한 살 중의 살이요 뼈 중의 뼈라."는 표현은 하나님이 자신을 위해서 예비해주신 여자를 아담이 받으면서 느꼈던 기쁨을 표현하는 방식이다. 창세기 2장 23절과 에베소서 5장 30절을 비교해보라.

타락이 극에 달했을 때와 사무엘상 1장에서 시작되는 이스라엘 회복의 역사 사이에 자리하고 있다2). 하지만 나는 룻기를 통해서, 로마서 11장 31절에서 언급한 대로, 이방인에게 주어진 하나님의 주권적 은혜가 충족된 후 말세의 이스라엘의 남은 자들이 역사 속으로 다시 들어오게 되는 것을 예표적으로 볼 수 있다고 말하고 싶다.

하지만 구약의 모형들은 희미할 뿐이다. 교회의 비밀은 특별히 에베소서에서 밝히 드러나 있다. 에베소서는 교회를 두 개의 이름으로 소개하고 있는데, 오직 교회만이 가질 수 있는 이름이다. 즉 교회는 "그리스도의 몸"이며 또한 "그리스도의 신부"이다.

누군가 충격적인 말을 했다.
"장차 오는 여러 세대에 나타나게 될 하나님의 성품과 섭리는 하늘 위에서도 아니고, 땅 아래에서도 아니고, 창조적 능력을 가진 증인들로서 천사들 가운데서 나타나는 것이 아니다. 오히려 지금, 그리스도 안에서 구속을 받은 피조물인, 교회 안에서, 또한 교회에 의해서 나타나고 있으

---

2) 우리가 아는 대로, 교회는 이러한 여러 이삭 줍는 여인들처럼, 이스라엘이 변환기를 통과하는 시기에 들어왔다.

며, 바로 교회를 통해서 하나님의 각종 지혜가 나타나고 있다. 장차 하나님의 마음의 가장 밝은 광채이자, 하나님의 역사의 걸작이며, 빛과 영광과 아름다움의 모든 완전함이 교회를 통해서 나타날 것이다. 그렇지 않다면 교회는 신부로서, 그처럼 고결한 운명에 합당치 못한 것이 되고 만다. 하나님의 은혜와 사랑과 능력의 깊이와 높이는 하늘의 천군천사들에게 주어진 것이 아니다. 오히려 하늘의 천군천사들은 아담의 타락하고 배도한 인류 가운데 택함을 받은 교회가 하나님께 가장 가깝고 가장 친밀한 아들(양자)의 자리에 들어오게 되고, 하늘에서 가장 존귀한 자리로 승격되어, 부활하신 머리되신 주님이 입으신 형언할 수 없는 영광에 동참하는 존재가 되는 것을 보게 될 것이다."

분명 이러한 말들은 덕을 세우는데 매우 좋은 말이다. 하지만 그 이상이 있다. 에베소서에 나타난 은혜와 영광을 잘 묵상해보면, 우리는 언어의 점층법(accumulation)이 있음을 볼 수 있다. 저자(성령님)는 분명 자신이 다루고 있는 주제의 특별성과 존귀성(무게감)을 잘 알고 있었다. 우리는 "은혜의 영광", "은혜의 풍성함", "그 은혜의 지극히 풍성함", "은혜의 영광을 찬미", "영광의 찬송"과 같은 구절들을 읽을 수 있다. 이는 에베소서가 장엄한 비밀을 밝히 드러내는 특별한 문체인 것이다. 보물 상자는 그 속에 담긴 보물에 따라 가치가 달라지는 법이다.

승천하신 주님이 보여주신 장면은, 동일한 스타일로 우리에게 제시되었다. 예를 들어 마가는 우리 주님께서 "하늘로 올리어 가셨다"고 말한다(막 16:9). 히브리서는 주님이 "하늘로 승천하셨다"고 말한다(히 4:14). 반면 에베소서는 주님이 "모든 하늘 위에 오르셨다"고 말한다(엡 4:10). 이 얼마나 주님에 대한 다양하고도 경이로운 묘사인가! 그럼에도 에베소서의 묘사가 가장 장엄하다. 이는 신명기 10장 14절 "하늘과 모든 하늘의 하늘과 땅과 그 위의 만물은 본래 네 하나님 여호와께 속한 것"에서 묘사하고 있는 자리, 곧 오직 하나님에게만 속한 자리가 인자이신 그리스도께 주어졌기 때문이다.

이미 언급했던, 이러한 언어의 점층법은 에베소서 2장에 잘 보존되어 있다. 성령님은 이전처럼 부르심의 특징 자체가 아니라, 이처럼 높은 부르심의 대상을 바라보신다. 성령님은 우리를 두 가지 상태에 있는 죄인, 곧 영적으로 죽어 있고 또한 하나님에게서 멀리 떠나 있는 상태에 있는 존재로 보신다. 우리는 죄와 허물로 죽어있었고, 하나님에게서 멀리 떠나 있는 상태에 있었다. 하지만 이제 성령님은 우리를 그와는 정반대되는 상태로 옮기셨는데, 바로 생명 상태와 가까워 진 상태에 있는 존재로 보신다. 성령님은 에베소서 1장에서처럼, 이러한 것들을 설명하시면서 언어의 점층법을 사용하신다. 단어는 다양하게 사용하면서, 설명은 정교하게 반복하신다. 우리를 소개하는 이 모든 상태에 대한 설명은, 따로 떼어놓고 보면, 우리 영혼의 상태에 대한 강조점을 볼 수 있게 해준다. 우리가 본질상 처해있던 사망상태는 끔찍스러울 정도로 완벽했다. 이제 우리가 새롭게 들어간 생명상태 또한 완전하고도, 영원토록 완벽하다. 하나님에게서 멀리 떠나 있던 우리의 상태는, 이제 은혜를 인해서, 하나님에게로 가까이 나아가게 되었는데, 가장 사랑하시는 아들의 자리에서 누릴 수 있는 가까움과 친밀함의 자리가 우리의 자리가 되었다.

더 있다. 교회가 받은 복의 특징은 이렇다. 즉 교회가 받은 모든 복은 그리스도 안에 있다. 우리가 살펴본 대로, 구약시대의 성도들이 하늘 도성에 들어가는 가는 복을 받았다면, 교회가 받은 복은 천상 세계에서, 그리스도 안에서 그리고 그리스도와 함께 하는 것이다.

"안에(in)"라는 단어는 에베소서에서 특별한 방식으로 자주 등장하고 있는데, 항상 "그리스도" 안에 라고 표현되어 있다. 참으로 경이로운 계시 가운데 하나는, 우리는 그리스도와 함께 살리심을 받았고, 이제 우리는 그리스도 예수 안에서 함께 하늘에 앉아 있다는 것이다.

또한 함께 승천한 자로서, 우리는 하늘 높은 곳에서, 그리스도 안에서 모든 복들을 함께 받은 자가 되었다.

게다가 우리는 그 사랑하는 자 안에서 열납(수용)되었다. 이 말은 우리가 모든 신령한 복을 받았을 뿐만 아니라, 하나님의 사랑의 대상이 되었다는 의미이다.

게다가 그리스도 안에서 하나님은 모든 지혜와 총명으로 우리에게 넘치게 하셨고, 자신의 생각과 그 선하신 기쁨을 장차 오는 세대들 가운데 알리도록 하셨다. 즉 우리에게 친구의 자리를 주신 것이다.

이러한 것들이 지금 우리에게 주어진 것들이다. 에베소서는 앞을 내다보고 또 뒤를 돌아보면서, 창세 전에 우리가 "그리스도 안에서" 가지고 있는 것과 세상이 시작된 이래로 우리가 "그리스도 안에서" 가지게 될 것이 무엇인지를 보여준다. 창세 전에, 우리는 그리스도 안에서 "택함을 받았고", 자녀의 양자됨에 이르도록 "예정함을 입었다." 그리고 세상이 끝나고, 세대들이 그 소임을 다하고, 그 경이로운 역사의 막을 내릴 때, 우리는 그처럼 거대하고 새로운 시스템으로서 "장차 오는 세상"의 주님 안에서, 그리고 주님과 함께 하는 "후사"가 될 것이며, 그 때에는 만물이 그들의 머리이신 주님 아래서 통일을 이루게 될 것이다.

이러한 것이 에베소서의 위대한 주제이다. 그리스도 안에서 우리의 영원한 분깃, 그리스도 안에서 우리의 신분, 창세 전에 미리 계획되었던 하나님의 목적, 그처럼 높은 신분과 특권이 지금 우리에게 주어졌으며, 그 실제적인 분복은 장차 오는 세대들 가운데 우리에게 주어질 것이다. 이 모든 탁월한 복이 우리의 것이 되었다. 왜냐하면 우리가 지금 그리스도를 믿고 있을 뿐만 아니라 신뢰하고 있기 때문이다.

세상의 기초를 놓기 전에 우리를 "그리스도 안에서 택하신" (엡 1:4) 것은 성령님께서 신약시대 선지자들에게 계시하기 전까지는 "하나님 속에 감추었던"(엡 3:9) 비밀이었다. 이제는 그 비밀의 계시를 통해서 하나님의 말씀이 완성되었다(골 1:25). 계시는 종결되었고, 그 머리에 화관을 드리었으며, 특별히 이방인의 사도였던 바울을 통해서 완성될 수 있었다. 교회는 가장 높은 존귀한 자리로 부르심을 받았고, 교회의 계시는 최종적인 계시였으며, 하나님이 전달하신 계시의 최종적인 자리를 차지하게 되었다. 그렇다. 교회는 최종적인 계시였다. 이방인의 사도가 그 일을 감당했다. 비록 창세 전에 그리스도 안에서 택함을 받았고, 만세와 만대로부터 하나님 속에 감추어 왔지만, 이제 교회는 계시되었다. 교회의 계시는 하나님의 모든 목적 가운데 면류관에 해당되며, 하나님이 전달하신 계시 가운데 최종적인 계시였다.

이제 독자들에게 묻고 싶다. 이것이 과연 이상한가? 이것이 무슨 놀랄 일인가? 성경이, 하나님이 자신의 말씀 속에서 이런 식으로 우리를 준비시켜오신 것이 분명하지 않은가?

나는 하나님이 그렇게 해오셨다고 믿는다. 우리는 성경에서 이와 유사한 것들을, 이러한 것들을 많이 볼 수 있다.

여자는 창조의 역사에서도 최종적인 피조물로 계시되어 있다. 아담은 여자를 아내로 맞이하기 이전에 자신의 세계와 자신의 기업과 자신의 통치영역이 있었다. 에덴에 있는 모든 것들이 다 그의 소유였다. 그는 자신이 다스리는 모든 것의 주인이었다. 그는 모든 육축과 공중의 새와 들의 모든 짐승에게 이름을 지어주었다. 그는 자신의 집과 나라와 기업을 가지고 있었다. 하지만 여자는 없었다. 여자는 맨 나중에 왔다. 그녀는 아담의 기쁨의 면류관이자 그의 상태의 완성이었다(창 2장).

그렇다면 가나안 땅의 예루살렘은 에덴동산의 여자와 같다.

그 땅은 정복되었고, 분배되었다. 수세기 전에 여호수아가 칼로 정복했고, 제사장 엘르아살이 분배했다. 그럼에도 예루살렘은 여전히 여부스 족속의 요새였다. 여전히 이방인의 소유였다. 사사들은 자신들이 사는 날 동안만 다스렸고, 사울 왕은 통치했다. 그럼에도 예루살렘은 그 당시, 아무 가치가 없고, 그저 아무 것도 아닌 것처럼 묻혀 있었다. 마침내, 다윗이 예루살렘을 이스라엘의 손에 복속시켰다. 그리고 다윗은 예루살렘을 아름답게 했고, 아름다운 도시로 변모시켰다. 예루살렘은 보좌와 성소가 되었고, 가장 매력적인 중심지가 되었으며, 이후 성경에서 아름다움과 위엄을 갖춘 도시로서 끊임없이 등장하는 주제가 되었다. 성경에서 성령님은 계속해서 예루살렘을 칭송하신다. 이스라엘이 국가를 이루고 있는 그 시대에, 이스라엘은 절기를 지키고, 성일을 지킴으로써 큰 기쁨의 중심이었다. 우리의 성경적인 사고(思考)에도 예루살렘은 아름다운 도성으로 각인되어 있다. 예루살렘은 그 땅과 이스라엘 이야기에서 보석, 진주, 여왕, 그리고 최종적인 목적이었다. 예루살렘은 이스라엘 역사의 최종 목적인 것이다. 가나안의 예루살렘은 에덴동산의 여자와 같다.

이제 요한계시록 21장의 황금성(the Golden City)을 살펴보자.

장차 심판은 하나님 나라의 기업을 정화하고 또 그 나라에서 불법을 행하는 자들을 거두어 내기 위해서 집행될 것이다. 백마를 타신 주님이 승리하실 것이다. 그리고 천년동안 통치가 시작될 것이다(계 19,20장). 하지만 신부는 아직 그 모습을 드러내지 않고 있다. 마침내, 우리는 말할 수 없이 보배로운 하나님의 신탁인, 요한계시록의 말미에서 신부를 보게 된다. 창세기 2장에서 하나님 창조의 최종적인 작품인 하와처럼, 이스라엘 땅의 역사 가운데 최종적인 단계인 예루살렘 성의 건축처럼, 하나님의 계시의 최종적인 책인 요한계시록 마지막에서 하늘에 속한 여자인 그리스도의 신부를 본다. 이 여자는 하늘 백성으로서 에덴의 여자와 같지 않고, 지상 백성으로서 예루살렘과도 같지 않다. 이 여자는 지금 어린양의 아내로 계시되고 있으며, 하나님의 최고의 걸작품으로, 하나님의 계시 가운데 최종적인 계시로 그려져 있다.

과연 세상에 이와 같은 것이 있는가? 과연 우리는 세상의 기초를 놓기 전에 그리스도 안에서 택함을 받고, 여러 세대 동안 하나님 속에 감추어 왔던 가장 아름다운 것을 대면하고, 또 모든 비밀의 계시가 막 완성되고 하나님의 말씀이 이루어지는 것을 맞이할 준비가 되어 있는가?

분명 가슴속 깊은 비밀을 풍성하고 경이롭게 풀어내는 역사가 진행되어 왔다! 하나님 나라의 영광 뿐만 아니라 하나님 집의 비밀도 풀어졌다. 이제 우리는 똑 바로 서서, 하나님의 섭리를 대면해야 한다.

이스라엘이 유월절의 밤에 멸망시키는 천사의 칼을 피하고 또 구름 기둥과 불기둥의 인도를 받으며, 홍해 바닷가에 이르렀을 때, 그들은 가만히 서서 하나님의 구원을 보라는 명령을 받았다 (출 14장). 그들은 그렇게 했다. 그때 나타난 구원은 참으로 광대하고 경이로운 형태로 나타난 은혜와 권능으로 임했으나, 그때까지 감추어 왔던 것이었다. 이스라엘 백성들은 이미 피를 통한 구속은 알고 있었다. 장자들도 이미 목숨을 건졌고, 하나님의 심판은 이제 뒤에 남게 되었다. 심판은 치러졌고, 그들은 안전해졌다. 하지만 구름 속의 영광, 모세의 지팡이, 이스라엘 진 앞에 행하는 천사 등, 이 모든 것은 그 순간까지는 아직 드러나지 않고 있었다. 이스라엘 진 앞에 행하던 하나님의 사자가 자리를 옮겨 애굽 진과 이스라엘 진 사이에 서자, 저편은 구름과 흑암이 있고 이편은 밤이 광명하므로 밤새도록 저편이 이편에 가까이 하지 못했다(출 14:19,20). 모세의 지팡이가 바닷물에게 명하자, 물이 물러가 좌우에 벽이 되었다. 하나님의 영광이 구름 가운데서 나와서 애굽 군대를 어지럽게 했다. 이상하고도 신비로운 권능이 나타난 것이다. 이것은 새롭고도 뛰어난 은혜의 계시였다! 이스라엘은 안전하게 되었고, 고요한 승리를 맛보았고, 다만 앞으로 전진하면서, 승리의 노래, 해방의 노래를 불렀다. 이는 주의 손으로 세우신 성소에서 예배를 드리는 노래요, 장차 주께서 통치하실 주의 나라의 영광에 대한 찬송이었다.

그렇다면 이제 에베소서를 보자. 에베소서에서 죄인은 이미 예수님의 피에 의해서 안전하게 되었다. 죄들은 사함을 받았고 또 심판을 통과한 성도로서, 이제는 하나님의 은혜의 지극히 풍성함을 따라 그리스도 예수 안에서 교회로 높은 부르심을 받기까지 가만히 있어 성령의 음성을 듣도록 소환되었다. 이는 마치 홍해 바닷가에 임한 하나님의 구원처럼, "가만히 서서 하나님께서 오늘날 우리를 위하여 행하시는 구원을 보라"는 음성을 듣는 것과 같다. 그들에겐 오직 듣는 일만 필요했다. 만일 그들이 책임을 감당할 일이 있었다면, 그것은 오직 이것뿐이었다. 즉 듣고, 받아들이고, 행복해하고, 감사하는 것이 전부였다. 왜냐하면 이 모든 일은 모든 은혜의 하나님께서 그분의 전능하심을 따라서 그들에게 베푸시는 위대한 구원의 역사이기 때문이다. 사도 바울은 그들에게 이처럼 풍성하고 경이로운 비밀들을 소개하면서, 다만 그들을 위해서 기도했다. 즉 그들이 그저 잘 듣고, 마음으로 깨닫기를 바라는 기도를 올릴 뿐이었다.

그들을 위한 사도 바울의 기도는 에베소서 1장과 3장에 기록되어 있는데, 내가 이미 언급했던, 언어의 점층법이 여기에도 잘 나타나 있다. 언어의 점층법은 매우 특별한 주제와 사상을 강조하고 무게를 더하면서 표현하는데 가장 적합한 스타일이다.

에베소서 4장을 보면, 우리가 이미 살펴본 대로, 무언가 경이로운 것을 표현하고 있다는 것을 알 수 있다.

창세기 3장에서 소개된 옛 뱀의 손에 있는 사람을 도로 찾아오는 일은 이미 이루어졌다. 사탄의 거짓말을 받아들인 사람은 죄인이 되었고, 하나님에게서 멀리 떠나 있게 되었으며, 잃어버린 바 되었다. 에덴을 상실하게 되었고, 땅은 저주를 받았다. 남자와 여자는 형벌 아래 놓였고, 거짓말쟁이와 방랑자로서 사탄은 이 세상을 여기 저기 떠돌아다니게 되었다(욥 1:7).

사로잡힌 자를 사로잡은 이야기는 에베소서 4장에 나타나 있다. 사람을 사로잡았던 자, 사탄은 그의 모든 군대와 함께 이제 그리스도에게 사로잡힌 존재가 되었으며, 그리스도는 사로잡혀 있던 인간의 해방자로서 승리하셨으며, 공개적으로 승리를 선포하셨다(골 2:15). 해방자이신 주님은 이런 식으로 자신의 권세를 나타내셨을 뿐만 아니라 영광을 통해서도 나타내셨다. 그리스도는 이제 만물을 충만케 하신다. 그리스도는 강림하셨을 뿐만 아니라 승천하셨다. 땅의 아랫부분, 즉 사로잡은 자의 강한 요새와 같은 무덤에 내려가셨을 뿐만 아니라, 모든 하늘보다 높은 곳으로 오르셨다(ascended up far above all heavens). 그처럼 강하고 영광스러운 분이시며, 해방자이신 그리스도는 사탄이 사로잡았던 모든 것을 도로 찾아오는 쾌거를 이루셨다. 계속해서 에베소서 4장을 읽어나가면, 이것이 얼마나 경이로운 일인지 보게 될 것이다. 땅의 아래 곳으로 내려가셔서 해방의 역사를 이루신 그리스도는 이제 가장 높은 하늘에, 모든 하늘 보다 더 높은 하늘에 오르셨으며, 이전 뱀에게 희생당한 자들을 위해서 선물을 받으셨다. 그리고 그것들을 나누어주셨다. 선물을 통해서 그들은 가장 부요하고 가장 높은 위엄을 부여받게 되었다. 이렇게 선물을 주는 일, 혹은 전리품을 취하는 일은 고대에 대적을 사로잡은 사람에게 완전성을 부여해주었고, 거룩하고 영적인 의미에서 자립성을, 속이는 자의 계략에 대한 안전을 보장해주었다. 뿐만 아니라 그에게 주신 성령을 통하여 그 사람 속에 하늘에 속한 영적인 자원을 허락해주었다(엡 4장 8-16절을 보라.)

창세기 3장에서 인간의 타락을, 그리고 에베소서 4장에서 인간의 회복을 마주하는 일이 어쩌면 우리에게 충격을 줄지도 모른다. 어쨌든 이것은 옛 뱀에 대한 승리요 잃은 것을 도로 찾아온 것이며, 아담의 수치를 만회하고 또 역전시킨 것이다. 진정 그렇다. 우리가 에베소서는, 성경이 우리에게 제시하고 있는 구속의 결과를 가장 경이로운 방식으로 보여주고 있다는 사실을 기억할 때, 놀라는 일을 그만 멈출 수 있다. 그러므로 우리는 창세기 3장과 에베소서가 서로 호응하고 있는 것을 볼 수 있다. 그렇기에 에베소서는 "그리스도의 몸"이자 "그리스도의 신부"인 교회에 대한 특별한 책인 것이다. 여기서 그리스도의 몸이란 우리에게 교회가 가장 존귀한 자리에 앉아 있음을 말해주고, 그리스도의 신부란 우리에게 교회는 가장 사랑스럽고 가장 친밀한 관계와 애정에 있음을 말해준다. 게다가 교회는 하나님의 모든 피조물에게, 하늘에 있는 정사와 권세들에게, 은혜와 영광과 지혜의 가장 위대한 증인으로, 또한 은혜의 지극히 풍성함과 은혜의 영광과 하나님의 각종 지혜와 비밀을 유일하게 증거할 수 있는 증인으로 정해졌다. 교회는 바로 그처럼 존귀한 존재이다. 즉 교회의 계시는 하나님의 말씀을 이루는 것이며 또한 완성하는 것이며, 완전한 형태로 만드는 것이다. 이 사실을 기억하라.

어떤 사람은 이런 말을 했다.
"구약시대에 하나님의 부르심은 개인들을 부르는 것이었으며, 그들은 하나님과 동행해야 했다. 또는 하나의 민족을 부르는 것이었으며, (이스라엘의 경우처럼) 그들은 그들의 왕이신 하나님의 율례와 법을 준수해야 했다. 하지만 이제 하나님의 부르심은 한 몸으로의 부르심이다. 그럼에도 성도의 개인성은 여전히 보장된다."

에베소서는 이 사실을 우리에게 잘 보여주고 있다. 에베소서 5장은 개인들에 대한 교훈을 주고 있다. 이 사실은 이처럼 경이로운 서신인 에베소서의 말미에 시기적절한 진리로, 자리 잡고 있다. 분명 우리는, 교회 혹은 몸으로의 부르심에 들어가기 전에, 그리스도 안에서 우리의 개인적인 신분과 우리 자신의 개인적 완전성을 알아야 한다. 따라서 다른 곳에서 사도 바울은 성도들에게 자신이 온전한 자들 가운데서만 하나님의 비밀과 지혜를 말할 것이란 사실을 알렸다. "우리가 온전한 자들 중에서 지혜를 말하노니 이는 이 세상의 지혜가 아니요 또 이 세상의 없어질 관원의 지혜도 아니요 오직 비밀한 가운데 있는 하나님의 지혜를 말하는 것이니 곧 감추었던 것인데 하나님이 우리의 영광을 위하사 만세 전에 미리 정하신 것이라."(고전 2:6,7) 마찬가지로 여기 에베소서 1장을 보면, 우리는 개인적으로 택함을 받았고, 예정함을 입었으며, 죄 사함을 받았고, 열납(수용)되었으며, 진리의 말씀으로 가르침을 받았으며, 또한 인침을 받았다. 그리고 나서, 우리가 교회로의 부르심을 이해하는 것이 가능할 수 있도록 지혜와 계시의 영을 받게 해달라는 기도가 이어진다. 교회로의 부르심은 우리를 이끌어가는 힘이며, 우리가 도달해야 하는 영광인 것이다.

"교회는 개인 신자들로 이루어진 집합체이다. 따라서 그 공동체로서 특징이 소개되고 있다. 그 특징은 신자가 개인적으로 가질 수 없는 그리스도와의 관계에 속한 것이다. 왜냐하면 어느 신자도 개인만으론 그리스도의 몸 혹은 그리스도의 신부가 아니기 때문이다. 그러므로 공동체는 개인 신자들이 지향해야 하는 정서이며 양심이며, 성경에서 말하고 있는 그리스도에 대한 교회의 관계들은 공동체를 통해서만 인식될 수 있고, 또한 누릴 수 있다."

확실히 그렇다. 에베소서 4장 12절에 따르면, 개인 성도들은 주어진 성령을 통해서 먼저 온전함을 입고, 그 후에야 몸으로 세워진다. 에베소서 4장 17절에서 6장 9절까지 설명하고 있는 교훈들은 우리에게 개인적으로 주어졌다. 하지만 교회 상태는 전체에 걸쳐서 여기저기서 설명되고 있다.

이제 율례(교훈)에 대해서 생각해보자. 부르심 그 자체, 그리고 우리가 서있는 은혜는 율례(교훈)과 관계없이 우리에게 직접 호소한다. 이러한 생각은 디도서 2장 11,12절, 그리고 베드로후서 3장 11,14절과 같은 구절에 의해서 인증받고 있다. 창세기에 있는 성도들은 율법 혹은 율례(교훈) 없이 행동했다. 그들이 받은 부르심 자체가 그들의 의무를 규정지었다. 그래서 창세기의 인물 가운데 한 사람은 "그런즉 내가 어찌 이 큰 악을 행하여 하나님께 득죄하리이까?"(창 39:9)라고 말했다. 신약시대에 성도들이 서있는 은혜는 그와 동일한 일을 하도록 요구한다. 그럼에도 그들은 율례(교훈)에 귀를 기울이도록 부르심을 받았다. 마찬가지로 에베소서에서도 율례(교훈)가 주어졌다. 율례(교훈)는 놀랍게도 교리를 존중한다. 율례(교훈)은 일반적으로 교리에 기초하고 있으며, 은연 중에 교리에 호소한다. 다시 말해서, 율례(교훈)은 교리 속에 감추어진 도덕적 미덕을 다양하게 표현하고 드러내준다.

더 살펴보자. 율례(교훈)은 우리에게, 거룩은 세대적인 특징을 띨 수밖에 없음을 알게 해준다. 거룩은 단순히 양심에 근거해서 행동함으로써 이르게 되는 도덕적 미덕에 속한 것이 아니다. 그렇다고 율법이 요구하는 대로 행한 결과로 주어지는 율법적인 의로움도 아니다. 이 세대의 거룩성은 그리스도인에게 속한 특별한 세대적인 특징을 띠고 있다. 오늘날 성도의 거룩 혹은 합당한 성품은 그리스도인의 부르심에서 나온다. 신약시대의 거룩은 그리스도인에게 주어진 진리에 그 뿌리와 줄기를 두고 있다. 거룩은 지금 우리에게 주어진 말씀에 의해서 측량되며, 세대적인 우리의 자리와 독특성을 배경으로 하고 있다. 그렇다면 신약시대의 거룩은 무엇으로 되는 것인가? 바로 진리로 성화되는 것(요 17:17,19)이며, 물로 씻어 말씀으로 깨끗하게 하는 것으로 된다(엡 5:26). 이는 하나님이 받으시는 도덕성과 성령님이 일하신 결과로 주어지는 거룩성의 특징을 정의해준다. 이것은 오늘날 많이 사람들이 무시하거나 또는 간과하는 것이지만, 하나님이 빛 가운데 계신 것같이 빛 가운데 있을 때에만 선명하게 볼 수 있다.

에베소서에는 또 다른 것이 있다. 바로 영적 싸움 또는 씨름이다. 우리는 에베소서 5장에서 성도의 행실을, 에베소서 6장에서 성도의 싸움을 본다. 성도의 행실은 인류 역사를 이루고 있는 다양한 환경과 관계로 얽히고설킨, 살아온 길의 흔적을 남긴다. 성도의 싸움은 "마귀의 계략들" 혹은 "하늘에 있는 악한 영적 존재들"을 대적하는 것이다(엡 6:11,12).

이러한 악한 영들은 하늘 처소에서 나온다. 그들은 온갖 거짓말과 다양한 속이는 말로 역사한다. 역대하 18장은 이 사실을 직접적으로 증거하고 있다. 거기서 한 영이 그 입에 거짓말을 가지고 나아오는 것을 볼 수 있다. 그리고 아합의 거짓 선지자들의 가운데 한 사람에게 거짓말을 넣어준다. 그 결과 아합 왕은 길르앗 라못 전투에서 패하게 된다.

세상의 시작부터 뱀은 거짓말쟁이로 에덴동산에 숨어들었고, 자신의 계략들 가운데 하나로 사람을 타락시켰다(창 3장). 사탄은 또 다른 계략으로 인구 조사를 하도록 다윗을 충동질했고, 끔찍스러운 징벌을 받게 했다(대상 21장). 속이는 자로서 사탄의 이러한 특징은 요한계시록 12장 9절과 20장 8절에도 나타나 있다. 표적과 거짓 기적과 불의의 속임은 사탄이 사용하는 도구들이다(살후 2:9,10).

따라서 하늘에 있는 악한 영들은 여기 이 땅에서 우리 가운데 각종 "계략"으로 역사하고 있다.

이러한 계략들, "이 어두움의 세상 주관자들"의 거짓말은 무수히 많다. 세속적인 생각으로 하나님의 일을 하고자 하는 육신적인 열심, 사람의 전통과 유전으로 하나님의 진리를 변개시키고 왜곡시키는 일, 종교성이 강한 사람이 가진 미신성, 세대적인 차이를 무시하려는 아집, 세상의 발전과 번영에 기대는 헛된 망상, 그리고 기타 등등이 있다. 이 얼마나 무서운 일인가! 이러한 계략들을 잘 드러낼수록 잘 대비할 수 있는 법이다. 이러한 계략들의 구체적인 사례들은 고린도후서 2장 11절, 11장 3절, 디모데후서 2장 26절 등에 나타나 있다.

우리는 이러한 계략들에 대항해서 싸워야 한다. 다시 말해서, (사탄이 거짓말쟁이든 혹은 박해자이든) 우리는 원수 마귀를 물리쳐야 한다. 우리의 싸움은, 여호수아 또는 다윗이 싸운 것과 같이 혈과 육으로 싸우는 것이 아니다. 하나님은 구약시대엔 혈과 육에 적합한 갑옷을 입고 전쟁에 나가 싸우게 하셨다. 지금 이 시대엔 그렇지 않다. 하나님이 오늘날 우리에게 주신 전신갑주는 아이 성이나 엘라 골짜기의 전투에 적합하지 않다. 우리가 싸워야 하는 원수들은 아말렉 족속이나 블레셋 족속들이 아니다. 진리를 변질시키는 자를 대적하는데 적합한 갑주이며, 사탄으로 "주의 바른 길을 굽게" (행 13:10) 하지 못하게 하는데 필요한 갑주이다. 그래서 하나님의 전신갑주는 진리의 허리 띠, 의(義)로움의 흉배, 평안의 복음의 신발, 믿음의 방패, 구원의 투구, 그리고 성령의 검으로 이루어졌다(엡 6:14-17)[3].

우리가 살아가고 있는 이 세대는 "전쟁 상태"로 여겨지고 있으며, 끊임없는 국지전이 벌어지고 있고, 그래서 "악한 날"로 불린다. 그래서 사도 바울은 우리에게 "그러므로 하나님의 전신갑주를 취하라 이는 악한 날에 너희가 능히 대적하고 모든 일을 행한 후에 서기 위함이라"(엡 6:13)고 말하고 있다.

이러한 계략들은 또한 "화전(fiery darts, 불화살)"으로 변하기도 한다. 즉, 이러한 거짓말과 속임수는 항상 이런 저런 형태를 띠고서, 우리를 무너뜨리고자 직접적이고도 개인적인 인신공격의 형태로 공격해온다.

놀라운 일은 에베소서에서 우리에게 가르치고 있는 것은 이러한 공격이 악한 정사들과 권세들에게서 나온다는 것이다. 즉 그들은 그리스도께서 사로잡은 자들이지만, 성도들의 원수들이기에, 성도는 "이 어두움의 세상 주관자들"과 씨름을 해야만 한다(엡 4:8, 엡 6:11,12)[4].

여기서 덧붙이고 싶은 것은, 이 어두움의 세상 주관자인 사탄

---

[3] 사탄은 하늘에서 형제들을 참소하는 자이다(욥 1장, 계 12장). 땅에서 사탄은 하나님을 거짓 송사하는 자이며(창 3장), 또한 성도들을 핍박하는 자이다(욥 2장, 계 12장). 여기서 사도 바울은 사탄의 계략 혹은 속임수에 대해서만 언급하고 있다.

[4] 사도행전 19장을 보면, 에베소에서는 거짓말과 속임수로 역사했던 악한 영들이 퇴출되는 사건이 일어났다. (사도행전 19장 19절을 보라.)

은 머지않아 정해진 운명의 길을 따라 갈 것이란 점이다. 그는 지금 거하고 있는 하늘에서 내어 쫓길 것이며, 땅에서만 활동하게 될 것이다. 하지만 그것도 잠시, 그는 땅에서도 제거될 것이며, 바닥을 알 수 없는 구덩이, 즉 무저갱에 던져지게 될 것이다. 게다가 무저갱에서 나오게 되면, 그는 불못 또는 영원한 지옥에 들어가게 될 것이다. (누가복음 10장 18절, 요한계시록 12, 20장을 보라.)

한 가지 더 언급하자면, 이것은 우리 주님의 길과는 정반대의 길이란 점이다. 주님은 무덤에서 나와서 승리자의 자리에 오르셨다. 주님은 사망과 지옥을 친히 경험하셨다. 주님은 땅으로 돌아오셨고, 40일 동안 머무셨으며, 자신의 나라를 이 땅에 세우실 것을 약속하셨고 또한 보증하셨다. 그리고 나서 주님은 가장 높은 하늘에 오르셨으며, 모든 권세를 받으셨으며, 성도들 속에 내주하도록 성령님을 보내셨고, 장차 만물을 충만케 하심으로써 친히 나타나실 때, 성도들로 광휘한 그 영광의 날을 준비하도록 하셨다.

이제 마치기 전에, 한 가지 사실을 더 언급하고자 한다.

사도 바울은 자신을 일컬어 "쇠사슬에 매인 대사(ambassador)"(엡 6:20)라고 소개한다. 이는 어두움의 권세 잡은 자의 통치 아래 있는 세상의 실체를 드러내는 것이다. 하나님의 대사가, 하나님이 자신을 보내신 세상에서 죄수의 신분으로 감옥에 갇혀있다! 어느 나라가 한 나라의 대사를 이런 식으로 대우한단 말인가? 대사에 대한 존중하는 마음이 전혀 없는 것이 아닌가?

하지만 인간의 사슬에 매인 죄수는 사실상 하나님에게 매인 자유인이다. 바울 자신은 가택 연금 상태에 있었지만, 오히려 바다 저 멀리 수천 킬로미터나 떨어져있는 사랑하는 형제들을 염려하면서, 그리고 그들을 깊이 배려하는 사랑의 마음으로, 동정과 위로와 격려의 메시지를 보내고 있다.

제 3장 하늘의 부르심 - 히브리서
Musings on the Epistle to the Hebrews

히브리서 1,2장

히브리서는 하나님의 책이 가진 고유한 특성을 놀라운 방식으로 기술하고 있다. 다양한 측면의 빛을 통해서 읽을 필요가 있다. 그럼에도 어느 측면의 빛이 다른 측면의 빛을 방해하는 법이 없다. 여섯 내지 일곱 가지 방식으로 읽을 때, 가장 큰 유익을 얻을 수 있다. 나는 특별히 처음 두 개의 장을 살펴볼 것이다. 히브리서의 특징은 우리에게 하늘을 열어준다는데 있다.

이렇게 도입부를 시작할 수 있는 것이 참으로 복되다! 독자는 이제 머리 위에 펼쳐진 물리적인 하늘(들)을 올려다본다. 하지만 당신이 볼 수 있는 것은 표면적인 하늘일 뿐이다. 히브리서는 물리적인 하늘이 아니라 도덕적인 특성을 가진 내적인 하늘을 소개하고 있다. 히브리서는 주 예수님께서 들어가신 하늘에서 주 예수님을 둘러싸고 있는 영광, 즉 주 예수님에게서 발산되고 있는 영광을 소개해준다. 따라서 우리는 주님이 앉으신 하늘을 올려다보면서, 주님이 하고 계신 일과 또한 하늘에서 장차 하실 일을 내다 볼 수 있다. 우리가 마태복음 3장에서 배운 것처럼, 주 예수님께서 이 땅에 계실 때 하늘이 열리고 온 세상으로 하여금 그분을 주목하도록 했다. 하늘이 주목할 만큼 그처럼 존귀하신 분이 계셨기 때문이었다. 하늘은 세상 사람들에게 알려진 적이 없는 천상의 대상을 모시고 있었고, 그분은 영광을 받으신 사람으로서 다시 하늘로 돌아가셨다. 그렇다면 히브리서의 목적은 이 영광을 받으신 사람이 들어간 자리로서 하늘을 우리에게 소개하는데 있다. 마태복음 3장에서 하늘이 열리고 우리로 하여금 지상에 계신 그리스도를 바라보게 해준 것처럼, 마찬가지로 히브리서에서 하늘이 열리고 우리로 하여금 하늘에 계신 그리스도를 올려다보게 해준다.

어쩌면 당신은 그러한 것이 하늘의 역사의 전부인가요? 라고 묻고 싶을 것이다. 당신은 그 끝을 보았는가? 사실 나는 그 끝을 보지 못했다. 요한계시록 4장과 5장을 보면, 우리는 하늘이 땅에 대한 심판을 준비하고 있는 것을 볼 수 있다. 그리고 나서 요한계시록의 끝부분에서 나는 하늘들이 영광을 받으신 사람의 거주지일 뿐만 아니라 영광을 받은 교회의 거주지인 것을 볼 수 있었다. 성경이 우리에게 그러한 비밀들을 알게 해주고 있으니, 얼마나 놀라운 책인가! 성경은 하나님의 도서관과 같다. 당신은 서재에서 한 권의 책을 꺼내 와서 하늘들에 대한 내용을 읽는다. 그리고 또 다른 책에서 사람의 타락에 대해서 읽는다. 세 번째 책을 가져다가 은혜 가운데 역사하시는 하나님에 대해서 읽는다. 아, 성경의 이야기는 얼마나 보배롭고, 다채로운가!

이제 히브리서 1,2장을 살펴보자. "죄를 정결케 하는 일을 하시고 높은 곳에 계신 위엄의 우편에 앉으셨느니라."(히 1:3) 바로 이것이 히브리서가 우리에게 하늘을 열어준다고 내가 말했을 때, 의도했던 것이었다. 주님은 이 땅에서 우리의 죄들을 정결케 하는 일을 하셨고, 우리의 죄들을 제거하신 분으로서 하늘에 오르셨다. 만일 내가 먼 나라로 떠난다고 해보자. 나는 당신이 그곳을 방문하게 되면 얼마나 기쁠 것인지를 설명하면서, 당신에게 그곳을 방문하고픈 열망을 불어넣고자 할 것이다. 하지만 성령님이 오셨고, 그 멀리 있는 하늘을 보여주실 때에는 나의 방법보다 더 나은 방법으로 그 일을 하실 것이다. 성령님은 당신의 관심이 온통 하늘에 집중되도록 당신에게 보여주실 것이다. 우리의 대표이신 그리스도는 하늘에서 가장 높은 자리에 앉아 계시며, 바로 그러한 특징을 가진 채 하늘에 계신다. 그 자리와 더욱 친밀하게 연결될 수 있을까? 우리로서는 그곳에 가능한 일

찍 가게해줄 수 있는 날개가 없다는 사실이 애석할 뿐이다! 주님께서 우리를 위해서 비참한 죽음을 당하심으로써 그 자리에 앉으신 것을 생각해보라! 나는 하나님이 당신에게 주신 것 이상으로 하늘에 대해서 더 강렬한 관심을 갖게 해줄 수는 없다.

이제 4절을 보면, 우리는 우리의 죄들을 제거하신 분으로서 뿐만 아니라, 자신의 참된 인성에 의해서도 천사들보다 높은 곳에 앉으신 주님을 볼 수 있다. 우리는 이미 주님을 우리의 죄들을 정결케 해주신 분으로서 보았다. 이제 히브리서 1장은 주님을 천사들보다 뛰어나신 인자(人子, the Son of man)로서 소개하고 있다. 인자께서 천사들과 비교되고 있다. 그리스도의 인성 속에 있는 사람의 본성은, 미가엘 혹은 가브리엘 속에 있는 천사의 본성보다 훨씬 뛰어난 것이다. 따라서 히브리서 1장 전체는 하늘에 계신 그리스도의 모습을 두 가지로 그리고 있다. 그리스도의 이 두 가지 모습이야말로 두 가지 비밀인 것이다! 우리의 죄들을 정결케 하신 분, 그리고 우리와 같은 인간이신 그리스도께서 지극히 높은 곳에 계신 위엄의 우편에 앉아 계신다.

히브리서 2장의 처음 네 개의 구절은 삽입구를 이루고 있다. 당신도 이러한 삽입구를 좋아하지 않는가? 성령님은 자연스러운 화법을 구사하고 계신다. 친구들과 대화를 하다가 또 다른 주제로 자연스럽게 넘어가는 것을 종종 경험한다. 마찬가지로 사도는 여기서 그런 식으로 말하고 있다. "나는 여러분들에게 놀라운 것들을 가르치고 있다. 여러분은 그러한 것들을 한쪽 귀로 흘려듣지 않도록 조심하라." 우리는 그저 학자들이 될 필요는 없다. 만일 우리가 하나님의 학교에서 훌륭한 스승의 제자들이라면, 우리가 수업을 듣는 동안 우리의 양심이 잘 작동되도록 해야 한다. 그러한 것이 사도가 여기서 하고 있는 일이다. 따라서 삽입구는 가장 부드러운 마음을 가지고 또 잘 가르침을 받을 수 있는 영혼의 귀에만 들어가는 법이다.

비록 삽입구이지만, 우리에게 새로운 영광을 소개하고 있다. 성경이라는 밭에는 얼마나 풍성한 과실들이 맺히는가! 하지만 당신이 부지런하지 않으면, 아무 과실도 얻지 못할 수가 있다. 삽입구는 그리스도의 또 다른 영광을 담고 있다. 그리스도는 사도로서 하늘에 앉아 계신다. 그리스도는 나의 사도이시다. 무슨 의미인가? 그리스도는 나에게 설교자이시다. 하나님은 과거 선지자들을 통해서 말씀하셨고, 지금은 그 아들을 통해서 우리에게 말씀하신다. 하늘에 계신 그리스도는 기독교의 사도이시다. 기독교의 사도로서 전하는 메시지는 무엇인가? 이같이 큰 구원이다. 우리의 죄들을 제거하신 분으로서, 그리스도는 우리를 위해서 구원을 이루셨다. 그리스도는 우리의 믿는 신앙의 사도로서 자신을 우리에게 알리신다. 여기엔 당신을 위하여 하늘을 더욱 풍성하게 준비하시는 것이 있다.

이제 2장 5절은 히브리서 1장의 주제로 돌아간다. 계속해서 그리스도께서 입으신 독특한 영광, 곧 천사들보다 월등한 특징에 대해서 설명하고 있다. "하나님이 장차 오는 세상을 천사들에게는 **복종케 하심이 아니라**"고 말한다. "장차 오는 세상"이라니, 무엇을 말하는 것인가? 바로 시편 8편에서 말하고 있는 천년왕국을 가리킨다. 우리는 여기서 인자의 세 가지 특징을 볼 수 있다. "잠깐 동안 천사보다 못하게 되었고", "영광과 존귀로 관을 쓰고 있으며", 그리고 "주의 손으로 만드신 것을 다스리게 하셨다."(시 8:5,6) 따라서 장차 오는 세상은 천사들에게 복종케 하신 것이 아니라, 인자에게 복종케 하셨다. 이제 당신은 이토록 영광스럽게 된 인자에 대한 관심을 가지게 되었을 것이다. 나는 만일 내가 먼 나라에게 가게 된다면 당신에게 그 나라의 놀라운 장면들을 설명해주고, 당신으로 하여금 그 나라의 모습을 보고 싶은 열망을 일으키게 할 것이라고 말한 바 있다. 하지만 히브리서는 당신이 직접 이러한 영광들을 보고 관심을 가지도록 이 모든 하늘의 전망들을 보여준다. 인자가 떠나가신 하늘의 전경 가운데 당신이 흥미를 가질 수 없는 것이 한 가지라도 있는가? 사도는 여기서 당신을 위해서 그것을 추구하고 있다. 다시 한 번 말하지만, 히브리서는 당신에게 먼 곳에 있는 하늘의 전경을 당신에게 열어 보여주면서, 특히 그리스도에게 속한 영광들을 보여주면서, 당신으로 하여금 그 모든 영광들에 대한 즉각적이고 개인적인 관심을 가지도록 촉구하고 있다.

10절에서 새로운 개념이 소개되고 있다. "저희 구원의 주를 고난으로 말미암아 온전케 하심이 합당하도다." 여기서 잠시 멈추어보자. 당신에게 완전한 구주를 주신 일이 하나님의 영광이 되었다. 당신은 그 사실을 믿는가? 우리가 그 사실을 보게 되면 우리 영혼에 놀라운 생각이 들어올 것이다! 당신은 과연 그리스도에게 사로잡혔는가? 그래서 그리스도 외에는 다른 것을 쳐다볼 생각을 해본 일이 없었던 적이 있는가? 우리는 확실하고도 틀림없는 구원을 받았기에, 앞으로 닥칠 그 어떠한 충격도 견딜 수 있다.

11절을 보면, 우리는 영광을 받으신 사람에 대한 새로운 내용을 볼 수 있다. "거룩하게 하시는 자와 거룩하게 함을 입은 자들이 다 하나에서 난지라 그러므로 형제라 부르시기를 부끄러워 아니하셨다." 부끄러워 아니하셨다! 하늘과 땅이여, 들을지어다! 여기 영화롭게 되신 사람이신 주님은 하나님의 택함을 받은 자들의 형제이시다. 주님은 그들의 존귀함 때문에 부끄러워하지 않으신다. 단지 그분의 은혜 때문이 아니라, 그들의 개인적인 존귀함 때문인 것이다. 그리스도는 나를 자신의 보좌에 참여하도록 정하셨다. 그리스도는 자신이 이렇게 한 일 때문에 부끄러워하시는가? 당신이 성경을 읽을 때, 냉담한 생각이 스멀스멀 기어오는 것을 허용하지 말라. 그리스도를 생각할 때, 우리는 우리 옛 사람을 사로잡고, 독수리의 날개에 올라야 한다. "내가 주를 교회 중에서 찬송하리라."(12절) 이렇게 찬송할 때, 우리의 영은 높이 비상할 수 있다. 그리스도께서는 이렇게 속량을 받은 사람들의 찬송을 인도하실 뿐만 아니라 그렇게 찬송하는 무리 가운데 계시는 것을 부끄러워하지 않으신다! "또 다시 내가 그를 의지하리라." 그리스도께서 이 세상에 계실 때, 그렇게 하나님을 의지하셨다. 이제 우리가 하나님을 의지할 차례이다. "또 다시 볼지어다 나와 및 하나님께서 내게 주신 자녀라." 여기서 우리는 하늘에서 영광을 받으신 사람이신 그리스도와 사람이 영화롭게 되어, 하늘 가족을 이루는 장면을 볼 수 있다.

이제 그리스도의 겸비를 볼 차례이다. "이는 실로 천사들을 붙들어 주려 하심이 아니요 오직 아브라함의 자손(the seed)을 붙들어 주려 하심이라."(16절) 그리스도는 천사들을 그들이 창조된 곳에 두셨다. 천사들은 그 힘과 능력이 탁월하다. 그들은 처음 자신의 지위를 지켰고, 주님은 그들을 그곳에 두셨다. 사람은 죄악 가운데 탁월했고, 주님은 세상에 오셔서 자신을 사람과 연결시키셨다. 이제 17절은 우리에게 하늘에 계신 그리스도에게 속한 또 다른 영광을 소개해준다. 우리는 하늘에서 우리의 대제사장으로 계시면서, 항상 살아서 죄들을 위한 화해를 이루시고 또 슬픔을 위한 도움을 주고자 기다리시는 그리스도를 볼 수 있다. 히브리서는 이처럼 거룩한 영광들로 가득하다. 히브리서는 좁은 지면을 광대한 영광과 중차대한 하나님의 생각으로 가득 채운 서신이다.

히브리서 3,4장

우리는 히브리서의 주요한 특징이, 구약성경의 창세기 1장에 있는 하늘과도 다르고, 신약성경의 요한계시록 4장 혹은 21장에 있는 하늘과도 다른, 지금 있는 그대로의 하늘의 모습을 보여주는 것임을 살펴보았다. 창세기 1장의 하늘에는 영광을 받으신 사람이 있지도 않았고, 사도나 대제사장으로서 그리스도도 없었다. 히브리서의 하늘에는 이 모든 것이 다 있다. 히브리서가 가지고 있는 일반적인 특징은, 우리로 하여금 그 하늘에 계신 주 예수님을 바라보게 해준다는 것이다. 우리는 지금까지 주님께서 어떻게 영광을 받으신 사람으로서, 우리의 죄들을 정결케 해주신 분으로서, 구원을 증거하시는 우리의 사도로서, 그리고 죄들을 위한 화해를 이루시는 대제사장으로서 그곳에 계신지를 살펴보았다. 히브리서의 모든 장마다, 지금 하늘에 계신 주 예수님의 영광으로 빛나고 있다.

이제 3장과 4장을 살펴보자. 그리스도께서 계신 하늘과 그 하늘에 계신 그리스도를 소개한 후, 히브리서 3장과 4장은 잠시 히브리서의 수신자들에게로 방향을 바꾸어 우리 자신을 돌아보게 해주며, 그리스도와 함께 하기 위해서 가는 순례의 도상에 있는 우리가 경계해야 할 것에 대해서 말해준다. 그 첫 번째 권면은 우리가 그리스도와 및 그분의 신실하심을 깊이 생각해야 한다는 것이다. 많은 사람들은 여기서 말하고 있는 권면을 흔히 오해하고 있다.

그렇다면 "우리가 믿는 도리의 사도이시며 대제사장이신 예수를 깊이 생각하라"(1절)는 것은 무슨 의미인가? 그분을 본받으라는 것인가? 종교적인 마음을 가진 사람은 그렇다고 말할 것이다. 하지만 그것은 본문의 요지가 전혀 아니다. 나는 그리스도를 나를 위해서 하나님께 충성했던 분으로 생각해야 한다. 그렇게 충성하신 결과, 나는 영원한 구원을 받게 될 것이다. 만일 내가 그리스도를 그렇게 생각하지 않는다면, 본문의 핵심을 잃어버리고, 은혜에 대한 감각을 상실하게 될 것이다. "그리스도는 그의 집 맡은 아들로 충성하고 계시니"(6절)에서 충성이란 단어는 과거형으로 "충성하셨다"가 아니라 현재형으로 "충성하고 계신" 혹은 "충성스러운"이 되어야 한다. 이 세상을 사실 때만이 아니라, 지금 하늘에서도 충성스러우시기 때문이다. 나는 하늘을 올려다보며, 이러한 직분들을 감당하고 계신 그리스도를 본다. 그리스도는 자기를 세우신 하나님께 여전히 충성하고 계시기 때문이다. 나는 대제사장이신 주님을 본받기 위해서 무슨 일을 해야 하는가? 나의 안전을 책임지시는 그리스도를 깊이 생각하면 된다.

측량할 길 없는 광대한 은혜의 성운이여! 그리스도를 대제사장으로 삼으신 하나님의 은혜, 사역을 이루신 아들의 은혜, 그리고 히브리서 3장을 열고 있는 은혜는 그 광대함에 있어서 끝을 알 수 없는 하나의 성운을 이루고 있다. 이 보다 더한 숭고한 권면 혹은 거룩한 교리가 있을 수 있는가? 우리는 우리가 지은 모든 죄들을 정결케 하는 일을 마치신 아들이시며, 또한 우리 믿음의 사도요 또한 대제사장으로서 지극히 높은 곳에 계신 위엄의 우편에 앉으신 그리스도를 바라보고 있다. 죽기까지 충성하심으로써 그 높은 위엄의 보좌 우편에 앉아 계신 그리스도를 바라보면서, 더 이상 나는 무슨 권면을 바라는 것인가?

이제 3-6절을 보자. "저는 모세보다 더욱 영광을 받을 만한 것이 마치 집 지은 자가 그 집보다 더욱 존귀함 같으니라 집마다 지은 이가 있으니 만물을 지으신 이는 하나님이시라 또한 모세는 장래의 말할 것을 증거하기 위하여 하나님의 온 집에서 사환으로 충성하였고 그리스도는 그의 집 맡은 아들로 충성하였으니 우리가 소망의 담대함과 자랑을 끝까지 견고히 잡으면 그의 집이라." 계속해서 우리는 모세와 대조를 이루고 있는 더 큰 영광들에 대해서 소개를 받고 있다. 첫 번째 세대는 여기서 집으로 불리고 있다. 그렇다면 그 첫 번째 세대는 오실 그리스도를 섬기는 종일뿐이었다. 모세와 그 집은 동일시 되고 있다. 옛 세대의 모든 활동은, 오실 그리스도를 증거하는 것이 아니라면 아무 가치가 없었다. 그렇기 때문에 종(a servant)인 것이다. 주님이 오실 때에는, 다시 말해서, 아들로서 오실 때에는 자신의 소유를 주장하실 것이다. 이제 남은 총체적인 사안은, 과연 주님이 세우신 집이 주님께 충성할 것인가에 달려 있다.

당신의 충성심은 무엇인가? 소망의 담대함과 자랑을 끝까지 견고히 잡는 것이다. "그리스도는 나를 위하신다. 그리스도는 나를 위하신다!" 이처럼 모든 것을 충족시켜주시는 그리스도 외에 나는 아무것도 바라지 않는다. 나는 그리스도로 충분하다. 이 광야의 여정이 끝날 때까지 날마다 그분께 밀착해서 동행할 것이다. 그리하면 당신은 그리스도께서 아들로서 맡으신 집의 일부가 될 것이며, 그 한 부분을 차지하게 될 것이다. 아들이신 그리스도는 집을 다스리실 뿐만 아니라, 집을 자신의 소유로 주장하신다. 이 얼마나 사랑스러운 생각인가! 이제 그리스도께 충성하는 것은 옳은 일일 뿐만 아니라, 그리스도는 당신이 그분의 마음 가까이 있음을 말씀해주신다. 충성이란 단순히 그리스도의 머리되심에 복종하는 것이 아니다. 만일 내가 그분의 가슴에 안겨 있다면, 나는 충성스러운 사람인 것이다. 따라서 성령님께서 히브리서 3,4장을 통해서 권면하실 때, 그분은 히브리서 1,2장의 높고도 경이로운 자리를 떠나지 않으신다.

이제 핵심에 이르렀기에, 성령님은 시편 95편으로 직행하신다. 만일 당신이 시편 92편부터 101편까지 읽어보면, 당신은 이것이 시편 가운데 천년왕국에 대한 아름다운 그림인 것을 볼 수 있을 것이다. 이 천년왕국 편에 수록된 시편들은 성령님께서 이스라엘을 향해 믿음을 고취시키고 각성시키며, 그들로 하여금 하나님의 안식을 향해 나아가도록 격려하시는 메시지를 담고 있다.

그렇다면 여기서는 무슨 의미로 인용되고 있는가? 이스라엘의 광야 여정은 오늘날 신자들의 신앙 여정, 즉 피로부터 시작해서 영광에 이르는(from the blood to the glory) 길에 대한 아름답고도 생생한 그림이다. 사람들은 종종 히브리서 4장을 읽으면서 그 내용을 자신들에게 바로 적용시킨다. 하지만 사람들이 흔히 말하는, 양심의 안식은 여기서 다루는 주제가 전혀 아니다. 오히려 히브리서 4장은 우리가 애굽에서 나왔으며, 이제 가나안 땅을 향해 나아가고 있음을 알게 해준다. 그렇다면 우리 앞에 있는 위험은 피를 문 인방에 바르지 못하는 것에 대한 것이 아니라, 이스라엘 백성들이 광야에서 멸망을 당했던 것처럼, 혹 우리도 광야에서 멸망을 당하지 않도록 조심하는 것에 대한 것이다(고전 10:1-11 참조). 히브리서 4장은 당신에게 피에 대한 믿음을 다시 확인하도록 요청하는 것이 아니라, 광야 길을 어떻게 끝까지 통과할 것인지에 주의하도록 교훈하고 있다. 성령님께서 안식을 말씀하실 때, 그 안식은 양심의 안식이 아니라 사실은 천년왕국의 안식을 가리키고 있다. 성령님은 우리가 날마다 통과하는 "오늘"이라고 일컫는 하루 동안에 모든 세대를 부르신다. 오늘이라고 일컫는 하루는 십자가에 달린 강도에겐 매우 짧은 날이었고, 순교자 스데반에게도 마찬가지로 짧은 날이었다. 바울에겐 조금 더 긴 날이었고, 요한에겐 더욱 긴 날이었다. 어쨌든 광야 여정이 짧던 길던, 그것은 하룻길일 뿐이다. 당신은 그리스도를 통해서 끝까지 붙들어야 한다. 만일 당신이 그리스도와 함께 참여한 자가 되려면, 끝까지 붙들어야 한다.

이제 14절 "우리가 시작할 때에 확실한 것을 끝까지 견고히 잡으면 그리스도와 함께 참여한 자가 되리라"에서 말하고 있는 그리스도는 어떤 그리스도이신가? 십자가에 못 박히신 그리스도일까? 그렇지 않다. 영화롭게 되신 그리스도이시다. 만일 당신이 오늘 십자가에 못 박히신 그리스도와 연합을 이룬다면, 당신은 장차 천년왕국에서 영광스럽게 되신 그리스도와 함께 참여하는 자가 될 것이다. 매 시간 우리 마음과 양심에 "오늘"이란 말이 울려나기를 바란다. 십자가에 못 박히신 그리스도를 날마다 붙드는 것(고전 15:31)은 영화롭게 되신 그리스도의 안식에 들어갈 자격을 준다. 두 가지 사안이 당신을 시험할 것이다. 바로 죄와 불신앙이다. 이 두 가지 원수가 당신이 걷는 광야 길에서 당신을 끊임없이 괴롭히는 것을 경험하고 있지 않은가? 나는 계속해서 죄 가운데 거할 것인가? 늘 잘못된 생각에 패배할 것인가? 어쩌면 승리할 수도 있지만, 나는 그것들을 원수로 대해야 한다. 이제 불신앙은 하나님을 향한 영혼의 작용인 것을 알 수 있다. 만일 우리가 지금 애굽과 가나안 사이에 있으며, 그래서 이 두 가지 것들이 날마다 우리가 가는 길을 방해하는 원수들인 것을 알지 못한다면, 우리는 세상을 이기는 성도의 길이 무엇이며, 정녕 하늘의 부르심을 받은 성도로서 갖추어야 할 합당한 특성이 무엇인지를 도무지 알 수 없을 것이다.

히브리서 4장은 지금까지 다룬 것과 같은 주제를 다룬다. 히브리서 3장 14절의 그리스도께서 히브리서 4장의 안식이다. 바로 영화롭게 되신 그리스도이시며, 영광스러운 안식의 주님이시다. 그리스도는 우리를 애굽에서 이끌어내셨다. 애굽에서 나온 하나님의 백성들에게 권면이 주어졌다. 우리는 애굽에서 피를 문 인방에 발랐다. 영광스러운 가나안이 우리 앞에 있다. 혹 가나안에 들어가지 못하는 일이 있을까 조심해야 한다. "저희와 같이 우리도 복음 전함을 받은 자이나 그러나 그 들은 바 말씀이 저희에게 유익되지 못한 것은 듣는 자가 믿음을 화합지 아니함이라."(2절) 여기서 말하는 복음은 그리스도의 피의 복음이 아니라, 그리스도의 영광의 복음이다. 복음은 이스라엘 민족에게 이런 형태로, 우리에게 저런 형태로 주어졌다. 하지만 그들 뿐만 아니라 우리에게도 안식이 남아 있다는 복음이 전파되었다.

이제 성령님은 창조주의 안식일로 거슬러 올라간다. 찬송을 받으실 창조주께서는 창조 후에 자신을 위한 안식을 예비하셨다. 하나님은 광야를 통과한 그들을 가나안의 안식에 들어가게 하실 것을 친히 약속하셨다. 아담은 하나님의 창조의 안식을 방해했다. 이스라엘 민족은 하나님의 가나안의 안식을 방해했다. 그렇다면 하나님은 자신의 안식을 포기하신 것일까? 그렇지 않다. 하나님은 그리스도 안에서 안식을 찾으셨다. 하나님의 전체 책의 비밀은, 사람이 모든 면에서 하나님을 실망시켰을 때, 하나님이 그리스도 안에서 안식을 얻으셨다는데 있다. 그리스도는 하나님의 안식을 이루신 유일한 분이시며, 지금 안식 가운데 계신 분이시며, 하나님과 그분의 성도들이 자신과 함께 안식할 때를 기다리는 분이시다. "그러면 거기 들어갈 자들이 남아 있거니와"(6절) 안식은 더 이상 아담 혹은 이스라엘에게 달린 위태로운 것이 아니다. 그러므로 우리는 안식에 들어가지 못하는 일이 없도록 주의해야 한다.

이제 우리는 그리스도의 두 가지 직분을 볼 수 있다. 우리는 히브리서 3장의 끝 부분에서 두 가지 원수를 보았고, 이제 우리는 히브리서 4장의 끝에서 그리스도의 두 가지 직분을 보고 있다. 즉 우리는 그리스도를 하나님의 말씀으로, 그리고 우리 믿는 도리의 대제사장으로 모셔야 한다. 이러한 것이 내가 그리스도에게서 은혜를 얻는 방식인가? 그렇다. 이 두 가지 방식이야말로 죄와 불신앙을 이길 수 있는 방법이다. 하나님의 말씀으로 마음의 생각과 뜻을 관통하게 하라. 마음의 정욕과 헛된 생각에 자리를 내어주는 대신, 양날 검을 받아들이고, 조금의 죄가 틈타지 못하게 하라. 당신이 원수를 검으로 제압하게 되면, 어두운 구석에 숨겨진 정욕을 발견하게 될 것이며, 예상치 못한 헛된 허영심이 드러나게 될 것이다. 그 때 당신은 그러한 것들을 어찌할 것인가? 그러한 것들을 사로잡아 그리스도에게 복종케 하고 또 우리의 대제사장되신 그리스도께 자비와 은혜를 구하라.

이제 우리는 현재를 위해서 잠시 멈출 필요가 있다. 우리는 하늘이 열린 것을 보았고, 그 속을 들여다보았으며, 거기서 영광 가운데 계신 인자를 볼 수 있었다. 하늘 영광 중에 계신 인자, 우리가 가장 큰 관심을 가져야 하는 부분이다. 이어서 권면이 주어진다. 두 가지 원수가 당신을 대적하고 있다. 주의하라. 원수에게 굴복하는 대신 양날 검을 사용하라. 당신이 성공하면, 그것들을 예수님에게 복종시킬 수 있을 것이다. 히브리서 1,2장에는 지극히 높은 하늘에 그리스도께서 계신다. 히브리서 3,4장에는 바로 이 낮은 땅에 당신과 나, 그리고 우리가 있다. 이 둘 사이엔 아름다운 대비가 있다.

히브리서 5,6장

이제 히브리서 5장 1-10절을 보자. 그리고 이어서 히브리서 6장까지를 보면, 사도는 삽입구를 통해서 경고를 하는 것을 보게 된다. 바울은 이런 스타일의 화법을 구사하는 일에 대가이다. 우리는 대개 순서를 따라서 전개하는 화법을 구사한다. 하지만 히브리서의 기자의 스타일은 다르다. 주제를 전개해나가면서 가끔 본 주제를 벗어나기도 하고 별개의 주제를 다루기도 한다. 하지만 이런 스타일의 전개가 우리에게 더욱 풍성한 교훈을 안겨주기 때문에, 오히려 감사해야 마땅하다.

히브리서 5장의 처음 10개의 구절은 참으로 중요한 주제를 우리에게 소개해준다. 1절은 우리에게 일반적인 제사장 제도의 개념을 알려준다. 제사장은 하나님과의 관계를 통해서 사람을 대신해서 섬기는 직분이다. 따라서 봉사라는 특징이 있다. "하나님께 속한 일에 사람을 위하여 예물과 속죄하는 제사를 드리게 하나니"(1절) 즉 제사장은 하나님 앞에서 성만찬 봉사와 회개 혹은 속죄의 봉사를 한다. 제사장은 우리와 하나님을 연결시키는 역할을 하는 것이다. 제사장은 "사람 가운데서 취한 자"이기에, 무식하고 믿음의 길에서 벗어난 사람에 대해서 긍휼히 여기는 마음과 동정심을 가질 수 있다. 제사장은 천사들 가운데서 취한 자가 아니기에, 우리는 디모데전서에서 "사람이신 그리스도 예수"(딤전 2:5)를 볼 수 있다. 우리를 위해서 제사장을 임명하신 하나님은 긍휼한 마음과 동정심을 베풀 수 있는 사람을 선택하셨다. 히브리서 7장 끝에 보면, 그럼에도 주 예수님은 약점이 없으신 분이신 것을 볼 수 있다. 하지만 여기 세상에서는 약점을 가진 사람을 제사장으로 세웠고, 자신의 약점 때문에 동정하는 마음을 가질 수 있었던 것이다. 주 예수님은 그 받으신 고난으로 순종함을 배우셨을 뿐만 아니라 측은히 여기는 것도 배우셨다.

구약성경을 보면 두 사람이 전혀 별개의 제사장 직분을 행하는 것을 볼 수 있는데, 곧 레위기 8장과 9장의 아론과 민수기 25장의 비느하스이다. 이 둘 사이의 차이점은 이렇다. 아론은 제사장으로 부르심을 받아서 제사장이 된 경우이고, 비느하스는 제사장의 자격을 획득함으로써 제사장이 된 경우이다.

주 예수님을 바라볼 때, 우리는 이 두 가지 경우, 즉 아론과 비느하스의 경우를 모두 볼 수 있다. 그리스도는 "아론과 같이 하나님의 부르심을 입었다."(4절) 아론은 제사장으로 부르심을 받아 제사장이 되었다. 민수기 25장의 제사장 직분은 아론의 경우와는 달랐다. 비느하스는 아론처럼 부르심을 받아서 제사장이 된 것이 아니라, 제사장의 직분을 획득함으로써 제사장이 되었다. 어떻게 이런 일이 가능했는가? 이스라엘 백성들이 모압의 여자들과 음행을 했고, 그들은 그렇게 바알브올에게 부속되는 일이 일어났다. 그때 비느하스는 이스라엘을 향한 하나님의 진노를 막고 이스라엘을 위해서 속죄 제사를 드렸다. 비느하스는 의로운 분노를 품고 범죄한 이스라엘 사람과 미디안 여인을 죽임으로써 염병이 이스라엘 자손에게서 그치게 했다. 그때 "여호와께서 모세에게 일러 가라사대 제사장 아론의 손자 엘르아살의 아들 비느하스가 나의 질투심으로 질투하여 이스라엘 자손 중에서 나의 노를 돌이켜서 나의 질투심으로 그들을 진멸하지 않게 하였도다 그러므로 말하라 내가 그에게 나의 평화의 언약을 주리니 그와 그 후손에게 영원한 제사장 직분의 언약이라 그가 그 하나님을 위하여 질투하여 이스라엘 자손을 속죄하였음이니라."(민 25:10-13) 이보다 더 훌륭한 일은 없을 것이다. 그럼에도 비느하스의 행동보다 하나님을 위한 그리스도의 행동은 더욱 장엄한 일이었다. 아론은 결코 평화의 언약에 대한 제사장의 직분을 받지 못했다. 이처럼 우리는 구약성경의 빛을 통해서 주 예수님이 받으신 제사장 직분 두 가지[1]를 볼 수 있다. 그렇다면 주 예수님은 참 아론이시며 또한 참 비느하스이시다.

이 두 가지 직분이 모두 여기서 소개되고 있다. 찬송 받으실 주 예수님은 아론처럼 제사장으로 부르심을 받았지만 그럼에도 속죄를 이루셨기 때문에 또한 제사장이 되셨다. 이 땅은 성전 밖

---

1) 멜기세덱은 세 번째 제사장 직분이다(히 7장).

의 장소, 즉 놋 제단이 있는 바깥뜰과 같다. 주 예수님은 지금 하늘 성소에 앉아 계신다. 하늘은 사람이 거하는 장소가 아니라 하나님이 거하시는 장소이다. 주 예수님은 땅에 있는 놋 제단을 통과해서 하늘에 들어가셨다. 제단을 거치셨을 뿐만 아니라 속죄 제사를 드리셨다. 이보다 더 단순한 일이 없고, 이보다 더 웅장한 일도 없다. 하나님은 어떻게 놋 제단에서 드려진 속죄 제사를 만족하신 사실을 증거하셨는가? 바로 휘장을 찢으심으로써 그리하셨다. 이것은 이해하기 어렵지 않다. 만일 하나님께서 휘장을 찢으셨다면, 내가 휘장을 찢을 필요가 없다. 만일 휘장이 찢어진 채 있다면, 구약의 이스라엘 백성들이 휘장 밖에 있어야 했던 것과는 달리, 나는 안으로 들어갈 권세를 가지고 있는 것이다. 하나님께서 제단에서 드려진 제사에 만족하셨기 때문에, 주님은 찢어진 휘장을 통해서 하늘에 있는 성소에 들어가셨다. 이 모든 사실이 여기에 소개되어 있다. 주님이 대제사장이 되신 것은 스스로 영광을 취하신 것이 아니었다.

어째서 대제사장이 되는 것이 존귀한 일인가? 어쩌면 당신은 하나님의 아들 보다 더 존귀한 이름은 없다고 말하고 싶을 것이다. 물론 그렇다. 하지만 이렇게 질문하고 싶다. 부모로부터 물려받은 명예와 자신의 힘으로 얻은 명예는 다르다는 것을 아는가? 귀족의 아들이 전쟁에 나가면, 그는 세습된 가족의 명예 뿐만 아니라 자신의 힘으로 얻은 명예까지 얻게 된다. 그렇다면 그는 어느 것을 더 소중하게 여길 것 같은가? 자신이 힘으로 얻은 것을 더 소중히 여길 것이다. 그는 다른 가족들보다 더욱 존경을 받게 될 것이다. 그가 태어나면서부터 얻은 가족의 명예는 그의 것이지만, 그가 수고해서 얻은 것은 아니다. 하지만 그가 획득한 명예는 특별히 그 자신에게만 속한 것이다.

하나님에게 속한 일들이 사람에게 속한 일들을 통해서 설명되고 있다. 누가 세세토록 찬송을 받으실 하나님이신 그리스도께 무슨 명예를 더할 수 있을까? 하지만 하나님의 아들이신 그리스도께서 죄인을 대신해서 십자가에 달리지 않으셨다면, 전쟁에 출전해서만 얻을 수 있는 명예를 결코 자신의 것으로 획득할 수 없으셨을 것이다. 소중하고 명예로운 존귀함이 그리스도께 주어졌다! 4절에서 "부르심을 입었다"는 단어는 원어상 매우 사랑스러운 느낌을 준다. 히브리서 1장에서 하나님이 "너는 내 우편에 앉으라"고 하시고 그리스도를 보좌에 앉게 하셨을 때 하나님께서 그리스도를 환영하셨던 것처럼, 여기 히브리서 5장에서도 하나님이 그리스도를 성소에 앉게 하셨을 때 하나님께서는 그리스도에게 "경하를 표하시면서" 또한 "환영하셨다." 히브리서는 우리에게 열린 하늘을 통해서 보좌 뿐만 아니라 성소까지 보여준다.

7-9절에서 우리는 우리 자신과 연결된 매우 중요한 진리들을

볼 수 있다. "그는 육체에 계실 때에"(거룩한 경외심으로 주목하라.) "자기를 죽음에서 능히 구원하실 이에게 심한 통곡과 눈물로 간구와 소원을 올렸고 그의 경외하심을 인하여 들으심을 얻었다."(7절) 이처럼 치열한 고뇌의 장면이 펼쳐졌던 곳은 겟세마네 동산이었다. 이곳에서 무슨 일이 일어났는가? 우리 주님은 죄에 대한 하나님의 심판을 대신 받으실 것을 생각하면서 심히 위축되셨다. 하지만 "자기를 죽음에서 능히 구원하실 이에게 심한 통곡과 눈물로 간구와 소원을 올렸고 그의 경외하심을 인하여 들으심을 얻었다." 주님은 자신의 죄 때문이 아니라, 우리의 죄 때문에 죄의 삯인 죽음을 대신 당하셨다. 그 결과 주님의 기도는 들으심을 얻었다. 하나님의 심판으로 인해서 그 육체가 쇠약해지는 것을 막고자 "천사가 하늘로부터 예수께 나타나 힘을 도왔다."(눅 22:43)

그럼에도 주님은 죽임을 당하셨다. 주님은 죽음을 피할 길을 요청하셨지만, 그럼에도 죽음을 통과하셨다. 주님은 겟세마네에서 갈보리에 이르는 길을 통해서 자신의 사명을 이루심으로써 순종을 배우셨고, 이제는 땅에 있는 모든 죄인의 눈앞에 자신을 영원한 구원의 근원으로서 제시하신다.

우리는 겟세마네에서 간절히 기도하시는 주님을 볼 수 있는데, 나는 이것을 주님의 권세와 죽음의 권세의 충돌이라고 부르고 싶다. 사실 죽음은 주님에게 권한을 행세할 수 없지만, 주님은 "아버지의 원대로 되기를 원하나이다"(마 26:42)라고 간구하셨다. 주님은 겟세마네에서 하늘로 바로 가실 수 있으셨지만, 대신 겟세마네에서 갈보리로 가는 길을 택하셨다. 그렇게 온전하게 되심으로써 주님은 그분을 영접하는 모든 사람에게 영원한 구원의 근원이 되셨다. 이제 하나님의 제단이 만족되었을 때, 하늘의 성소는 주님을 받으셨다. 주님은 지금 성소에 계신다.

창조를 통해서 하나님은 사람(아담)을 무죄상태에서 에덴 동산에 두셨다. 구속을 통해서 하나님은 사람(그리스도)을 영광상태에서 하늘에 두셨다. 아주 뛰어난 영광이 있다. 구속을 통해서 나타난 영광은 창조를 통해서 나타난 영광을 아무것도 아닌 것으로 만들어버렸다.

이제 10절을 살펴보자. 히브리서 5장 10절은 히브리서 6장 20절과 일치를 이루고 있음을 주목하라. 그럼에도 6장에서 다루는 논증은 5장을 넘어서지 않는다. 이제 히브리서 5장 11-14절을 고린도전서 1,2,3장과 연결해서 생각해보자. 사도 바울은 자신의 가르침이 방해를 받고 있다고 생각한다. "너희는 육신에 속한 자들이다. 교회를 위하여 쌓아둔 풍성한 보배와 같은 진리들을 너희에게는 가르칠 수가 없다." 여기 히브리서도 마찬가지이다. 고린도전서에서 방해하고 있는 악이 도덕적인 것이었다면, 여기 히브리서에서 방해하고 있는 악은 교리적인 것이었다.

히브리인들은 자신이 어려서부터 배운 것들을 쉽게 떨쳐내지 못했다. 그래서 "의의 말씀을 감당하지 못했다."(13절) 율법적인 마음을 가진 사람은 모세가 했던 것처럼, 우리에게 율법을 요구하고 그 율법을 지킴으로써 의(義)를 이루려는 경향이 있다. 하지만 하나님은 우리에게 은혜를 주심으로써 의(義)를 이루신다.

히브리서 6장을 보자. 사도는 히브리서 2장을 시작하면서 권면의 목소리를 높였던 것처럼, 여기 6장에서는 그들 가운데 있는 방해요소들을 발견하고는 경고의 목소리를 높인다. 육신적인 마음과 율법적인 마음. 이 두 가지가 가장 큰 원수이다. 이 두 가지는 하나님의 포도원을 허는 작은 여우들과 같다.

사도는 "이제 이러한 것들을 버리라. 새로운 주제를 여러분에게 제시하고자 한다. 그 새로운 주제는 바로 완전이다."(1-3절)라고 말한다. 그리고 "전에 빛 비춤을 받은 사람은…다시 새롭게 하여 회개하게 할 수 없다."(4-6절)고 말한다. 이 말은, "그렇게 하는 일은 나의 한계를 벗어나는 일이다"라는 뜻이다. 그들이 회복되건 또는 되지 않건, 다만 하나님께 맡길 뿐이다. 이것은 그들과 하나님 사이의 일이다. 그리스도를 알고도 다시 율법으로 돌아가는 것은 끔찍한 일이다. 그럼에도 전에 타락했지만 회개하고 돌아온 사람들이 용서받지 못할 것이라고 말할 권한이 우리에겐 없다.

히브리서 7장

그리스도께서 멜기세덱의 반차를 따라 영원한 대제사장이 되신 것을 자세히 살펴보는 일은 우리 영혼에 중요하다. 히브리서 6장 끝에 있는 삽입 부분을 빼고, 히브리서 5장과 7장 전체를 읽어보라. 그리하면 우리는 아론과 비느하스와 같은 방식으로, 주 예수님께서 대제사장이 되신 것을 볼 수 있을 것이다. 아론은 하나님의 부르심을 통해서 대제사장이 되었다. 비느하스는 대제사장직을 획득했다. 이제 우리는 멜기세덱의 반차를 따른 대제사장직을 살펴볼 차례이다.

우선 나는 이 세상은 상실된 삶의 현장이라고 말하고 싶다. 그래서 삶(생명)은 죽음을 연장하는 것일 뿐이다. 생명으로 돌아가는 길은 하나님께로 돌아가는 것이다. 하나님은 죽은 자의 하나님이 아니라 산 자의 하나님이시다. 죄는 생명을 빼앗아 가버린다. 결과적으로 생명으로 돌아가려면, 하나님께로 돌아가는 길 외엔 없다. 하나님이 이 세상을 찾아오시는 방법은 두 가지가 있다. 영혼을 살리심으로 생명을 주시는 분으로, 아니면 심판자로

오신다. 요한복음 5장은 우리 모든 사람은 이 두 가지 하나님의 방문 가운데, 이것 아니면 저것과 연결되어 있음을 우리에게 말해준다. 그래서 한 사람은 생명의 부활로, 다른 사람은 심판의 부활로 나오는 것이다. 이제 이 히브리서의 목적은, 예수님을 믿는 모든 가련한 신자들로 하여금 신자는 이미 생명으로 돌아온 사람이며, 또한 신자로서 할 일은 바로 살아계신 하나님, 그리고 영혼을 살리신 하나님과 함께 하는 것임을 알게 하는데 있다. 그래서 "살아 계신 하나님"은 히브리서에서 자주 등장하는 표현이다. "살아 계신 하나님에게서 떨어질까 조심할 것이요"(히 3:12), "살아 계신 하나님을 섬기게 하지 못하겠느냐"(히 9:14), "살아 계신 하나님의 손에 빠져 들어가는 것이 무서울진저"(히 10:31), "살아 계신 하나님의 도성"(히 12:22) 등등. 따라서 살아 계신 하나님은 지금 생생한 나의 믿음의 실체이실 뿐만 아니라, 장래 확실한 나의 영광의 보증이시다. 나는 그 살아 계신 하나님께로 돌아온 사람으로서 그분을 떠나지 않을 것이다. 나는 사망의 통치에서 벗어났으며, 생명의 통치 속으로 돌아왔다. 머지않아 영광 가운데 들어갈 것이며, "살아 계신 하나님의 도성"에서 살게 될 것이다.

문제는, 나는 어떻게 하나님께로 돌아왔느냐에 있다. 히브리서는 그 사실을 참으로 아름답게 그리고 있다. 사복음서를 통해서 주님의 사역 속에 나타난 주 예수님의 모습과 주님의 공생애 역사의 처음부터 마지막 순간까지 주 예수님의 인격을 추적해보는 일은 매우 장엄한 일이다. 이를 통해서 우리는 이 세상에 살아 계신 하나님의 성품과 특징을 나타내신 그리스도를 볼 수 있다. 겟세마네에서의 그리스도를 보라. 십자가에서 그 영혼이 떠나가시는 순간의 그리스도를 보라. 그리고 살아 계신 하나님으로서 무덤을 열고 나오실 뿐만 아니라 성령을 부어주시는 그리스도를 보라. 우리는 죽음을 앞두고 계신 살아 계신 하나님을 볼 수 있다. 이처럼 특별히 그리스도를 살아 계신 하나님으로서 소개하는 것이 히브리서의 목적이다. 게다가 누구라도 이 히브리서에서 대속적인 죽음을 당하신 (그래서 영원 속죄를 이루신) 그리스도의 참 모습을 보지 못했다면, 히브리서의 주요한 특징을 놓치고 있는 것이다.

우리는 제단에 드려진 어린양을 보고 있지만, 또한 우리는 비어있는 무덤을 본다. 우리는 주님이 항상 자신의 죽음과 부활을 함께 연결시키셨던 것에 주목해야 한다. "인자가 대제사장들과 서기관들에게 넘겨지매 그들이 죽이기로 결의하고 이방인들에게 넘겨 주어 그를 조롱하며 채찍질하며 십자가에 못박게 할 것이나 제삼 일에 살아나리라." (마 20:18,19) 그리고 우리는 히브리서에서 동일한 내용을, 역사적인 방식이 아니라 교리적인 방식으로 재정의하고 있는 것을 볼 수 있다. 십자가가 언급될 때마다, 항상 승천과 연결되어 있는 것을 볼 필요가 있다. 그래서 히브리서를 시작하면서, "죄를 정결하게 하는 일을 하시고"(3절)라고 소개했다. 그리스도는 어떻게 죄들을 정결하게 하셨는가? 죽음을 통해서 그리하셨다. 죽음은, 히브리서가 당신을 세우는 자리이다. 그리고 나서 당신은 즉시 "높은 곳에 계신 지극히 크신 이의 우편에 앉으셨느니라"는 구절을 보게 된다. 그리고 우리는 "이를 행하심은 하나님의 은혜로 말미암아 모든 사람을 위하여 죽음을 맛보려 하심이라."(히 2:9)는 구절을 볼 수 있다. 이야기는 거기서 끝나는가? 그렇지 않다. 그리스도는 "영광과 존귀로" 면류관을 쓰고 계신다. 복음서에서 역사적으로 이루어진 일이 여기 히브리서에서는 교리적으로 재정의(再定義)되고 있다.

예수님께서 공생애 동안 자신의 위격을 통해서 살아 계신 하나님의 성품을 나타내셨듯이, 이제 성령님은 히브리서에서 예수님의 인격을 통해서 나타난 살아 계신 하나님의 특징을 진술하고 있다. 따라서 히브리서 2장을 보면 "사망으로 말미암아"(14절)라는 구절이 다시 등장하는데, 이는 당신을 다시금 사망 앞에 세우기 위함이며, 그 결과 "사망의 세력을 잡은 자 곧 마귀를 없이" 하기 위한 것이다. 당신은 과연 제단과 어린양 뿐만 아니라 빈 무덤의 의미를 아는가? 이제 히브리서에서 설명하고 있는 빈 무덤의 의미를 살펴보자. 우리는 "막달라 마리아와 다른 마리아"처럼 빈 무덤을 볼 필요가 없다(마 28:1). 우리는 무덤이 비어 있다는 것을 알고 있다. 사랑스러운 두 여자의 실수는 무덤이 비어 있다고 생각하지 않은 것이었다. 지금 우리는 무덤이 비어 있으며, 그것이 사실인 것을 알고 있다. 따라서 제단에 드려진 어린양과 빈 무덤을 보게 될 때에야 비로소 나는 사망을 이기고 승리한 생명, 불멸의 생명을 얻게 되는 것이다. 이것이 바로 주님이 베드로에게 말씀하신 반석과 같은 생명(the rock-life)인 것이다.

히브리서 5장을 보면, 우리는 그리스도께서 겟세마네에서 자신의 권세를 내려놓고, "심한 통곡과 눈물로 간구와 소원을 올렸고 그의 경외하심을 인하여 들으심을"(7절) 얻은 것을 볼 수 있다. 그리스도는 생명에 속한 도덕적 영광을 가지고 계셨다. 하지만 그 도덕적 영광과 권세를 포기하셨고, 대신 대속주(代贖主)의 자리(또는 대속적인 죽음의 자리)를 취하셨다. 겟세마네에서 갈보리로 향하셨다. 겟세마네는 경이로운 순간을 담고 있는 장소가 되었다. 그곳에서 생명과 죽음이란 엄청난 문제를 하나님과 그리스도 사이에서 해결하셨다. 그리스도는 당당히 하늘에 오르실 수 있었던 승천의 길 대신, 우리의 죄들을 짊어지고 갈보리로 향하는 고통의 길을 걸어가셨다. 이 모든 것은 우리 영혼을 흔들 만큼 너무도 감동적이다.

갈보리에서, 우리는 죽음을 당하신 그리스도를 본다. 그럼에도 그리스도께서 운명하시는 그 순간, 모든 피조물은 사망을 이기시고 승리하신 정복자의 권능을 느낄 수 있었다. 그리스도는 사망의 캄캄한 영역으로 내려가셨지만, 그분이 들어가시는 순간, 그 모든 존재는 정복자의 권능 앞에 엎드려야만 했다. 땅이 진동하고, 바위가 터지고, 무덤이 열리고, 그리고 성도들의 몸이 다시 살아났다(마 27:51,52).

    요한복음 20장을 보면, 우리는 단지 무덤이 비어 있음만을 보는 것이 아니라 오히려 무덤이 승리의 표지로 덮여 있는 것을 볼 수 있다. 즉 잘 개어진 채로 놓인 세마포, 또 머리를 쌌던 수건은 세마포와 함께 놓이지 않고 딴 곳에 개켜 있었다(요 20:6,7). 만일 우리가 그리스도를 사망을 이기시고 승리하신 분으로 또한 사망 가운데서도 살아 계신 하나님으로 믿지 않는다면, 우리는 결코 히브리서에서 말하고자 하는 하나님의 그리스도의 비밀을 읽어낼 수 없을 것이다. 우리는 그리스도께서 죽음에 들어가셨을 때 휘장이 찢어진 것을 보았다. 무덤 속에서 우리는 세마포와 머리를 쌌던 수건이 개켜 있는 것을 보았고, 이를 통해서 우리는 그리스도께서 죽음을 이기고 승리하신 것을 볼 수 있었다. 그리고 나서 제자들에게 나타나서 그들과 함께 하시는 그리스도의 모습을 볼 수 있는데, 여기서 우리는 그리스도께서 정확하게 창세기 1장의 살아 계신 하나님이신 것을 볼 수 있다. 창세기 2장에서 하나님은 사람의 코에 생명을 불어 넣으시고 사람을 살아있는 영적 존재로 만드심으로써, 하나님께서 생명의 근원이시자 머리이신 것을 보여주셨다. 요한복음 20장에서 주님은 우리의 눈을 밝혀 주심으로써 주님께서 불멸의 생명의 근원이시자 머리이신 것을 보여주셨고, 제자들을 향하여 숨을 내쉼으로써 "성령을 받으라"(22절)고 말씀하셨다.

히브리서에서 우리는 이처럼 생명에 대한 권한을 가지시고 또한 우리를 위해서 생명을 붙들고 계시는 특징을 가지신 그리스도의 모습을 볼 수 있다. 그러한 것이 바로 멜기세덱의 반차를 좇는 그리스도의 대제사장직의 특징이다. 그리스도는 단순히 살아 계신 하나님이 아니다. 만일 그리스도께서 겟세마네에서 바로 하늘로 올라가셨다면 그러했을 것이다. 하지만 그리스도는 갈보리에서 하늘로 올라가셨고, 이제는 우리를 위하여 살아 계신 하나님으로 하늘에 계신다. 그리고 하나님은 만족하셨다. 하나님이 만족하셨다는 이 사실을 확실히 하라. 이제 죄는 제거되었고, 그 결과 찬송을 받으실 하나님은 생명의 핵심 요소(the element of life)를 불어넣어 주셨다. 이는 굳이 말하자면, 하나님의 본질적인 요소를 불어넣어 주신 것이었다. 이제 하나님은 만족하셨다. 하나님은 자신이 만족하신 사실을 표현하셨다. 어떻게 표현하셨는가? 그리스도께서 세상에 그 모습을 드러내셨을 때 세상은 "우리는 이 사람이 우리의 왕 됨을 원치 아니하노이다"(눅 19:14)라고 말했다. 하지만 하나님은 "내가 네 원수로 네 발등상 되게 하기까지는 너는 내 우편에 앉았으라"(행 2:35)고 말씀하셨다. 이것이 바로 세상이 거절한 그리스도에 대해서 하나님이 만족하신 것을 나타내는 하나님의 표현이었다.

그리스도께서 영원한 속죄를 이루심으로써 하늘에 승천하셨을 때, 하나님은 맹세로써 그리스도를 하늘에서 가장 높은 자리에 앉게 하셨고, 그리스도를 위하여 하늘에 성소를 지으셨다. 이 하늘에 있는 성소 즉 "이 장막은 주께서 베푸신 것이요 사람이 한 것이 아니었다."(히 8:2) 그렇다면 이 사실은 하나님께서 그리스도가 우리를 위하여 이루신 일에 만족하셨다는 것을 확실히 보여주는 것이 아니고 무엇인가?

이제 이러한 대제사장의 봉사는 나에게 충분한 것인가? 분명히 그렇다. 나는 생명과 연결되었고, 하나님과 나 사이의 모든 문제가 해결되었다. 그리스도는 의의 왕이시며 평강의 왕이시다. 이제 그리스도는 당신이 원하는 모든 것을 그분의 이름이 가진 고귀한 권세로써 제공하는 일을 하신다.

당신이 이 히브리서에 계시되어 있는 살아 계신 하나님을 만나는 순간, 당신은 하나님이 만지시는 모든 것, 그리고 하나님이 주시는 생명 등 모든 것이 영원한 것으로 바뀌는 것을 보게 될 것이다.

하나님의 보좌는 영원 무궁하다. 히브리서 1장은 이 사실을 우리에게 알려준다.

하나님의 집은 영원 무궁하다. 히브리서 3장은 이 사실을 우리에게 알려준다.

하나님의 구원은 영원하다. 히브리서 5장은 이 사실을 우리에게 알려준다.

그리스도의 제사장 직분은 영원하며 변함이 없다. 히브리서 7장은 이 사실을 우리에게 알려준다.

하나님의 언약은 영원하다. 히브리서 9장은 이 사실을 우리에게 알려준다.

하나님의 나라는 진동할 수 없다. 히브리서 12장은 이 사실을 우리에게 알려준다.

이렇듯 하나님께서 만지시는 것 가운데 하나님이 영원성을 부여하지 못하실 것은 없다. 히브리서를 다시 정의한다면, 어린양이 제단에 드려지고 또 무덤이 비게 된 결과로 영원한 것이 들어오게 된 경로를 추적하는 책이 될 수 있을 것이다.

그리스도는 생명에 매이신 분이 아니라, 오히려 생명의 주님이 되셨다. 지극히 높은 하늘에서 영원토록 살아 계신 예수님은 "이제 내가 생명을 가졌으니, 내가 생명을 너와 나누고자 한다."고 말씀하신다. 아, 이 얼마나 경이로운 은혜인가!

히브리서 8장

히브리서 6장 7절까지 살펴보고 나서, 바로 히브리서 7장으로 넘어갔다. 이제 히브리서 6장의 나머지 부분을 살펴보고, 히브리서 8장을 살펴보자. 이 부분에 소개된 교리를 다루기 전에, 히브리서 6장에서 삽입구의 형태로 제시된 권면을 먼저 살펴보고자 한다. 히브리서 5장 12절부터는 교리적인 측면을 떠나, 그 부분에서부터 히브리서 6장의 끝까지 하나의 삽입구를 이루고 있다. 사도가 급히 권면으로 주제를 바꾼 것을 통해서, 우리는 사도가 히브리서를 쓰면서 두려워했던 것이, 고린도인들처럼 도덕의 타락이 아니라 교리의 타락이었다는 것을 알 수 있다. 우리는 우리 주변에서 일어나고 있는 다양한 도덕적 타락상을 볼 수 있지 않은가? 하나는 고린도인의 타락상이 있고, 다른 하나는 갈라디아인의 타락상이 있다. 반면 히브리인들에게서 사도가 느꼈던 두려움은 그들이 혹 확신과 담대함의 대상이신 그리스도를 포기하지는 않을까 하는 것이었다.

"땅이 그 위에 자주 내리는 비를 흡수하여 밭 가는 자들의 쓰기에 합당한 채소를 내면 하나님께 복을 받고 만일 가시와 엉겅퀴를 내면 버림을 당하고 저주함에 가까와 그 마지막은 불사름이 되리라."(히 6:7,8) 하나님이 지금 당신 마음에 자주 내려주시는 것은 무엇인가? 율법이 아니라 은혜이다. 모세는 율법의 원리에 서있었고, 주 예수님은 은혜의 원리에 서있었다. 자유롭고, 행복하고, 감사로 가득한 마음은 "밭가는 자들의 쓰기에 합당한 채소"(히 6:7)와 같다. 하나님 앞에 있는 당신의 영혼은 어떤가? 당신은 하나님을 심판의 주님으로 알고 있는가 아니면 은혜의 주님으로 알고 있는가? 당신의 영혼은 은혜의 자유를 누리며 하나님과 교통을 나누고 있는가 아니면 장차 올 심판의 두려움을 의식하면서 종처럼 하나님을 섬기고 있는가? 만일 후자라면, 당신은 "밭 가는 자들의 쓰기에 합당한 채소"와 같지 않을 것이다. 가시와 엉겅퀴는 자연의 소산물이다. 그러한 것들은 타락의 결과일 뿐이다. 내가 율법적이고, 자기 의로 가득한 마음으로 행한다고 생각해보자. 만일 하나님을 심판자로만 알고 있다면, 그러한 것이 자연스러운 것이 아닐까? 그러한 태도에서 나오는 것들은 다 가시와 엉겅퀴일 뿐이다. 하지만 만일 내가 하나님의 구원을 받은 자로서 자녀된 신분과 확신 가운데 행한다고 해보자. 그러한 태도에서 나오는 것이 바로 밭가는 자들의 쓰기에 합당한 채소인 것이다.

"사랑하는 자들아 우리가 이같이 말하나 너희에게는 이보다 나은 것과 구원에 가까운 것을 확신하노라"(9절) 사도가 그들에 대해서 더 나은 것을 확신하는 근거는 무엇일까? 그것은 그들이 은혜를 제대로 이해하고 있었다는데 있는 것이 아니라, 그들에게서 의의 열매가 나타났다는데 있었다. 물론 아름다운 의의 열매들은 구원에 따르는 결과이지, 구원을 이루는 요소는 아니다. 그러므로 이처럼 아름다운 열매를 보면서 사도는 "내가 비록 경고의 나팔을 불긴했지만, 굳이 그럴 필요는 없었던 것 같다."고 말하고 있는듯하다. 그렇게 확신할 수 있는 근거를 확보한 사도는 히브리서 6장 끝까지 위로와 격려하는 내용을 이어가면서, 히브리서 7장에 이를 때까지 교리를 다루는 일을 유보하고 있다. 사도는 그들이 성도를 섬기는 일을 계속하도록 기도한다. 그리스도를 아는 당신의 지식은 과연 하나님과의 은밀한 교제와 그리스도인의 경건한 행실과 충성스러운 삶을 살 수 있게 해주는 성화의 에너지를 공급해주는 것으로 이어지고 있는가? 사도는 이렇게 말한다. "당신이 시작한 아름다운 일을 계속하라. 게으른 사람이 되지 말고 믿음과 오래 참음을 통해서 약속을 기업으로 받는 자들을 본받으라."(11,12절)

그리고 나서 사도는 오래 참아 약속을 받은 사람으로서 아브라함을 소개한다. 아브라함은 창세기 15장에서 약속을 받았지만, 창세기 22장에서 하나님께서 맹세로 약속을 확증해주실 때까지 오래 참고 인내했다. 우리는 믿도록 부르심을 받았을 뿐만 아니라 또한 믿음으로 인내하도록 부르심도 받았다. 당신은 안위를 필요로 하지만 또한 더 큰 안위를 필요로 하지 않는가? 우리는 이 두 가지를 아브라함을 통해서 볼 수 있다. 아브라함은 창세기 15장에서 안위를 받았고, 창세기 22장에서 더 큰 안위를 받았다. 한 성도가 나에게 이런 말을 한 적이 있다.

"지난 번 질병을 통해서 주님은, 마치 내가 주님을 믿지 않았던 때보다 주님을 더욱 필요하다는 것을 느끼게 하셨고, 또한 주님도 그처럼 가까울 수 없을 정도로 나를 가까이 이끄시는 것을 경험할 수 있었습니다."

사도는 우리로 하여금 창세기 22장에 있는 아브라함을 통해서 "앞에 있는 소망을 얻으려고 피하여 가는 우리로 큰 안위를 받도록"(히 6:18) 격려한다. 이 구절은 흔히 잘못 인용되고 있다. 이 구절은 죄인이 피를 피난처로 삼아 피에게로 도피하도록 촉구하는 내용이 아니라, 성도가 영광의 소망을 향하여 가는 길에서 이 세상에 일어날 수 있는 모든 영적 파선을 혼신의 힘을 다해 피하도록 촉구하는 내용이다. 이 구절은 우리에게 매우 중요한 내용을 담고 있다. 당신과 나는 과연 영적 파선을 아무렇지 않게 생각하는가? 과연 우리는 영적 파선에서 면제된 사람인가? 그래서 그저 희망찬 내일을 기대하기만 하면 되는 것일까? 아브라함은 앞에 있는 영광의 소망을 붙잡고자 하는 일념에서 이 세상에서 일어날 수 있는 모든 영적 파선을 피하였던 사람이었다. 사도는 뒤에 있는 십자가가 아니라 앞에 있는 "소망을 잡으라"고 말한다. 하나님의 말씀에는 피하고 싶은 강렬함이 담겨 있다. 이제 사도는 레위기에 나타난 예표로 돌아간다. 당신은 과연 소망을 가지고 휘장 안으로 들어가고 있는가? 아니면 당신은 내일에 대한 소망을 버렸는가? 당신의 마음이 진정 기대하고 있는 것은 무엇인가? 그리스도의 재림의 소망인가, 아니면 미래에 대한 약속인가?

"그리로 앞서 가신 예수께서…우리를 위하여 들어가셨느니라."(히 6:20) 이제 주 예수님의 새로운 특징이 소개된다. 우리는 이미 하늘에 계신 주님을 보았다. 주님은 우리를 위하시는 우리의 대제사장이실 뿐만 아니라 또한 하늘에서 자신과 함께 하는 처소를 확보하신 분이시다. 아! 현재 세대의 영광을 다 펼쳐 보일 수 있다면 얼마나 좋을까! 진정 현재 세대는 영광으로 가득하다. 예수님은 지금 하늘 영광의 선두주자로서, 우리 죄들을 정결케 하는 일을 하시고, 또한 대제사장으로서 하늘에 계신다. 거기서 주님은 지금 영광의 광채로 둘러싸인 채 앉아 계신다. 장차 주님은 천년왕국의 하늘에 속한 영광을 입으실 것이다. 주님은 또한 천년왕국의 땅에 속한 영광을 입으시고, 만왕의 왕이시며 또한 만주의 주가 되실 것이다. 지금은 그렇지 않다. 하지만 주님은 믿음의 눈을 가진 사람에겐 영광의 주님으로 보일 것이다. 히브리서 1장에서 모든 히브리인들에게 요청하고 있는 대로, 과연 당신은 곧 사라질 "이 모든 날 마지막 날들"의 영광을, 애통하는 마음으로 바라보고 또 묵상하고 있는가?

이제 히브리서 8장을 살펴보자. "이제 하는 말의 중요한 것은 이러한 대제사장이 우리에게 있는 것이라 그가 하늘에서 위엄의 보좌 우편에 앉으셨으니 성소와 참 장막에 부리는 자라 이 장막은 주께서 베푸신 것이요 사람이 한 것이 아니니라."(1,2절) 이 얼마나 아름다운 말씀인가! 무슨 영광으로 이 창조 세대의 하늘을 가득 채우고 있는 것인가? 해와 달과 별들이 그 자리를 차지하고 있었다. 주의 손가락으로 그것들을 만드셨고 배열하셨기 때문이다. 그와 같은 천체들이 주님이 들어가신 하늘을 단장하고 있는 것일까? 그렇지 않다. 만일 하나님의 손가락에 의해서 표면적인 하늘을 덮고 있는 영광이 있었다면, 하나님의 은혜에 의해서 천상 세계의 내부를 덮고 있는 영광도 있다. 이러한 영광들 가운데 하나가 바로 하나님이 하늘에 베푸신 장막이다. 그리스도는 땅에서 하나님을 영광스럽게 해드리고자 영원한 품을 떠나 내려오셨다. 과연 그러한 주님을 충분히 빛나게 해주는 영광의 밝은 광채가 있었는가?

우리는 하늘에서 하나님과 그분의 그리스도 사이에, 즉 아버지와 아들 사이에 교제를 나누시는 것을 볼 수 있다! 주님은 영광 가운데 둘러싸인 채, 하나님이 친히 건축하신 성전 안에 계신다. 해가 신방에서 나오는 신랑과 같이 그 길을 달린다. 창조주 하나님은 해를 위하여 하늘에 처소를 만드셨다(시 19). 구속주 하나님은 대제사장을 위하여 하늘에 처소를 만드셨다. 우리 대제사장이신 주님은 바로 그처럼 지극히 존귀한 자리에 앉아 계신다.

그리스도는 이 땅에선 제사장이 되실 수 없었다. 그렇다고 해서 그 자리를 다른 사람이 차지하고 있었기 때문에, 주님조차도 지성소에 들어가실 수 없으셨다고 말하는 것은 어리석기 짝이 없다. 하지만 주님이 제사장이 되실 수 없으셨다는 것은 분명하다. 왜냐하면 주님은 유다 지파에서 나셨기 때문이다. 주님은 하나님의 율례를 깨뜨리고자 오신 것인가, 아니면 모든 의를 이루고자 오신 것인가? 주님이 지성소에서 하실 일이 과연 무엇이었는가? 만일 레위 지파의 제사장이 주님을 그곳에서 발견했다면 즉시 쫓아내고자 했을 것이다. 주님은 모든 일을 하실 권한이 있으셨지만, 주님은 자기를 비어 종이 되셨고 또 순종하고자 오셨다. 주님은 엠마오로 가는 길에서 만난 두 제자들을 강압적으로 대하셨는가? 주님은 유다의 자손이셨지만, 하나님의 집을 침입하듯 들어가지 않으셨다.

여기서 잠시 멈추어보자. 히브리서에서 우리는 한 가지 사실을 발견한다. 처음부터 끝까지 성령님은 하나씩 하나씩 주제를 다루어가다가, 그리스도를 새롭게 계시하기 위하여 다른 주제로 넘어간다. 그리고 그리스도를 새롭게 계시해주고 또 그리스도를 새로운 측면에서 소개한 후, 성령님은 그리스도를 우리가 세세토록 바라보아야 할 대상으로 우리 앞에 세운다. 우리는 모든 것을 그리스도에 대한 계시에 복종시켜야 한다. 하나님은 그리스도로 하여금 당신의 자리를 대신하도록 하지 않으셨는가? 믿음은 이 사실 앞에 엎드린다. 이 일은 모든 믿는 영혼에게 주님이 이루신 일이다.

따라서 히브리서 1장에 보면 하나님은 천사들을 제쳐두신다. "하나님께서 어느 때에 천사 중 누구에게 네가 내 아들이라 오늘날 내가 너를 낳았다 하셨으며 또 다시 나는 그에게 아버지가 되고 그는 내게 아들이 되리라 하셨느뇨?"(5절) 아! 믿음은 이 사실을 만족하게 받아들인다! 아! 천사들도 그것을 만족스럽게 받아들인다! 다음 우리는 모세가 제쳐지는 것을 볼 수 있다. "모세는…하나님의 온 집에서 사환으로 충성하였고 그리스도는 그의 집 맡은 아들로 충성하였으니"(히 3:5,6) 우리는 모세를 떠날 수 있다. 왜냐하면 이제 우리는 그리스도를 소유하고 있기 때문이다. 마찬가지로 에디오피아 내시는 빌립을 떠날 수 있었다. 왜냐하면 그리스도를 소유했기 때문이었다(행 8장). 이어서 히브리서 4장에서 여호수아가 등장한다. 하지만 여호수아도 제쳐진다. "만일 여호수아가 저희에게 안식을 주었더면 그 후에 다른 날을 말씀하지 아니하셨으리라."(히 4:8) 그리스도는 나에게 안식을 주실 수 있는 참 여호수아로 내 앞에 굳게 서계신다. 그리고 아론마저도 그리스도의 대제사장 되심 때문에, 제쳐진다. 내 앞에 이 모든 사실을 둘 때, 나는 영원토록 이 사실이 주는 복됨을 소유하게 된다. 이제 그리스도는 더 나은 언약의 집행자이시다. 옛 언약은 끝났다. 왜냐하면 주님이 옛 언약을 끝내셨기 때문이다.

그리고 히브리서 끝부분에서 우리는 참으로 아름다운 선언을 보게 되는데, 이 히브리서의 핵심적인 메시지라 할 수 있다. "예수 그리스도는 어제나 오늘이나 영원토록 동일하시니라."(히 13:8) 히브리서에서 소개되고 있는 그리스도는 영원토록 동일하신 분이시다.

복되신 예수님으로 하여금 모든 것을 대치해버리신 하나님의 생각은 과연 얼마나 놀라운 것인가! 이렇게 대치하는 일은 완벽하게 이루어졌다. 왜냐하면 하나님께서 그리스도 안에서 안식하고 계시기 때문이다. 이것은 하나님께서 창조의 일을 마치고 안식하신 옛 안식을 대치하는 것이다. 이제 하나님은 그리스도 안에서 안식하고 계시며, 그것은 완전한 안식이다. 만일 당신과 내가 우리가 들어간 자리를 제대로 이해하고 있다면, 우리는 완전의 분위기를 느낄 수 있을 것이다. 그리스도의 완성된 사역을 통해서, 참 안식(a sabbath)이 임했기 때문이다.

히브리서에서 이보다 더 밝고도 영광스러운 광채는 없다. 히브리서는 이처럼 놀라운 영광으로 빛을 발하고 있는 서신일 뿐만 아니라, 각성된 죄인의 양심에 측량할 수 없는 가치를 호소하고 있는 서신이다. 따라서 히브리서는 나의 영혼으로 하여금 천상 세계의 분위기를 느낄 수 있는 자격을 부여해 준다. 만일 그 분위기를 느끼고 있지 못하다면, 나의 양심에는 구름이 끼어 있기 때문이다. 그렇다면 어찌 가련하다 하지 않을 수 있을까?

이제 히브리서 8장 끝부분에서 우리는 또 다른 것이 제쳐지는 것을 볼 수 있다. 바로 옛 언약이다. 그리스도께서 섬기는 언약은 결코 낡거나 쇠하지 않는다. 그리스도께서 새 언약을 통해서 당신에게 말씀하신다. "내가 너의 죄들을 용서할 것이고, 너의 불법을 사하리라." 옛 언약은 낡고 쇠해졌지만, 새 언약은 세월 따라 잡히는 주름도 없고, 머리털도 희어지지 않는다.

주님은 모든 것을 만지시고 또 하나님 앞에서 그것에 영원성을 부여하신다. 그리고 거기서 안식하신다. 주님은 자신이 만지시는 모든 것을 완전하게 하신다. 만물이 주님에게 자리를 내어 드린다. 당신도 그리 하겠는가? 세례 요한도 그리하지 않았는가? 사람들이 세례 요한에게 와서 "랍비여 선생님과 함께 요단 강 저편에 있던 자 곧 선생님이 증거하시던 자가 세례를 주매 사람이 다 그에게로 가더이다"(요 3:26)라고 말했고, 그는 "신부를 취하는 자는 신랑이나 서서 신랑의 음성을 듣는 친구가 크게 기뻐하나니 나는 이러한 기쁨이 충만하였노라."(요 3:29)고 대답했다. 이러한 일이 당신의 마음과 나의 마음에도 이루어져야 한다. 만일 성령님께서 당신의 영혼에 역사하신다면, 당신은 "하나님을 찬송하리로다. 하나님은 예수님을 흥하게 하시고자 나를 쇠하게 하셨도다."라고 말하게 될 것이다. 우리가 여기서 발견하는 것과 우리 영혼이 경험하는 것 사이에는 놀라운 일치가 있다. 조만간 해안을 떠나 더 넓은 바다로 나가서 마침내 영광의 대양에 이르게 될 것이다. 그 때까지 우리는 결코 이러한 영광의 끝이 무엇인지 알 수 없을 것이다!

히브리서 9장 - 10장 1-18절

히브리서 8장을 살펴보았다. 히브리서의 구조상 우리는 9장 1절부터 10장 18절까지 살펴볼 것이다. 이 부분은 교리를 다루고 있는 마지막 부분이다. 이 부분 다음부터 끝까지 우리는 도덕적 권면을 볼 수 있다. 히브리서 9장 1절부터 10장 18절까지는 하나의 주제를 다루고 있다.

히브리서의 구조에 대해서 잠시 생각해보자. 당신은 히브리서를 읽으면서 주 예수님에게 속한 영광들이 당신의 마음에 직접적으로 와 닿는 것을 경험했는가? 주 예수님에게 속한 영광에는 세 가지 형태가 있다. 도덕적 영광, 위격에 속한 영광, 그리고 직분에 속한 영광이다. 말구유에서 십자가에 이르기까지는 그리스도의 도덕적 영광의 나타남이었다. "이 모든 날 마지막에" 주님은 자신의 직분에 속한 영광을 드러내고 계시며, 머지않아 주님은 천년왕국 시대에, 그 모든 영광을 보다 찬란하게 드러내실 것이다. 옛적에 선지자들은 그리스도의 고난과 후에 얻으실 영광들에 대해서 미리 증거했다[2]). 그리스도의 위격에 속한 영광은 이 모든 영광들의 기초이다.

이것은 우리가 항상 묵상해야 하는 중대한 주제이다. 즉 동정녀의 모태에서부터 천년통치의 보좌에 이르기까지 주 예수님의 영광을 늘 우리 눈 앞에 두어야 한다. 주님은 자신의 전 생애에 걸쳐서 자신의 도덕적 영광을 나타내셨다. 이러한 도덕적 영광을 나타낸 일은 지금은 과거에 속한 일이며, 그 결과로 주님은 하늘에서 자신의 보좌에 앉으셨다. 하지만 이 일은 다른 영광을 나타낼 기회를 제공했다. 사복음서는 주님이 지상에 계시는 동안 주님의 도덕적 영광이 얼마나 찬란하게 나타났는지를 보여준다. 히브리서에서 우리는 주님께서 직분에 속한 영광들의 성운 가운데서 하늘에 앉아계신 것을 볼 수 있다. 다른 서신서에서 우리는 주님의 장차 나타날 영광들을 볼 수 있다. 우리가 그리스도를 바라볼 때마다, 우리는 그처럼 찬란히 빛나는 영광 가운데 계신 그리스도를 보지 않을 수 없다.

히브리서 9장과 10장에서 우리는 주님이 십자가에서 이루신 일을 볼 수 있는데, 이 십자가 사역은 주님이 입고 있는 현재적

---

2) 여기서 영광은 단수(the glory)가 아니라 복수(glories)이다. KJV는 단수로, 다비역은 복수로 번역했다.

영광의 기초를 이룬다. 히브리서 1-8장까지, 우리는 주 예수님이 지금 하늘에 들어가 계신 영광스러운 상태의 다양한 모습을 볼 수 있다. 그리고 이 모든 것들의 토대로서, 우리는 히브리서 9-10장에서, 제단에 드려진 어린양의 완전성에 대한 진술을 보고 있다.

당신은 "이 모든 날 마지막"에 대해서 충분히 생각해보았는가? 어째서 성령님은 우리가 사는 이 시대를 "마지막 세대"로 정하셨을까? 물론 이 마지막 세대 이후에 또 다른 세대가 올 것이다. 하지만 어째서 성령님은 오늘날을 마지막 세대로 부르시는 것인가? 그것은 너무도 아름답게도, 하나님께서 자신의 창조의 역사의 완전성 때문에 안식하셨던 것처럼, 주 예수님이 이루신 십자가 사역의 완전성 가운데 안식하고 계시기 때문이다. 이러한 일은 하나님의 경륜 가운데 소개된 일이 없었다. 따라서 우리는 이 세대를 이전 다른 세대에서는 볼 수 없는 것이다. 하지만 성령님은 감추어왔던 오늘날 세대를 "마지막 세대"로 부르기를 주저하지 않으신다.

주님이 완성하신 사역 때문에 하나님은 만족하셨다. 주님은 자신이 만지시는 모든 것을 완전하게 하시고 또 그것에 영원성을 부여하신다. 그리스도께서 모든 것이 되도록 모든 것이 제껴졌다. 그리스도 너머엔 아무것도 없다. "예수 그리스도는 어제

나 오늘이나 영원토록 동일하시다." 이제 내가 모든 것이신 하나님을 얻는 순간, 나는 완전을 얻는다. 내가 완전을 얻는 순간, 나는 마지막 세대에 들어간다. 하나님은 만족에 이르셨고, 나도 마찬가지이다. 그리스도는 천년왕국 시대에 나타나실 것이다. 하지만 그때 영광 가운데 나타나실 그리스도는 우리가 지금 소유하고 있는 바로 그 그리스도이시다. 그 때 과연 나는 모세 혹은 여호수아를 붙들 것인가? 그들은 모두 (비록 그리스도를 예표하고 있긴 했지만) "천한 초등학문"에 속한 사람들이다. 모두가 차례를 따라서 제껴졌다. 하지만 그리스도는 하나님의 생각을 받들어 섬겼으며, 하나님은 이제 그리스도 안에서 안식하신다. 당신이 그리스도와 연합된 자로서 자신이 들어간 자리가 무엇인지를 제대로 보게 될 때에야 비로소 당신은 하나님의 둘째 안식 속에 들어와 있는 것을 보게 될 것이다. 둘째 안식이 첫째 안식 보다 얼만큼 더 뛰어난 것인지를 보라! 구속주의 안식은 창조주의 안식보다 더욱 복되다. 그리스도 안에서 당신은 완전, 바로 하나님의 안식에 이르렀다. 그렇다면 당신은 "이 모든 날 마지막"에 있는 것이다.

이제 히브리서 9장과 10장을 보면, 우리는 하늘에 있는 그리스도가 아니라 제단 위에 있는 그리스도를 볼 수 있다. 그리스도를 둘러싸고 있는 영광들이 차례대로 우리에게 계시되었다. 즉 제사장의 영광, 우리의 죄들을 정결케 하신 구속주의 영광, 장차 도래하는 세상의 후사로서의 영광, 구원의 사도로서의 영광, 결코 낡거나 쇠하지 않을 언약의 중보자로서의 영광, 그리고 영원한 기업을 주시는 분으로서의 영광 등등. 이 모든 것들이 "이 모든 날 마지막"에 속한 영광들이다.

히브리서 9-10장에서 우리는 이 모든 영광들을 지탱해주고 있는 십자가를 본다. 마태복음에서 요한복음에 이르기까지 사복음서를 통해서 우리 주님에게서 나타난 도덕적 영광의 아름다움을 좇아가보는 것은 얼마나 복된 일인가? 주 예수님은 공생애 동안 직분에 속한 영광을 나타내셨는가? 그렇지 않다. 주님은 이 땅에 계시는 동안 오직 복종하셨다. 이제 내가 주님을 바라보고자 할 때, 나는 위를 바라보도록 요청을 받는다. 그렇다면 도덕적 아름다움 가운데 이 세상을 통과하신 분을 하늘에서 볼 수 있을까? 그렇다. 하지만 정확히는 틀렸다. 우리가 하늘에서 보는 분은 하나님의 맹세에 의해서 영광스러운 아름다움 가운데 위엄의 보좌 우편에 앉으신 분이시다. 맹세하시고 뉘우치지 않으시는 하나님께서 주 예수님을 그 자리에 앉게 하셨다. 아담을 에덴에 앉게 하신 것은 그를 시험하고자 하시는 하나님의 목적이 있었다. 하지만 그리스도를 하늘에 앉게 하신 것은 후회하지 않으시는 하나님 마음의 작정에 의한 것이었다.

우리는 이제 이 모든 영광들의 튼튼히 기초를 놓은, 하나님의 어린양으로서 그리스도의 사역의 완전성을 본다. 만일 그리스도께서 십자가에서 죽으시지 않았다면, 이 땅에서 나타내신 그리스도의 도덕적 영광도 온전하게 되지 못했을 것이다. 주 예수님께서 그 저주받은 나무에 하나님의 어린양으로 달리시고, 또 그 이마에 피를 흘리셨을 때, 모든 언어로 "이는 유대인의 왕 예수라"고 죄패에 기록되었다. 유대인들은 그것을 지우고자 애를 썼지만, 하나님은 그것을 허락하지 않으셨다. 하나님은 모든 피조물로 하여금 십자가가 하나님 나라로 들어가는 자격을 주는 것임을 알리고자 하셨다. 따라서 빌라도가 십자가에 기록하고 또 하나님이 지키신 그 죄패는 매우 의미심장한 것이다.

죄패에 기록된 대로 십자가가 영광을 떠받치고 있다면, 그렇다면 십자가를 떠받치는 것은 무엇일까? 십자가는 아무 기초 없이 서있는 것일까? 그 비밀이 히브리서 9-10장에 소개되어 있다. 즉 십자가가 당신의 소망을 떠받치고 있다면, 십자가를 떠받치는 것은 그리스도의 위격이다. 그리스도의 위격에 속한 영광이 십자가에 무한한 의미를 부여해주는 기초인 것이다. 만일 그리스도께서 육신을 입고 오신 하나님이 아니라고 할 것 같으면, 그리스도께서 행한 모든 일은, 심지어 십자가에서 흘린 피조차도 땅바닥에 쏟아 부어진 물처럼, 아무 의미 없는 것이 되어 버릴 것이다. 그리스도의 직분에 속한 영광, 천년왕국의 영광, 그리고 영원한 영광을 든든히 받쳐주는 받침목은 십자가이다. 그리고 그 십자가의 받침목은 그리스도께서 삼위일체 가운데 제2위격이신 하나님의 아들이라는 그리스도의 위격인 것이다.

그리스도는 자신의 사역을 든든히 붙들어야 하고, 그리스도의 사역은 모든 것을 든든히 붙들어주어야 한다. 이러한 것이 히브리서 9-10장의 주요 주제이다.

제사장들이 섬기는 지상의 성소와 하나님의 거하시는 하늘의 성소 사이엔 휘장이 가로 막고 있었다. 그 휘장은 구약시대에는 죄인이 하나님께 나아가는 길이 열리지 않았음을 말해주고 있었다. 그렇다면 속죄 제사가 없었단 말인가?

그렇지 않다. 무수한 속죄 제사가 드려졌다. 하나님의 제단에는 동물 제사가 넘쳤다. 하지만 동물의 피로 드리는 "예물과 제사가 섬기는 자로 그 양심상으로 온전케 할 수 없었다."(히 9:9) 이제 참으로 아름다운 일은 "그리스도께서 장래 좋은 일의 대제사장으로 오셨고, … 염소와 송아지의 피로 아니하고 오직 자기 피로 영원한 속죄를 이루셨다"(히 9:11,12)는 것이다. 이제 주님은 우리 마음에 감사와 찬미를 요구하신다. 왜냐하면 "염소와 황소의 피와 및 암송아지의 재로 부정한 자에게 뿌려 그 육체를 정결케 하여 거룩케 하거든 하물며 영원하신 성령으로 말미암아 흠 없는 자기를 하나님께 드린 그리스도의 피가 어찌 너희 양심으로 죽은 행실에서 깨끗하게 하고 살아 계신 하나님을 섬기게"(히 9:13,14) 하지 못할 것이 없기 때문이다.

율법에 속한 옛 성막을 하나 하나 살펴보면, 그 모든 것들이 천한 초등학문에 기초하고 있는 것을 볼 수 있다. 그래서 염소와 송아지의 피가 당신을 하나님의 임재 속으로 들어가게 해줄 수 없었던 것이다. 이 모든 천한 것들에서 눈을 돌려, 예수님의 피를 바라보라. 그리하면 당신은 "(염소와 황소의 피와 및 암송아지의 재로 부정한 자에게 뿌려 그 육체를 정결케 하여 거룩케 하거든) 그리스도의 피는 얼마나 더 우리의 양심을 깨끗하게 해줄 것인가?"라고 외치지 않을 수 없을 것이다. 이것이 바로 십자가를 제대로 이해한 것이다. 그리하면 모든 의심과 고민을 버리고, 온전히 주님을 향한 찬미에 젖어들게 될 것이다. 성령님이 하시는 일은 당신의 손을 부드럽게 잡으시고 갈보리 제단 앞으로 이끄심으로써, 거기서 나를 대신해서 피를 흘리고 계신 희생자가 누구인지를 알게 해주시는 것이다. 오직 한 사람 외엔 "내가 하나님의 뜻을 행하러 왔나이다"라고 자원해서 말할 수 있는 사람은 없었다. 당신에겐 뜻대로 행할 권리가 있는가? 가브리엘 천사 혹은 미가엘 천사에겐 있을까? 하나님의 기뻐하시는 뜻을 받드는 것이 천사들의 임무이다. 하지만 여기 자원해서 아무 흠도 없는 자신을 하나님께 드릴 수 있는 사람이 있다. 그렇게 자신의 몸을 죄를 위한 희생제사로 드린 그리스도의 제사가 어찌 우리 양심을 정결하게 해주고 또 우리를 즉시 살아계신 하나님 앞으로 인도해줄 수 없단 말인가? 그리스도의 제사는 나에게 그처럼 말할 수 있는 자격을 준다. 이제 그리스도의 영광을, 즉 그리스도의 직분에 속한 영광을 바라보게 되면, 우리는 십자가가 이 모든 영광을 든든히 받치고 있는 받침대인 것을 볼 수 있을 것이다.

만일 우리 영혼이 주님의 위격에 속한 영광을 알지 못하고 있다면, 사실은 아무것도 모르는 것이다. 당신은 여기서 그 비밀을 보고 있다. 하나님이 영원하신 성령으로 예비하신 하나의 몸이 제단에 바쳐졌다. 주님은 하나님의 제사장으로서 직무를 행하기 위해서 하늘 성소에 들어가기 전에 놋 제단에 바쳐졌다. 하나님이 이 제사를 받으시고 만족하신 결과로, 속죄(속량)가 이루어졌다. 만일 내가 그리스도의 제사가 놋 제단의 요구를 온전히 만족시킨 것을 알게 되면, 나와 하나님 사이에 화목이 이루어졌고 또 영원히 죄 문제가 해결되었다는 것을 보게 될 것이다.

에베소서는 바로 이 기초 위에서 시작하고 있다. 그래서 당신은 당신이 들어간 자리(상태)에 합당한 영광에 둘러싸여 있다. 히브리서는 300개 이상의 구절을 통해서 그리스도께서 들어간 자리(상태)에 합당한 영광을 우리에게 보여준다. 이 얼마나 놀라운 새로운 세상이 펼쳐진 것인가! 당신은 그리스도께서 이루신 일을 의지하고 서있다. 그리스도께서 이루신 일은 그리스도께서 누구신가에 의존해 있다.

히브리서 10장 19-39절

우리는 이제 히브리서의 또 다른 아름다운 부분에 이르렀다. 새로운 주제가 시작되는 것이다. 이제 히브리서 10장 19절부터 끝까지 살펴보자. 우리는 이미 히브리서의 구조를 알고 있다. 그렇다면 에베소서를 예를 들어 보자. 처음 세 개의 장에서 우리는 교리적인 진리를 볼 수 있고, 나머지 세 개의 장에서는 교리를 실제적인 삶에 적용시키는 도덕적인 적용을 볼 수 있다. 골로새서, 갈라디아서, 그리고 로마서도 마찬가지이다. 여기 히브리서도 동일하다. 우리는 이제 우리가 살펴본 교리들의 실제적인 적용 부분에 이른 것이다.

「어린양의 완전한 영광이 하늘 보좌를 아름답게 두르고 있도다.」라는 아름다운 찬송가를 왓츠 박사가 지었다. 우리는 이 사실을 히브리서 전체를 통해서 거듭해서 다루어 오고 있다. 이제 질문을 해보자. "이 모든 날 마지막"을 살아가는 우리는 과연 어느 곳에서 하늘에 계신 주님께 속하지 않은 영광을 찾아볼 수 있을까? 당신은 어쩌면 모든 영광은 주님께 속해 있다고 대답할 것이다. 물론 사실이다. 그렇다면 이제 나는 당신에게 말하고 싶다. 당신은 이제 당신 자신에게 속한 영광들을 보아야 한다. 하나님이 가련한 죄인을 영광스러운 피조물로 만드신 것은 하나님의 경이로운 역사이다. 그리스도를 영광들 가운데서 높은 곳에 앉게 한 이 모든 날 마지막은 이 땅에서 연약하기 그지없는 신자를 영광 가운데 앉게 해주었다.

나는 당신이 이 모든 것들을 이해할 수 있기를 바란다. 우리는 그리스도의 나라가 무슨 영광으로 올 것인지 그저 기다릴 필요가 없다. 당신이 정결한 양심을 가지게 된 것은 영광이 아니란 말인가? 아무런 부끄럼 없이 하나님의 존전 앞으로 나아갈 자격을 얻은 것은 영광이 아니란 말인가? 하나님을 아버지라 부르는 것은 영광이 아닌가? 그리스도를 하늘 영광에 앞서 들어가신 선두주자로 알게 된 것은? 한 치 양심의 떨림 없이 지성소에 들어갈 수 있게 된 것은? 하나님의 비밀을 알게 된 것은? 우리가 마음에 담대함을 가지고, 하나님을 "아빠 아버지"로 부를 수 있는 것은? 우리가 담력을 가지고 "누가 우리를 정죄하리요?" 혹은 "누가 우리를 그리스도의 사랑에서 끊으리요?"라고 말할 수 있는 것은? 우리가 그리스도의 뼈 중의 뼈요 또한 살 중의 살이 된 것은 어떠한가? 우리가 지금 그리스도의 충만의 일부를 이루고 있을진대, 과연 누가 이 모든 것이 영광이 아니라고 말할 수 있단 말인가? 따라서 히브리서는 우리를 이처럼 보배로운 생각으로 인도하고 있다. 게다가 나로 하여금 머리를 들고 보좌에 앉아 계신 그리스도를 바라보게 해줄 뿐만 아니라, 아래를 내려다 보면서 발등상 아래 있는 가련한 죄인들을 보게 해준다.

세상은 이러한 영광들을 전혀 볼 수 없다. 오직 우리만이 말씀의 거울을 통해서 믿음으로 보고 있다. 그렇다면 내가 담대하게 말할 수 있는 것은, 나는 그리스도의 나라가 장차 무슨 영광으로 올 것인지를 그저 기다리고 있지 않다는 것이다. 나는 머리를 들고, 이 모든 영광 가운데 계신 어린양을 볼 수 있다. 나는 아래를 내려다 보며, 이 영광을 선물로 받은 성도들을 볼 수 있다. 이제 도덕적 적용이 시작된다. "그러므로 형제들아 우리가 예수의 피를 힘입어 지성소에 들어갈 담력을 얻었나니"(히 10:19) 나는 지성소에 있는 나 자신을 본다. 어느 누가 나에겐 그러한 상태에 들어가게 해줄만한 영광이 없다고 말할 것인가? 나에겐 영광이 있다. 이제 우리에게 주어진 권면은, 당신으로 하여금 지성소에 들어갈 수 있게 해준 자격을 누리라는 것이다. 누리는 것은 순종하는 것이다. 당신이 하나님께 행해야 하는 첫 번째 의무는 하나님이 자격을 부여해주시고, 하나님이 당신에게 주신 것을 누리는 것이다. "참 마음과 온전한 믿음으로 하나님께 나아가자"(22절) 당신의 특권을 활용하라. 이것이야말로 믿음의 첫 번째 의무이다. 우리가 담대히 말할 수 있는 것은, 이것이야말로 믿음이 가진 가장 좋은 의무라는 것이다.

우리가 이러한 영광들을 누리는 것이 어째서 어려운 것일까? 당신은 말씀의 거울을 통해서 자신의 모습을 들여다 본 적이 있는가? 우리는 환경의 거울을 통해서, 또는 인간 관계의 거울을 통해서 우리 자신을 비춰보는데 너무 익숙해져 있다. 만일 우리가 당당하게 "나는 하나님의 자녀이다"라고 말할 수 있다면, 우리는 당당하게 "나는 그리스도와 함께 한 공동후사이다"라고 말할 수 있다. 그러한 것이 순종의 길의 시작인 것이다. 그래서 히브리서 기자는 "참 마음과 온전한 믿음으로 하나님께 나아가자"라고 말하고 있다.

우리는 우리 자신을 하나님의 제사장으로 바라보아야 한다. 구약시대의 제사장은 제사장 직무에 나아갈 때 맑은 물로 씻어야 했다. 그들이 주님을 섬기고자 성막에 들어가기 전에 날마다 그들의 발을 씻었다. 하나님의 임재로 나아가는 길은 제사장의 발에 의해서 더럽혀지지 않았다. 제사장은 성소에 합당한 거룩성을 갖춘 후에야 들어갔다. 당신은 진정 성소에 합당한 거룩성을 의식하면서 하루 종일 하나님의 임재 가운데 머물고 있는가? 당신은 머지않아 하나님 앞에 서게 될 것인데, 과연 어떻게 설 것인가? 유다서는 우리에게 "능히 너희를 보호하사 거침이 없게 하시고 너희로 그 영광 앞에 흠이 없이 즐거움으로 서게 하실" (유 1:24) 것이라고 말한다. 당신은 지금 하나님의 임재 가운데 거침이 없고 흠이 없는 가운데 들어가 있음을 알 필요가 있다.

우리는 우리 자신을 육신에 속한 자처럼 너무 수준을 낮춰서도 안되지만, 마찬가지로 우리는 우리 자신을 그리스도 안에 있는 자 이상으로 너무 수준을 높이려고 해서도 안된다. 사실 우리는 그리스도 안에 있는 자로서 우리의 자긍심을 높이는 일 보다는 육신에 속한 자로서 우리를 낮추는 일이 훨씬 쉽게 일어난다는 것을 알 수 있다. 후자의 일을 막는 것이 바로 성령님이 여기서 하시는 일이다.

이제 성령님은 지성소에 들어간 나에게 거기서 무엇을 해야 하는지를 알려주신다. 만일 내가 하나님의 임재 속으로 들어갈 수 있는 자격을 가지고 있음을 알았다면, 약속된 영광의 후사로서 그곳에 들어가 있음을 알 필요가 있다. 장차 영광이 나타날 때까지 나는 지성소에서 보호를 받게 될 것이다. 주님이 장차 나타날 영광의 증인이시듯, 우리 또한 장차 나타날 영광의 증인이다. 우리는 하늘의 부요한 자리(또는 처소)에 들어왔다. 그처럼 영광스러운 자리에 들어온 자로서, 우리는 아무 두려움 없이 우리의 소망을 붙들어야 한다. 말씀대로, "우리가 믿는 도리의 소망을 움직이지 말고 굳게 잡도록 하자."(23절) 만일 우리가 요동하지 않는다면, 우리는 요동함이 없이 우리의 소망을 굳게 잡을 수 있다. 바로 하나님이 히브리서를 통해서 우리를 부르신 목적이 여기에 있다. 우리는 담대함을 가지고 그곳에 머물러야 한다. 하늘의 지성소에 들어간 사람으로서, 우리는 우리의 소망에 대해서 말해야 한다. 게다가 사랑에 대해서도 말해야 한다. "서로 돌아보아 사랑과 선행을 격려"해야 한다(24절). 이 얼마나 아름다운 봉사인가! 누가 이러한 것들의 아름다움을 다 말할 수 있단 말인가?

"모이기를 폐하는 어떤 사람들의 습관과 같이 하지 말고 오직 권하여 그 날이 가까움을 볼수록 더욱 그리하자."(25절) 우리가 집에 들어가면 무슨 일을 하는가? 당신은 깊은 죄책감에 사로잡혀 괴로워하는가? 그렇지 않을 것이다. 서로 사랑과 선행을 격려하는 일을 할 것이다. 이러한 일을 하는 것이 집 안에서의 활동이다. 우리는 행복한 집에서 함께 살면서, 서로를 격려하는 일을 한다. 그리고 하늘을 가리키면서 "보라! 아침 해가 동터 오고 있다. 곧 날이 밝을 것이다."라고 말한다. 우리는 우리의 비천함을 알리기 보다는 그리스도 안에서 우리의 존귀함을 알도록 서로를 격려하기를 원한다. 우리 자신을 가련하고 보잘 것 없는 피조물로 여기는 것은 옳다. 그러한 고백은 물론 옳은 것이다. 하지만 우리의 존귀함을 알도록 일깨우는 것은 영적 침체의 나락으로 떨어지는 것보다는 더욱 좋은 일이며, 게다가 그 일은 제사장이 하는 일이다. "내가 깊은 데서 주께 부르짖었나이다."(시 130:1) 여기서 우리는 우리 자신이 하나님의 가족으로 받아 들여졌음을 볼 수 있다. 이제 요동하지 말고 우리의 소망을 붙들고, 서로를 격려하고, 동쪽 하늘을 가리키면서 "새벽이 오고 있다"

고 말하자.

25절을 다룬 후, 사도는 고의적인 죄에 대한 엄숙한 경고를 담고 있는 본문을 소개한다. 우리는 민수기 15장에서 이와 반대적인 성격의 죄를 볼 수 있다. 게다가 고의가 아닌 무지에 의한 우발적인 죄도 있고, 참람한 죄도 있다. 따라서 율법 아래서 두 가지 종류의 범죄가 있었다. 한 사람이 "남의 물건을 맡거나 전당 잡거나 강도질하거나 늑봉하고도 사실을 부인하거나 남의 잃은 물건을 얻고도 사실을 부인하여 거짓 맹세하는 등 사람이 이 모든 일 중에 하나라도 행하여 범죄하면"(레 6:2,3) 속건제를 드려야 했다. 하지만 안식일에 나무를 줍는 일을 하면 즉시 돌로 쳐서 죽임을 당했다(민 15:32-36). 그 사람에겐 "오직 무서운 마음으로 심판을 기다리는 것과 대적하는 자를 소멸할 맹렬한 불만"(히 10:27) 있는 것이다. 이것은 감히 율법제정자를 도발하는 참람한 죄였다. 이처럼 참람한 죄가 신약성경에도 있다. 이 죄는 율법 시대의 하나님 앞에서 안식일에 나무를 하는 것처럼, 이 은혜 시대의 하나님을 향해 도발하는 죄인 것이다. 우리는 죄를 심상히, 즉 가벼이 여겨서는 안된다. 만일 어쩔 수 없이 죄를 지었다면, 우리는 마땅히 그에 대해서 애통해하는 마음을 가져야 한다. 여기선 이것을 다루고 있지 않다. 죄를 가볍게 여기는 것은 기독교에 대한 배교이다.

31절까지 다룬 후, 사도는 "전날에 너희가 빛을 받은 후에 고난의 큰 싸움에 참은 것을 생각하라"(32절)고 권한다. 질문을 해보겠다. "당신은 빛을 받은 날을 모두 기억하는가?" 어떤 사람은 나에게 "그 빛이 날이 갈수록 더욱 밝게 빛나고 있습니다."라고 말했다. 내가 믿기론, 디모데가 그런 사람이었다. 경건한 어머니에게서 신앙 교육을 받았던 디모데는 하나님의 양무리 속으로 살포시 들어갈 수 있었다. 하지만 대부분 사람들은 자신이 빛을 받은 순간을 알고 있다. 만일 영혼의 역사 가운데 도덕적 에너지가 강렬하게 발산되는 순간이 있다면, 그 날은 분명 영혼이 거듭나고, 영혼이 새롭게 살리심을 받는 날일 것이다. 어째서 당신에겐 그러한 순간이 없단 말인가? 우리가 지금 마음에 모시고 있는 예수님과 당신이 마음에 모시고 있는 예수님은 다른 분이신 것인가? 내가 분명 그 날을 알고, 또 하나님과 나 사이에 모든 죄문제가 해결된 날을 알고, 또 세상과 나 사이의 모든 관계가 끝난 날을 알 때만이 나를 실제적인 기독교 속으로 들어가게 해준다. 사도가 히브리인들에게 생각하도록 요청한 것은 무엇이었는가? 빛을 받은 자로서, 자신의 산업을 빼앗기는 것도 "기쁘게 당할 수 있었다"는 것이다. 어떻게 그럴 수 있단 말인가? 사도는 그 일을 어떻게 설명하고 있는가? 그들의 눈은 더 낫고 영구한 산업에 고정되어 있었다. 더욱 부요하고 풍성한 것을 바라보라. 그리하면 보잘 것 없는 세상 것은 더 이상 쳐다보지 않을 것이다.

우리가 하나님께로 가까이 나아가는 만큼, 우리는 세상을 이길 수 있는 힘을 얻는다. 이것은 히브리서를 맺는 매듭과 같다. 히브리서는 당신을 휘장 안으로(inside the veil) 넣어주며, 이스라엘 영문(outside the camp) 밖으로 내보낸다. 기독교의 경이롭고, 거룩하고, 도덕적인 특징을 부여해주는 그리스도의 은혜와 그리스도의 피는 정확하게 뱀의 거짓말과 대조를 이룬다. 뱀의 거짓말은 아담을 하나님께 이방인이 되게 만들었고, 이처럼 오염된 세상을 집으로 삼게 했다. 이 일은 정확하게 영문 안과 휘장 밖의 상황이다. 기독교는 정확하게 그 반대이다. 기독교는 우리를 하나님의 임재 가운데 시민권을 가진 자로 회복시켜주며, 세상에서는 이방인이 되게 해준다. 그 결과 우리는 휘장 안에, 그리고 영문 밖에 있는 자가 된다.

히브리서 10장의 35절 "그러므로 너희 담대함을 버리지 말라 이것이 큰 상을 얻느니라"는 말씀은 이러한 것들을 서로 묶어서 매듭을 지어주는 구절 가운데 하나이다. 당신이 확신하는 바를 굳게 붙들라. 이것이 당신에게 힘을 북돋아 주는 능력의 비밀이다. 우리는 어디서 세상에 대한 승리를 볼 수 있는가? 그리스도 안에서 지극한 행복을 누리고 있는 사람에게서 볼 수 있다. 당신과 나는 어째서 세상의 번잡함 속에서 비참한 상태에 떨어졌는가? 그 이유는 우리가 그리스도 안에 있는 자로서 마땅히 행복해야 할 만큼 행복함을 누리고 있지 못하기 때문이다. 하나님의 임재 가운데 담대함과 기쁨을 누리고 있는 영혼이 있다면, 그 사람은 세상에 대한 승리를 맛보는 사람인 것이다.

이제 사도는 "너희에게 인내가 필요함은 너희가 하나님의 뜻을 행한 후에 약속을 받기 위함이라"(36절)고 말하면서 우리에게 빛을 받은 날과 영광을 받을 날 사이에 인내의 시간이 놓여있음을 말해준다. 나는 쾌락의 길, 안락한 길, 오늘 보다 내일 더 부유해지는 길을 바라지 않는다. 다만 인내의 길을 바랄 뿐이다. 이 길에만 영광이 있음을 아는가? 그렇다. 이 길에만 그리스도와의 동행이 있고, 그리스도와의 우정이 있다. 세상으로부터 거절당하신 주인님과 우정을 쌓는 것보다 당신에게 더 큰 영광을 가져다주는 것은 없다. 그것이 당신이 걸어야 하는 길이다. "뒤로 물러가면 내 마음이 저를 기뻐하지 아니하리라."(38절) 하나님은 아브라함의 하나님, 이삭의 하나님, 야곱의 하나님으로 불리는 것을 부끄럽게 여기지 않으셨다. 그들은 이 땅에서 나그네였다. 만일 우리가 이 땅에서 나그네가 아니라 시민이 된다면, 그래서 세상의 든든한 연합군이 된다면, "나는 나그네의 하나님이다"라고 말씀하실 수밖에 없으신 하나님께서 이 세상의 시민이 된 자들에게 "내 마음이 저를 기뻐하지 아니하리라"고 말씀하실 수밖에 없음을 알라.

당신과 나는 서로 사랑과 선행을 격려하면서, 동쪽 하늘을 향해 그 날이 밝아오고 있다는 말로 위로할 수 있기를 바란다.

히브리서 11장

이제 우리는 11장에 이르렀다. 우리는 히브리서 10장 35절이 히브리서의 가장 중요한 두 가지 주제를 이어주는 이음쇠 역할을 하고 있는 것을 살펴보았다. 기독교는 당신을 휘장 안으로 넣어줄 뿐만 아니라 영문 밖으로 내어보낸다. 즉 기독교는 당신을 하나님에게서 멀어지게 했고 또 타락한 세상을 당신의 집으로 삼게 했던 사탄의 역사를 분쇄해버린다. 주 예수님의 하늘 종교는 사탄의 역사를 종결시킨다. "하나님의 아들이 나타나신 것은 마귀의 일을 멸하려 하심이니라."(요일 3:8) 뱀과 뱀의 머리를 깨뜨리신 분 사이에 나타나는 대조 보다 더욱 아름다운 것은 없다.

"큰 상"(히 10:35)은 이제 우리가 읽게 될 믿음의 삶의 핵심을 보여준다. 존 번연의 말처럼, 우리는 "남자답게 당당하도록" 부르심을 받았다. 내적으로 행복하면 우리는 싸울 수 있다. 히브리서 11장은 이처럼 담대한 신앙의 원리를 따라서 "남자답게 당당한 믿음으로 살았던" 모든 세대의 택함 받은 사람들을 보여준다.

"그러므로 너희 담대함을 버리지 말라." 왜냐하면 "이것이 큰 상을 얻기"(히 10:35) 때문이다. 믿음은 하나님의 다른 두 가지 특징을 이해하는 원리이다. 로마서 4장을 보면, 믿음은 하나님을 경건치 않은 사람을 의롭다고 하시는 분으로 본다. 하지만 여기 히브리서를 보면, 믿음은 하나님을 "자기를 찾는 자들에게 상 주시는 이"(히 11:6)로 본다. 당신이 하나님을 믿음으로 바라보는 순간, 당신은 역사하는 믿음 속으로 들어갈 수 있다. 우리가 우리 영혼을 구원하는 믿음으로 제대로 양육을 받게 되면, 우리 구주를 섬기는 믿음에 대해 무관심할 수 없게 된다. 우리는 가끔 우리의 권리를 주장한다. 하지만 과연 우리는 우리의 기업의 가치를 제대로 평가하고 있기는 하는 걸까? 우리 마음이 하늘 기업에 대한 소망으로 전혀 감동을 받고 있지 않으면서, 우리의 권리를 자랑하는 것은 가련하기 그지없는 일이다. 그처럼, 만일 나를 의롭다고 해주시는 믿음을 자랑하면서도, 정작 히브리서 11장이 말하고 있는 믿음에 대해 무관심하다는 것은 가련한 것이다. 왜냐하면 "믿음은 바라는 것들의 실상이요 보지 못하는 것들의 증거"(히 11:1)이기 때문이다.

이제 우리는 믿음이 구약시대의 믿음의 선진들이 가지고 있던 능력의 비밀이었음을 알게 되었다. 믿음을 통해서 선진들은 "훌륭한 간증"을 얻을 수 있었다. 우리가 이미 살펴보았듯이, 히브리서는 율법이 제껴졌음을 말해준다. 만일 내가 율법을 하나님을 위해 무언가를 할 수 있는 내 영혼의 비밀스러운 능력으로 선택한다면, 나는 하나님을 위한 일은 절대 할 수 없을뿐더러, 다만 나 자신의 자랑거리만 늘어나게 될 것이다. 율법은 나에게 훈계하고 책근하지만 결코 생명에 이르는 자격을 주지 않는다. 다만 자아를 섬길 뿐이다. 믿음은 율법을 붙들지 않는다. 실제적으로 역사하는 원리로서 믿음을 붙드는 사람은 아예 처음부터 다른 길에서 시작한다. 내가 믿기론, 3절은 아담에 대해서 언급하고 있다. 만일 아담이 에덴동산에서 하나님을 예배하는 경배자였다면, 그것은 믿음으로 한 것이었다. 그는 자신을 둘러싸고 있는 모든 경이로움 너머를 바라보았고, 가장 위대한 창조주를 믿었다.

어떤 사람들은 자연 가운데 계시된 신을 예배할 수 있다고 말한다. 하지만 아담이 타락하여 무죄상태를 떠났을 때, 우리는 성소로서 에덴동산을 떠난 것이다. 우리는 다시 그곳으로 돌아갈 수 없다. 자연(自然)은 아담에겐 성소였고 성전이었다. 만일 내가 자연으로 돌아간다면, 실상은 가인에게로 돌아가는 것이다. 이제 우리는 아벨에게로 또한 계시로 돌아가야 한다. 우리는 죄인이다. 구속을 드러내주는 계시를 필요로 한다. 계시야말로 우리에게 성전을 회복시켜준다. 우리는 반드시 하나님이 그리스도 안에서 우리를 위해 세우신 성전에서 예배자의 자리를 얻어야 한다.

이제 에녹을 살펴보자. 에녹은 우리와 같은 사람이었다. 하지만 그는 하나님과 일생을 함께 했다.

우리는 창세기를 통해서 그가 하나님과 동행한 것을 보며, 여기서 히브리서를 통해서 그가 하나님을 기쁘시게 하는 자라 하는 증거를 받은 것을 본다. 사도가 데살로니가전서 4장에서 "너희가 마땅히 어떻게 행하며 하나님께 기쁘시게 할 것을 우리에게 받았으니"(1절)라고 말한 것과 같다. 하나님과 동행하는 것이 하나님을 기쁘시게 하는 것이다. 우리가 하나님께 만족을 드리고 있다는 생각보다 우리 마음을 흥분시키는 일이 있겠는가? 에녹의 삶에 대한 구체적인 내용은 소개되고 있지 않다. 삶의 모습이 어떠하든지, 중요한 것은 삶 속에서 하나님과 동행하는 것이다. 엄청난 이벤트로 가득한 삶 앞에 특별하다 할 것이 없는 평범한 삶이 있었음을 보는 것은 참으로 아름답다. 어쩌면 당신은 이렇게 말하는 사람을 보았을지 모르겠다. "주님을 놀랍게 섬기는 사람들과 비교해보면, 저는 정말 가난하고, 별 볼일 없는 사람입니다." 당신도 그러한가? 그렇다면 "당신은 에녹"이다.

노아의 삶은 매우 특별한 삶이었다. 믿음은 경고를 붙잡는다. 믿음은 영광 또는 심판을 보기 위해 영광의 날 또는 심판의 날을 그저 기다리지 않는다. 선지자 노아 속에 있었던 믿음은 육신의 눈으로 무언가를 보도록 구하는 것이 아니었다. 다만 말씀에 묵

묵히 순종할 뿐이었다. 120년 동안 노아의 믿음은 어리석은 사람처럼 보였다. 노아는 마른 땅 위에 거대한 배를 건축했다. 그리고 그는 이웃 사람들로부터 조롱을 받았다. 하지만 그는 보이지 않는 것을 보았다. 아, 이 사실이 얼마나 우리를 책망하는지 느껴보라! 당신은 지금 장차 오는 영광의 권위 아래 살고 있음을 생각해본 적이 있는가? 그럼에도 보이는 것만을 바라보며 살고 있다면, 얼마나 어리석은 사람으로 나타날 것인가!

"하나님은 자기를 부지런히 찾는 자들에게 상 주시는 분"(6절)이란 구절을 그냥 지나칠 순 없다. 다시 한번 내가 담대하게 말할 수 있는 것은, 여기 히브리서에서 말하는 믿음은 로마서 4장에서 말하고 있는 믿음의 정의하곤 다르다는 것이다. 히브리서는 "하나님은 자기를 부지런히 찾는 자들에게 상을 주시는 이심을 믿어야 한다"고 말한다. 어떤 사람들은 히브리서의 이 구절을 보면서 "너무 엄격하군요!"라고 말하곤 한다. 아! 하지만 이 구절은 있어야 할 자리에 있기에 너무도 아름다운 말씀이다. 하나님께서 성도에게서 기대하는 믿음은 강력하게 역사하는 믿음이다. 그렇다면 하나님은 사람에게 빚지시는 분이신가? 그렇지 않다. 하나님은 풍성하게 심는 사람으로 풍성하게 거두게 하시는 분이시다.

다음은 아브라함의 생애이다. 히브리서는 이렇듯 믿음의 다양한 모습을 보여준다. 아브라함의 믿음에는 웅장한 면이 있다. 승리하는 면이 있고 다소 불안해하는 면도 있는데, 이 모든 믿음의 측면들이 아브라함의 생애에 나타났다. 그는 갈 바를 알지 못하고 나갔다. 하지만 영광의 하나님께서 그의 손을 잡고 인도하셨다. 그리고 마침내 그 땅에 들어갔다. 하지만 하나님은 그에게 "발 붙일 만큼도 유업을 주지 아니하셨다."(행 7:5) 그는 믿음으로 인내해야만 했다. 다만 하나님의 입술에서 나오는 말씀을 환영했다. 아브라함은 영광의 하나님께서 자신에게 보여주신 것을 바라보며 일생을 살았다.

사도행전 7장에서 스데반이 본 환상을 여러분도 보았다고 생각해보자. 굳이 당신도 스데반이 본 것과 동일한 환상을 볼 필요는 없다. 다만 스데반이 본 것을 공유하면 된다. 그렇다면 그들은 당신도 벼랑 끝에 세우고자 할 것이다. 당신은 당당하게 "하늘이 나에게 열리고 또한 예수님께서 하나님 우편에 서 계신 것을 보았다."(행 7:56)라고 말하고 싶을 것이다. 만일 당신과 내가 마음이 단순하고 또 진실한 마음을 가진 사람이라면, 아브라함이 친히 영광의 하나님을 보았기 때문에 행한 것처럼 우리도 계시를 따라갈 것이다.

이제 사라를 살펴보자. 사라는 믿음의 또 다른 성격을 보여준다. 우리는 우선적으로 하나님을 죽은 자를 살리시는 분으로(as a Quickener of the dead) 보아야 한다. 노아는 하나님을 그렇게 이해했다. 피를 문 인방에 발랐던 이스라엘 백성들은 하나님을 그처럼 죽은 자를 살리시는 역사를 하시는 분으로 영접했다. 사망이 애굽 땅에 있었고, 그 땅에 있는 모든 사람에게 임했다. 하지만 이스라엘 백성들은 하나님을 죽은 자를 살리시는 분으로 알았다. 그것은 노아, 아브라함, 사라가 하나님을 이해했던 방식이었다. 만일 내가 하나님을 죽은 자를 살리시는 분으로 알고 있지 않다면, 나는 그저 영혼이 죽은 상태로 있는 죄인에 불과할 것이다. 우리는 무엇보다 하나님을 죽은 자를 다시 살리시는 분으로 만나야 한다.

"이 사람들은 다 믿음을 따라 죽었으며 약속을 받지 못하였으되 그것들을 멀리서 보고 환영하며 또 땅에서는 외국인과 나그네로라 증거하였으니"(13절) 이 구절은 매우 아름다운 구절이다. 약속을 받은 자로서 우선적으로 해야 하는 일은 약속을 이해하는 것이다. 그 후에야 약속에 대한 믿음을 행사하게 되고, 이어서 약속을 마음으로 받아들이게 된다. 그들은 약속을 마음으로 받아들였다. 그들의 마음은 약속을 부둥켜안았다. 당신도 약속을 부둥켜안았는가? 사람은 자신의 "메마름"을 알고 있다. 하지만 우리가 약속을 더욱 부둥켜안을수록, 우리가 이 세상에서 나그네가 되고 또 순례자가 되는 것을 더욱 복된 것으로 알고 만족하게 될 것이다. 이것은 우리 마음이 믿음으로 들어가는 참으로 놀라운 그림이다. 과연 이 사람들은 메소보타미아를 떠났기 때문에 외국인과 나그네로 불린 것일까? 그렇지 않다. 그 이유는 그들이 아직 하늘에 들어가지 못했기 때문이다. 그들은 돌아갈 기회가 있었다. 아브라함은 엘리에셀에게 기회를 주었다. 하지만 그들 가운데 누구도 외국인과 나그네의 길을 포기하지 않았다.

당신 삶의 환경에 변화가 일어난다면, 그 변화가 나그네의 길에 영향을 줄 것인가? 당신이 하나님의 백성 가운데 있지 않다면, 그럴 수 있다. 메소보타미아 자체가 믿음에 영향을 끼치는 요소는 아니었다. 그들의 나그네 길에 영향을 주거나, 막거나, 방해할 수 있는 것은 아무 것도 없었다. 그들은 하늘 가는 길에 있었다. 하나님은 그들의 하나님으로 불리는 것을 부끄럽게 여기지 않으셨다.

히브리서 2장에서 우리는 그리스도께서 우리를 형제라 부르는 것을 부끄러워 아니하시는 것을 볼 수 있다. 이제 우리는 하나님께서 이 나그네들을 자신의 백성으로 부르는 것을 부끄러워 아니하시는 것을 본다. 어째서 그리스도는 그들을 형제라 부르는 것을 부끄러워하지 않으시는가? 왜냐하면 그들이 그리스도와 함께 하나의 목적, 영원한 목적을 위해 서 있기 때문이다. 하나님의 가족에는 택함을 받은 자와 그리스도가 함께 포함되어 있다. 그럴진대 어찌 하나님께서 하나의 가족이 된 사람들을 부끄러워하실 수 있단 말인가? 만일 당신이 세상에서 천대를 받을지라도, 하나님은 당신을 부끄럽게 생각하지 않으신다. 왜냐하면 하나님 자신도 세상에서 그런 대접을 받으셨기 때문이다. 이처럼 당신이 그분과 하나된 마음으로 있는데, 하나님이 어찌 당신을 부끄러워할 수 있단 말인가? 그러므로 세상이 그러한 사람들을 외국인이라 부를 때, 하나님은 자신을 가리켜 그들의 하나님으로 부르신다. 우리 마음은 이 점에서 크게 책망을 받을 수도 있다. 우리는 세상과 친구가 되고자 하고 또 우호적인 관계를 유지하려고 애쓰는 사람들을 너무도 많이 보고 있기 때문이다.

이제 우리는 아브라함을 통해서 또 다른 교훈을 받을 수 있다.

아브라함의 모든 소망은 이삭에게 달려 있었다. 이삭을 포기하는 것은 이 세상에서 파산자가 되는 것일 뿐만 아니라 하나님 안에서도 파산자가 되는 것으로 보였다. 어쩌면 아브라함은 이렇게 말했을지도 모른다. "나는 하나님 안에서 뿐만 아니라 메소포타미아에서도 파산자가 되는 것인가?"

당신은 하나님이 당신을 파산자로 만드시는 것은 아닌가 하는 두려움을 느껴본 적이 있는가? 신앙 때문에 당신이 잃어버린 것을 하나님은 과연 외면하시는가?

그렇지 않다. 아브라함은 모형적으로 볼 때, 부활의 새로운 증인으로서 이삭을 "죽은 자 가운데서 도로 받았다."(히 11:19) 우리는 혹 어둠 가운데서 하나님을 믿은 고로, 무언가를 잃어버린 것 같다는 생각을 해본 적이 있는가? 사실 어둠 가운데 하나님을 믿은 사람이 있다고 할 것 같으면, 그 사람이 바로 아브라함이었다.

이제 다음으로 이삭을 살펴보자. 이삭은 "믿음으로…장차 오는 일에 대하여 야곱과 에서에게 축복"(20절)함으로써 자신의 믿음을 나타냈다. 이것은 성령님이 보시는 이삭의 삶 가운데 지극히 작은 부분에 불과하다. 만일 우리가 그의 삶을 자세히 들여다보면, 이삭이 축복하는 이 장면이 그의 삶 가운데 가장 탁월한 부분인 것을 볼 수 있다. 그 행동은 하나님의 눈 앞에서 가장 밝게 빛나는 보석이었다.

노아가 에녹보다 더 놀랄만 했던 것처럼, 야곱은 더욱 놀랄만 했다. 야곱의 삶은 정말 특별한 사건들로 가득했다. 하지만 우리가 여기서 볼 수 있는 것은, "믿음으로 야곱은 죽을 때에 요셉의 각 아들에게 축복했다"(21절)는 것이다. 이것은 너무도 아름다운 장면이다. 야곱의 삶은 그리스도인의 삶이 얼마나 형편없을 수 있는지를 보여준다. 나는 야곱의 삶이 하나님의 종으로서 본이 되는 삶이라고 믿지 않는다. 그건 잘못된 길을 갔던 성도의 삶이며, 그러한 사람의 삶은 후회로 가득한 삶일 뿐이다. 결말 부분에 이를 때까지 우리는 그가 "요셉의 각 아들에게 축복하는" 장면과 같은 믿음의 행동을 보지 못한다. 거기서 야곱은 현실세계를 넘어서, 보지 못하는 것들에 접촉하고 있는 사람으로 등장하고 있다. 그의 전 생애는 믿음의 사람으로서 자신의 정체성을 회복하는 사람의 삶이었다. 그리고 자신의 일생의 마지막 순간에 야곱은 자기 마음의 회한과 자기 아들 요셉의 호소에도 불구하고, 이처럼 아름다운 믿음의 봉사를 하나님께 드렸던 것이다.

반면 요셉의 삶은 아름답기 그지없었다. 요셉의 경우에는 처음부터 믿음의 삶이었다. 요셉은 전 생애에 걸쳐서 거룩한 사람이었다. 그리고 임종 시에 믿음의 장엄함이 찬란한 빛을 발하고 있다. 요셉은 애굽의 보화를 자기 수중에 쥐고 있었고, 애굽의 보좌를 자신의 발아래 두었다. 그런 중에도 그는 "이스라엘 자손들의 떠날 것"을 예언했던 것이다. 그런 것이 보이지 않는 것을 보는 믿음인 것이다. 그러한 것이야말로 성령님께서 믿음의 행동으로 인정해주시는 것이다. 그는 어째서 이런 식으로 말했던 것일까? 그는 아마도 이렇게 말했을 것이다. "아! 나는 보는 것으로 행하지 않는다. 나는 장차 올 것을 알고 있다. 내가 이제 말하고자 하는 것은 너희가 이 땅을 떠날 날이 있다는 것이다. 너희가 나갈 때에, 나를 데리고 가다오."

그의 전반적인 삶은 흠이 없었고, 우리는 그가 한 말 중에서 자신이 떠날 것을 예고한 것이 가장 아름다운 믿음의 말이었음을 볼 수 있다. 그러한 것이 당신과 내가 원하는 것이다. 당신은 그저 의롭다 함을 받는 것만을 바라는가? 어쩌면 그럴 것이다. 그렇다면 믿음의 삶은 어찌 되는 것일까? 당신은 보이지 않는 것들을 소망하는 능력에 의해서만 주의 재림에 대한 기대를 가질 수 있다. 만일 당신이 무슨 능력을 의지하지 않고 소망하고 있을지라도, 아무도 당신을 흠잡지 않을 것이다. 하지만 당신은 "믿음의 선진들이 훌륭한 간증"을 얻었던 그 믿음의 삶을 살고 있는 것은 아니다. 이를 통해서 알 수 있는 것은, 믿음만이 유일하게 우리 삶에 역사하는 원리로 보아야 한다는 것이다. 이 믿음은 죄인을 의인되게 해주는 믿음이 아니다. 다만 칭의(稱義)의 믿음은 우리 삶에 역사를 이루게 하는 믿음이 아니다. 의인되게 해주는 믿음이 나를 성도로 만들어준 순간부터, 나는 "역사하는 믿음"을 부여잡고, 그 능력으로 살아가야 한다.

계속해서 살펴보자. 우리는 히브리서 11장 전체가 히브리서 10장 35절에 기초하고 있으며, 그에 대한 실제적인 사례라는 사실을 잊지 말아야 한다. 우리의 믿음이 강할수록, 우리 영혼은 더 강력하고, 도덕적인(영적인) 힘을 맛볼 수 있다. 히브리서 11장은 어떻게 믿음이 자신이 사는 시대(the day)를 얻을 수 있는지를 보여준다. 히브리서 11장을 그저 노아, 아브라함, 모세, 기타 여러 인물들을 칭송하는 정도로 이해해서는 안된다. 오히려 노아, 아브라함, 모세, 기타 인물들의 믿음을 칭송하고 있는 것이다. 기독교가 얼마나 단순하고 복스러운가를 생각해보라! 마귀가 우리에게 이중적인 행악을 저지름으로써 우리를 휘장 밖에 두고 또 영문 안으로 넣어준 것을 보았을 때, 나는 우리를 다시 휘장 안으로 넣어주고 또 영문 밖으로 빼내준 기독교를 칭송할 수밖에 없었다. 그렇다면 그리스도께서는 이중적인 치료책을 가져오신 것이다. 나는 비록 세상을 잃었지만 하나님을 얻게 되었다. 우리는 이런 생각으로 기뻐해야 하지 않겠는가? 이러한 것이 바로 기독교의 진수인 것이다.

"믿음으로 모세가 났을 때에 그 부모가 아름다운 아이임을 보고 석 달 동안 숨겨 임금의 명령을 무서워 아니하였으며"(23절) 이것은 무슨 의미인가? 이는 모세가 태어났을 때, 그의 얼굴에 믿음만이 읽어낼 수 있는 표시가 있었다는 것이다. "하나님께 아름다운 것(beautiful to God)" 이 핵심이다. 모세에겐 아므람과 요게벳의 믿음을 자극하는 확실한 아름다움이 있었다. 그들은 믿음에 순종했다. 죽어가는 스데반의 얼굴에도 아름다움이 있지 않았는가? 그를 살해하던 사람들이 과연 거기에 순종했는가? 그들은 모세의 부모와는 다른 도덕적(영적) 상태에 서있었다. 하나님의 뜻 가운데서 모세의 부모는 하나님의 목적을 보았고, 아이를 숨겼다.

이제 우리는 모세를 통해서 아름다운 믿음의 능력을 본다. 믿음의 능력은 삼중적인 승리를 가져다주었다. 세 가지 아름다운 승리, 바로 그 승리로 당신은 부르심을 받았다.

첫 번째, 모세의 믿음은 세상에 대한 승리를 가져왔다. 모세는 고아처럼 나일 강에 버려졌지만, 바로의 딸이 강에서 건져내었고, 자신의 아들로 삼았다. 나일강에 버려진 모세가 애굽의 높은 신분으로 들어가게 된 것이다. 모세는 세상의 높은 신분을 어떻게 했는가? 그는 "바로의 공주의 아들이라 칭함을 거절"했다 (24절). 이 얼마나 놀라운 세상에 대한 승리인가! 우리는 세상이 주는 명예를 받기를 좋아한다. 모세는 그것을 거절했다. 분명 오늘날에도 그와 같은 승리를 얻으려면, 우리도 세상을 전쟁터로 선포하고 세상을 향해 도전하는 일이 있어야 한다.

그 다음으로 볼 수 있는 것은 모세는 삶의 시련과 세상 임금의 협박 가운데서도 굴하지 않고 승리를 얻었다는 것이다. "믿음으로 애굽을 떠나 임금의 노함을 무서워 아니했다."(27절) 믿음의 삶이 자연인의 삶과 충돌을 일으킨다는 것은 자명(自明)한 사실이다! 따라서 당신은 오늘 승리를 얻었지만, 여전히 내일도 맞서야 한다. "너희가 능히 대적하고 모든 일을 행한 후에 서기 위함이라."(엡 6:13) 삶의 압박은 모세가 세상 삶의 쾌락을 버린 후에 찾아왔다.

그리고 세 번째 승리는, 모세가 하나님의 요구에 응답함으로써 왔다. 한 영혼이 이처럼 믿음의 능력을 덧입는 것을 보는 것은 놀라운 일이다. 모세는 "믿음으로 유월절과 피 뿌리는 예를 정하였다."(28절) 죽음의 천사가 애굽 온 땅을 다닐 때, 오직 피가 문 인방에 발라진 집은 사망을 면할 수 있었다. 처음부터 하나님의 요구에 대한 대비책으로 은혜가 죄인들에게 제공되었다. 믿음이 하는 가장 단순한 일은 하나님의 요구에 부응하는 것이다. 하나님은 대비책으로 피를 준비하셨고, 믿음은 그것을 사용했다. 그리스도는 하나님의 대비책이다. 그리스도는 구원을 위하여 하나님이 정하신 위대한 규례이다. 믿음은 그리스도와 함께 십자가에서 영광의 나라에 이르기까지 그리스도와 함께 동행한다.

"믿음으로 저희가 홍해를 육지같이 건넜으며"(29절), "믿음으로 칠 일 동안 여리고를 두루 다니매 성이 무너졌으며"(30절) "믿음으로 기생 라합은…순종치 아니한 자와 함께 멸망치 아니하였도다"(31절) 우리가 무슨 말을 더할 필요가 있겠는가? 이것은 성경 전체를 아우르는 이야기이다. 은혜와 믿음의 이야기 - 은혜는 하나님에게 속했고, 믿음은 우리에게 속했다 - 는 하나님의 전체 책에 생동감을 불어넣어준다. 우리는 휘장 안으로 들어가기까지 결코 영문 밖으로 나가도록 부르심을 받은 적이 없다.

히브리서의 앞선 여러 장들은 죄인으로 하여금 하나님의 임재 가운데 자신의 자리를 얻을 수 있는 자격을 얻는 방법을 보여준다. 당신이 자신의 본향을 찾게 되면, 세상은 당신이 세상에 대해서 나그네 되었음을 알게 된다. 그것이 이처럼 아름다운 서신의 구조이다. 히브리서는 우리가 받은 부르심에 속한 것이 무엇인지 열어주기 전에, 먼저 우리가 하나님의 임재 가운데 들어갈 자격을 얻었음을 말해준다. 아브라함이 자신이 알지 못하는 땅으로 가도록 부르심을 받기 전에, 영광의 하나님이 그에게 나타나셨던 것과 같다. 하나님은 자신을 대신해서 사람을 전쟁터에 내보내시는 분이실까? 과연 하나님은 당신이 하나님과 화목하기 이전에 세상에 나가 싸우도록 하셨는가? 내가 하나님께로 회심하는 순간 모든 것이 나를 위한 것이 된다. 나는 하나님 품안으로 부르심을 받았으며, 모든 것이 나를 위한 것이 되는 것으로 부르심을 받았다. 내가 이른 곳은 "시온 산과 살아 계신 하나님의 도성인 하늘의 예루살렘"(히 12:2)이다. 이것이 히브리서 12장의 내용이다. 다윗은 메추라기처럼 사냥당하기 이전에(삼상 26:20), 그는 이미 하나님의 기름부음을 받은 사람이었다.

우리는 마지막 두 구절을 조금 더 살펴볼 필요가 있다. "이 사람들이 다 믿음으로 말미암아 증거를 받았으나 약속을 받지 못하였으니 이는 하나님이 우리를 위하여 더 좋은 것을 예비하셨은즉 우리가 아니면 저희로 온전함을 이루지 못하게 하려 하심이니라."(39,40절) 이 두 개의 구절은 상당히 중요하고, 의미심장한 의미를 담고 있다. 이러한 믿음의 선진들은 훌륭한 증거를 얻었지만, 훌륭한 증거만으로는 약속을 받을 수 없었다. 이 사실은 나에게 말라기 선지서를 생각나게 해주었다. "그 때에 여호와를 경외하는 자들이 피차에 말하매 여호와께서 그것을 분명히 들으시고 여호와를 경외하는 자와 그 이름을 존중히 생각하는 자를 위하여 여호와 앞에 있는 기념 책에 기록하셨느니라 만군의 여호와가 이르노라 내가 나의 정한 날에 그들로 나의 특별한 소유를 삼을 것이요."(말 3:16,17) 그들은 아직 주님의 특별한 소유물(보석)로 삼은 사람들은 아니지만, 주님은 자기 책에 그들의 이름을 기록하셨기에, 머지않아 주님은 그들을 자신의 소유(보석)로 삼으실 것이고, 자신의 소유로 드러내실 것이다. 이 믿음의 선진들의 경우도 마찬가지이다. 어째서 그들은 약속을 받지 못한 것일까? 왜냐하면 영광스러운 복음 세대에서 구원을 받은 우리가 먼저 하늘에 입성해야 하기 때문이며, 천한 초등학문에 속한 세대에서 구원을 받은 그들이 가진 증거가 아무리 훌륭한 것일지라도, 그럴 자격을 주지 못하기 때문이다.

우리는 히브리서에서 계속해서 "더 나은" 또는 "더 좋은"이란 말을 본다. "더 좋은 언약", "더 좋은 유언", "우리를 위하여 더 좋은 것", "아벨의 피보다 더 낫게 말하는 뿌린 피" 등등. 그리고 우리는 "온전한"이란 단어 또한 계속해서 사용되는 것을 보고 있다. 왜냐하면 이제 모든 것이 온전해졌기 때문이다.

우리가 이미 살펴본 대로, 하나님이 주시는 안식도 온전하다. 하나님은 그리스도께서 자신에게 드리는 만족 외에 다른 것을 구하지 않으신다. 그리스도는 하나님의 요구를 온전히 만족케 해드렸고, 하나님의 영광을 공의롭게 선포하셨고, 하나님의 거룩한 성품을 드러내셨다. 이 모든 것이 그리스도 안에서 이루어진 것이다.

그렇다면 히브리서 11장 40절에 있는 "더 좋은 것"이란 무엇인가? 만일 우리가 그리스도 안에 있는 사람이 아니라면, 더 좋은 것과는 아무 관계가 없다. 하나님은 그리스도를 이 세대에 보내심으로써, 약속을 의지하고 있던 구약성도들을 온전케 하셨다. 이러한 맥락에서 우리는 히브리서를 "완전에 대한 논문"이라고 말할 수 있다. 이제 간단하면서도 신속하게 이 부분을 살펴보자. 히브리서 2장에서 우리는 우리에게 완전한 구주를 주신 일이 하나님의 영광이 된 사실을 볼 수 있다. 이는 단순히 우리의 필요 때문이 아니라, 하나님의 영광 때문이었다. 하나님 자신의 영광을 위하여 이렇게 되는 것이 그리스도께 "합당했다."(히 2:10) 죄인에게 구원을 시작하시는 저자(author)가 되시고 또 구원을 완성하시는 선장(captain)이 되시는 것은 그리스도께 합당했다. 저자와 선장의 차이점은 모세와 여호수아의 차이점과 같다. 모세는 애굽에서 포로상태에 있는 가련한 백성들을 이끌고 나오는 일에 있어서 구원의 저자였다. 여호수아는 그들을 이끌고 홍해를 건너 약속의 땅으로 들어가게 하는 일에 있어서 구원의 선장이었다. 그리스도는 우리를 홍해와 요단강을 모두 건너게 해주시는 분이시다. 그래서 한편으론 모세의 시작하는 일을 감당하시고, 다른 한편으론 여호수아의 완성하는 일을 감당하시는 분이시다.

이제 히브리서 5장에서 우리는 그리스도께서 "온전하게 되었은즉 … 영원한 구원의 근원"이 되신 것을 본다. 도덕적으로 온전하게 되었다는 의미가 아니다. 우리는 그리스도께서 도덕적으로 흠이 없는 분이신 것을 잘 알고 있다. 사실 그리스도는 "구원의 저자(근원)"로서 온전하게 되셨다. 만일 그리스도께서 죽음을 겪지 않으셨다면, 온전하게 되실 수 없었을 것이다. 하나님께서 우리에게 온전한 구주를 주신 것은 옳은 일이었듯이, 그리스도께서 자신을 온전한 구주로 드리신 것도 옳은 일이었다. 이제 히브리서 6장을 보자. 사도는 "완전한 데 나아갈지니라."(2절)고 말한다. 이 말은 "완전이란 주제를 다루고 있는 히브리서에서 강조하고 있는 교훈을 읽고 배우라."는 뜻이다. 어떤 사람들은 이 구절을 더 이상 죄를 짓지 않는 수준까지 나아가라는 뜻으로 읽는다. 이 구절은 전혀 그런 뜻이 아니다. 오히려 사도는 이렇게 말하고 있다. 즉 "나는 여러분에게 완전에 대한 글을 쓰고 있습니다. 여러분은 히브리서를 통해서 반드시 이 주제를 배워야 합니다."

그리고 나서 사도는 히브리서 7장에서 완전(完全)이란 주제를 이어간다. 그는 "여러분은 율법을 통해선 이러한 완전을 결코 얻을 수 없습니다."라고 말한다. 우리는 다른 곳을 바라보아야 한다. 여기서 말하는 율법은 십계명이 아니라 레위기에 기록되어 있는 율례를 의미한다. 이처럼 천한 초등학문에 둘러싸여있을지라도 당신은 다른 곳에서 완전을 구해야 한다. 따라서 히브리서 9장은 당신에게 완전이 그리스도 안에 있음을 말해준다. 그리고 피에 대한 믿음이 임하는 순간, 양심은 온전히 정결함을 받게 되는 것을 말해준다. 이제 히브리서 10장은 그리스도께서 당신을 붙드시는 순간, 당신은 영원히 온전케 됨을 말해준다. 육체 가운데서 도덕적으로 아무 흠이 없는 상태, 또는 더 이상 죄를 짓지 않을 수 있는 영적 수준(완전성화)에 이르는 것이 아니다. 그러한 사상은 히브리서엔 없다.

그리스도께서 사도권을 취하시는 순간 그것은 온전케 된다. 그리스도께서 대제사장직을 취하시는 순간, 그것은 온전케 된다. 그리스도께서 제단에 오르는 순간, 그것은 온전케 된다. 그리스도께서 보좌에 앉으시는 순간, 그것은 온전케 된다. 만일 그리스도께서 이러한 것들을 온전케 하신다면, 당신이 아무리 죄

많고 가련한 죄인일지라도, 당신의 양심은 온전케 되고, 당신 또한 영원히 온전케 된다. 따라서 히브리서는 이처럼 중요한 주제, 즉 완전이란 주제를 다루고 있는 거룩한 논문이다. 하나님은 당신에게 완전한 구주를 주셨다. 그리스도는 자신을 온전케 하심으로써 완전한 구주가 되셨다. 그러므로 완전을 향해 나아가라. 만일 내가 율법을 통해서 완전을 이루고자 한다면, 나는 어둠의 세계에 갇히게 될 것이다. 하지만 내가 그리스도에게로 가면, 나는 완전함 가운데 있게 될 것이다. 갬볼드란 사람은 이렇게 표현했다. "벌레만도 못한 내가 그리스도 안에 있는 완전함 가운데 서있도다."

그러므로 우리가 이 세대의 영광을 입고 하늘에 입성할 때까지, 구약성도들은 기업을 얻을 수가 없다. 그들은 때가 차고 난 후, 우리와 함께 할 때에만 기업에 참여할 수 있다.

히브리서에서 빛을 발하고 있는 영광을 보라! 그리고 하늘을 채우고 있는 영광을 보라. 바로 그리스도께서 거기에 계시기 때문이다. 우리에게 속한 영광을 보라. 왜냐하면 그리스도께서 우리를 붙들고 계시기 때문이다! 우리는 이제 정결하게 된 양심을 가지고, 담대함으로 지성소에 들어갈 수 있는 영광을 가지고 있을 뿐만 아니라, 사탄을 향해 "하나님의 보배를 건들고자 하는 너는 누구냐?"라고 말할 수 있게 되었다. 게다가 장차 나타날 이러한 영광 속으로 들어가게 될 때 우리는 기쁨의 환호성을 지르게 될 것이다.

히브리서 12장

히브리서 12장을 읽어보라. 우리는 히브리서의 핵심 교리를 살펴보았다. 이제 우리는 그에 대한 실제적인 적용을 보게 될 것이다. 그럼에도 그 핵심 교리의 복됨이 여전히 빛나고 있다. 우리는 지금까지 주님이 하늘에 승천하심으로써 입고 있는 다양한 영광과 그 특징들에 대해서 살펴보았다. 이제 1절에서 우리는 하늘에 계신 그리스도께서 입고 계신 또 다른 특징을 볼 수 있다. 그리스도는 이미 많은 면류관을 쓰고 있지 않는가? 그럼에도 당신은 그리스도의 머리에 또 다른 왕의 면류관을 드리고 싶은가? 당신은 얼마나 많은 면류관을 그리스도께 드릴 수 있는가? 이처럼 영광으로 가득한 서신의 빛을 통해서 하늘에 계신 그리스도를 바라볼 때, 우리 눈 앞에는 얼마나 오색찬란한 영광이 펼쳐지고 있는지 모른다!

이처럼 다양한 특징들 가운데 계신 그리스도를 볼 때, 우리는 이 땅에서 믿음의 삶을 통해서 온전케 되신 분으로서 또 다른 그리스도의 모습을 볼 수 있다. 그래서 그리스도는 "믿음의 주요 또 온전케 하시는 이"이시다. 하나님의 계획은 그리스도에게 영광을 더하는 것이었다. 하나님은 그리스도에게 영광의 면류관을 씌어 주시는 기쁨으로 기뻐하신다. 성령님은 영광의 면류관을 쓰신 그리스도를 나타내시는 기쁨으로 기뻐하신다. 그렇다면 우리의 기쁨은 영광의 면류관을 쓰신 그리스도를 믿음으로 바라볼 때, 극한의 기쁨에 이르게 된다. 하나님, 성령님, 그리고 가난한 자의 믿음이 그리스도를 둘러싸고서, 그리스도께 면류관을 드리면서, 아니면 영광의 면류관을 쓰신 그리스도를 보면서 모두가 극도의 기쁨에 빠져든다. 이것이야말로 우리가 부르심을 받은 천상 세계의 모습이다.

이제 우리는 믿음의 삶을 완성시키신 분으로써 하늘에 계신 그리스도를 본다. 그리스도는 말구유에서 십자가에 이르는 믿음의 삶을 통과하심으로써 온전케 되셨고, 하늘들 가운데 가장 높은 하늘에 들어가셨다. 이러한 행보는 주님과 사람을 충돌시켰다. "죄인들의 이같이 자기에게 거역한 일을 참으신 자를 생각하라."(3절) 이 구절은 "죄인에게서 떠나 계셨던"(히 7:26) 주님의 모습을 아름답게 그려내고 있다. 당신은 자신에게 감히 그런 말을 쓸 수 없을 것이다. 이것은 너무도 고귀한 삶의 스타일을 표현하는 말로서, 오직 하나님의 아들에게만 쓸 수 있는 말이다. 과연 그러한 표현을 아브라함 또는 모세에게 쓸 수 있겠는가? 그럴 수 없다. 성령님은 결코 그들 가운데 어느 누구에게도 사용하지 않으실 것이다. 따라서 당신이 주 예수님을 헐벗고 눈물겨운 삶을 살았던 순교자의 무리들 가운데 포함시킨다 해도, 당신은 그리스도께서 어느 누구 보다 더욱 탁월한 자리에 계신 것을 볼 수 있을 것이다.

성령님이 그리스도를 영광스럽게 하시는 것은 너무도 자연스러운 일이다. 만일 성령님께서 그리스도를, 히브리서의 초반부에서 살펴본 것처럼, 직분적으로만 소개하신다 해도, 그리스도는 너무도 많은 면류관을 받으실 자격이 있으시다. 아니면 여기서처럼 믿음의 주요 온전케 하신 분으로서 그리스도를 바라본다 해도, 성령님은 그리스도의 머리에 독특한 아름다움의 면류관을 씌어 주고자 하실 것이다. 그리스도는 "죄인들의 이같이 자기에게 거역한 일을 참으신" 분이시다. 이 구절은 당신 자신을 성찰해보도록 함으로써, 다소 정죄감을 일으키기에 충분한 힘을 가지고 있다. 당신은 이 정도까지 자신을 돌아보도록 부르심을 받았다.

또 다른 측면에서 보면, 십자가는 순교로의 부르심이었다. 예수님은 하나님의 손에 의한 희생양이었던 것과 같이 사람의 손에 의한 순교자이셨다. 우리는 여기서 주님을 순교자로 볼 수 있다. 우리는 그리스도와 함께 하는 무리 속에 있다. "너희가 죄와 싸우되 아직 피 흘리기까지는 대항치 아니하고"(4절) 당신이 피 흘리기까지 대항해야 하는 대적 가운데 당신 자신의 마음 보다 더 큰 대적은 없다. 주님이 피 흘리기까지 대항해야 했던 죄는 바리새인 속에 있는 죄였고, 무리들 속에 있는 죄였고, 대제사장들 속에 있는 죄였다. 그 모든 죄들이 주 예수님을 십자가로 내쳤다. 하지만 주님 자신 속에는 대항해야할 죄가 조금도 없었다. 주님이 대항했던 죄는 다른 사람들 속에 있는 죄였다.

사도는 이제 당신을 "그 사랑하시는 자를 징계하시고 그의 받으시는 아들마다 채찍질" 하시는 아버지의 징계하심에 연결시킨다. 그렇다면 우리는 그리스도와 함께 하는 자리에서 벗어나게 된다. 그리스도는 아버지의 징계 아래 있었던 적이 한 번도 없었다. 내가 아버지의 징계와 훈육을 받는 순간, 나는 그리스도와 함께 하는 자리에서 벗어나게 된다. 반면 순교자의 길을 가는 동안 나는 그리스도와 깊은 사귐 속에 있게 된다. 아버지의 징계 아래 있다면, 나는 그리스도와의 사귐 속에 있지 않은 것이다.

여기 5절부터 당신은 하늘 아버지와 함께 하는 가운데 있다. 아! 그리스도께서 임재하실 때, 그리고 그리스도께서 사라지셨을 때에만 감지할 수 있는 성스럽고 거룩한 오감이여! 그리스도께서 나타나실 때에는 무언가 탁월한 형태가 있고, 그리스도의 임재를 느끼게 해주는 영적 시각이 있는 법이다. 그와 같이 매우 특별한 방식으로 성령님의 일은 집행되기에, 거기엔 영광이, 그리고 완전함이 따라 나타난다. 그리스도는 죄인들의 거역을 참고 인내하는 삶을 사셨다. 나는 죄와 싸우는 삶을 산다. 따라서 나는 아버지의 징계하는 손길이 필요하다. 결과적으로 징계는 하나님의 거룩하심에 참여시키기 위한 것이다. 하지만 징계를 받는다면, 그 순간 나는 그리스도와 함께 있을 수 없다. 당신이 온갖 지성을 다 동원한다 할지라도, 이처럼 하나님의 책에서 빛나는 거룩한 영적 감각을 만들어낼 수 없다.

12절에서 우리는 "우리 손을 늘어뜨리지 말라"는 권면을 받는다. 그렇게 할 이유가 없다. 비록 채찍질 아래 있을지라도, 손을 늘어뜨리거나 계속해서 무릎을 꿇고 있을 이유가 없다. 왜냐하면 성령님은 우선적으로 당신이 그리스도와 함께 하는 사람인 것을 보여주시고, 그 다음으로 당신을 사랑하시는 아버지께서 함께 하시는 사람으로 보여주시기 때문이다. 당신은 과연 마치 길을 전혀 모르는 사람처럼 여행할 이유가 있는가? 이 말은 그 자체로 아름다운 결론이다. 우리 모두는 손을 늘어뜨리는 것이 무엇인지 안다. 나는 이 모든 말에 "사실입니다. 주님."이라고 확언하고 싶다. 우리는 낙심할 이유가 없다. 이제 사도는 주변을 둘러본다. 당신의 손을 늘어뜨리지 말라. 그리고 다른 사람들과의 관계에서 "화평함"을 좇고, 하나님과의 관계에서 "거룩함을 좇으라."(14절) "의와 불법이 어찌 함께 하며…그리스도와 벨리알이 어찌 조화되겠는가?"(고후 6:14)

"너희는 돌아보아 하나님 은혜에 이르지 못하는 자가 있는가 두려워하고 또 쓴 뿌리가 나서 괴롭게" 하지 않도록 하라 (히 12:15). 만일 우리가 신명기 29장을 보게 되면, 여기서 말하는 쓴 뿌리가 무엇인지 알 수 있을 것이다. 그럼에도 다소 차이점은 있다. 신명기에 보면 거짓 신을 쫓는 사람들이 일어났다. 여기 히브리서에는 하나님의 은혜에 이르지 못하는 사람들이 있다. 히브리서는 전체에 걸쳐서 이에 대한 경고와 교훈으로 가득하다. 그래서 성경의 용어를 빌려 말하자면, 은혜를 말씀하시는 주님의 음성을 듣고자 하면, 당신의 귀를 문설주에 못 박아야 한다 (잠 8:34 참조). 우리가 귀를 기울여 들어야 할 주님의 음성은 율법 수여자이신 주님이 아니라, 지극히 높은 하늘로서 구원을 선포하시는 주님이시다. 천사들과 정사들과 권세들은 우리의 모든 죄들을 정결케 하는 일을 하신 주님께 복종한다. 우리가 지은 모든 죄들을 영원히 속죄해주신 주님은 우리 양심을 지극히 높은 하늘에 닿게 해주셨으며, 우리가 로마서 8장 33-34절에서 보듯이, 우리를 송사하는 모든 입술을 잠잠케 했다. (베드로전서 3장 21,22절을 보라.)

당신도 혹 은혜에 이르지 못할까 조심하라. 에서의 망령된 행실처럼 끝날 수 있다. 어떤 사람은 에서에 대한 이러한 언급이 유대인의 마음에 엄청난 충격을 주었을 것이라고 말했다. "만일 그대가 하나님의 은혜에 이르지 못하고 있다면, 당신은 거부당한 당신 민족과 공동 운명의 자리에 있는 것이다." 나는 당신이 그리스도 안에서 무슨 지위에 있게 될 것인지 신경 쓰지 않는다. 다만 당신이 오늘 그리스도에게서 떠나간다면, 당신은 내일 망령된 에서의 자리에 있게 될 것이다. 에서는 당신 앞에 무슨 의미가 있는가? 에서는 주님을 거절한 그 세대의 사람들이 장차 "주여, 주여, 우리에게 열어주소서."(마 25:11)라고 말하게 될 사람들의 모형인 것이다. 그들의 눈물은 죽어가는 아버지의 침상에서 눈물을 흘렸던 에서의 눈물처럼 아무 효력이 없을 것이다. 에서는 너무 늦었다. 일단 하나님이 일어나 문을 닫으면, 다시 회개할 기회는 없는 것이다. "너희의 아는 바와 같이 저가 그 후에 축복을 기업으로 받으려고 눈물을 흘리며 구하되 버린 바가 되어 회개할 기회를 얻지 못하였느니라."(17절) 이 구절은 너무도 엄중한 말씀이다. 이 구절은 나에게 에서의 행동은 그 시대에 이스라엘 사람들 가운데서 에서와 같은 사람들이 있다면, 그들에게도 여전히 일어날 수 있는 일이라는 것을 말해준다. "보라 멸시하는 사람들아 너희는 놀라고 망하라."(행 13:41) 에서는 자신의 장자권을 멸시했고, 그 세대의 이스라엘 사람들은 하나님의 은혜를 거절했으며, 세상을 통과하시고 죄인들을 위해 죽으신 그리스도를 멸시했다.

이제 18절부터는 두 세대의 장엄한 광경을 보여준다. 이것은 마치 사도가 "나는 지금까지 여러분에게서 순교자의 길을 보여주었습니다. 하지만 이제 여러분에게 말하고자 하는 것은, 여러분이 하나님을 바라보는 순간, 모든 것이 여러분을 위하고 있다는 것입니다."라고 말하는듯하다. 순교자의 길과 아버지의 징계는 다만 사랑의 증거일 뿐이다.

이제 그리스도와 아버지를 떠나 우리는 하나님에게로 나아오게 되었다. 당신은 하나님의 영원한 모든 계획이 그리스도를 영광스러운 분으로 삼은 것처럼, 그 모든 계획은 또한 당신을 복 받은 사람으로 삼으시는 것임을 알게 되었다. 두려워하지 말라. 당신이 이른 곳은 "만질 만한 불붙는 산"(18절)이 아니다. 거기서 돌아서라. 거기서 분명히 돌아설수록, 우리는 더욱 하나님의 은혜와 지혜로 응답받게 될 것이고, 더욱 믿음의 순종에 이르게 될 것이다. 그렇다면 머리만 돌리면 되는 것인가? 몸은 여전히 다른 방향을 향하고 있으면서, 다만 무언가를 보고자 고개만 돌리고 있지는 않은가? 과연 그러한 것이 믿음의 순종일까? 진정 나의 얼굴은 어떤가? 과연 어디를 바라보고 있는가? 과연 하늘에 속한 신령한 복들을 바라보고 있는가? 만일 내가 여전히 율법을 추종하면서 또 얼굴은 율법을 바라보고 있다면, 나는 조금도 신령한 복을 얻지 못한다. 이제 나의 얼굴이 바른 방향으로 향하고 있다면, 나는 모든 것이 나를 위하고 있음을 보게 될 것이다. "너희가 이른 곳은 시온 산과 살아 계신 하나님의 도성인 하늘의 예루살렘과 천만 천사와 총회와 하늘에 기록한 장자들의 교회와 만민의 심판자이신 하나님"(히 12:22,23)에게 나아온 것이다. 심지어 심판을 행하시는 주님조차도 우리를 위하신다. 왜냐하면 심판은 압제받는 자를 변호하기 위한 것이며, 그것이 심판장의 임무이기 때문이다. 게다가 "온전케 된 의인의 영들과 새 언약의 중보이신 예수와 및 아벨의 피보다 더 낫게 말하는 뿌린 피"(히 12:23,24)가 있다. 이 모든 것이 당신을 위하고 있다. 그러한 것이 당신의 얼굴이 바라보아야 하는 제대로 된 방향이다. 당신의 얼굴이 한쪽 산(시온 산)을 바라보고 있다면, 당신의 등은 다른 쪽 산(불붙는 산)을 향하게 될 것이다.

히브리서 12장의 이 부분에 오면, 우리는 히브리서의 시작 부분에 다시 서게 된다. 히브리서 2장에서 우리는 "우리가 이같이 큰 구원을 등한히 여기면 어찌 피하리요 이 구원은 처음에 주님이 말씀하신 것이요."(3절)라는 구절을 볼 수 있다. 이제 히브리서 12장에서 우리는 "너희는 삼가 말하신 자를 거역하지 말라"(25절)는 구절을 볼 수 있다. 처음부터 끝까지 성령님은 은혜를 말씀하시는 주님의 음성을 듣고자 하는 사람의 귀를 문설주에 못 박고 계신다.

그리고 나서 매우 엄숙한 말씀으로 끝을 맺으신다. "우리 하나님은 소멸하는 불이심이니라."(29절) 즉 이 세대의 하나님은 소멸하는 불이시다. 시내 산의 불에서 돌아설 때 구원이 있다.

그리고 그리스도 안을 피난처로 삼으라. 만일 당신이 이 세대를 위한 구원의 길에서 돌아선다면, 더 이상 구원은 없다. "우리 하나님은 소멸하는 불이시다."

이제 독자에게 묻고자 한다. 당신은 진정 믿음의 단순함을 통해서 하나님과 함께 하는 자리에 들어왔는가? 우리가 이미 살펴보았듯이, 하나님의 영원한 경륜의 목적과 성령의 기쁨은 그리스도의 머리에 면류관을 씌어 드리는 것이다. 내가 믿음 안에서 단순해질 때, 나는 이러한 영광들로 충만한 미래를 내다보면서 기쁨에 겨워하게 된다. 그렇다면 나는 하나님과 성령님이 함께 하시는 가장 존엄한 무리 가운데 있게 될 것이다. 주님께서 당신과 나를 그 자리에 있게 해주시길 바란다! 만일 우리가 이러한 것들을 제대로 알게 된다면, 우리 영혼은 그 가운데 안식을 누리면서, 행복하고, 행복하고, 또 행복하게 될 것이다.

히브리서 13장

이제 히브리서의 마지막 장에 이르렀다. 여기서 우리는 모든 서신서들에서 공통적으로 볼 수 있는 내용을 보게 될 것이다. 내용들을 조금은 자세히 살펴볼 것이다. 바울 서신의 특징적인 구조를 보면, 대개 교리로 시작해서 권면으로 마치는 것이다. 히브리서도 마찬가지 구조로 되어 있다.

"형제 사랑하기를 계속하라."(1절) 여기서 형제란 이 세상에서 외국인과 나그네를 가리킨다. 그래서 "손님 대접하기를 잊지 말라."(2절)고 말하고 있다. 손님을 대접하는 거룩한 의무를 행할 것을 그들에게 독려하면서, 그들의 역사 속에서 "부지중에 천사들을 대접" 했던 일을 상기시키고 있다(2절). 그리고 또 다른 의무를 소개한다. "갇힌 자를 생각하고…학대받는 자를 생각하라."(3절) 그리고 "자기도 함께 갇힌 것같이 갇힌 자를 생각하라"고 격려한다. 당신도 그리스도의 몸 안에서, 그리스도를 위하여 갇힌 자로서 당신의 자리를 차지하라. 육체적으로 갇힌 자가 아니라 신비적으로 갇힌 자로 여기라. 사도가 그리스도를 위하여 고난 받는 것을 말할 때, 그는 신비적으로 당신이 차지하고 있는 자리에 호소하고 있다. 하지만 그가 그리스도 때문에 학대 받는 것을 말할 때에는, 일반적인 방식, 즉 "자기도 몸을 가졌은즉"이라는 인지상정에 호소하고 있다.

이제 사도는 순결하고 세속에 물들지 않도록 자신을 지켜야 하는 거룩한 의무에 대해서 교훈한다. 세속에 물들지 않을 수 있는 비세속성의 비결은 오늘보다 내일 더 부해지려고 애쓰는 것이 아니라, "있는 바를 족한 줄로 아는데"(5절) 있다. 주님이 5절에서 말씀하셨다면, 이제 6절에서 우리가 대답할 차례이다. "우리가 담대히 가로되 주는 나를 돕는 자시니 내가 무서워 아니하겠노라 사람이 내게 어찌하리요 하노라." 이것은 은혜에 대한 믿음의 응답이다. 주 하나님의 마음에 대한 신자의 마음의 화답인 것이다. 이어서 복종의 의무를 소개한다. "하나님의 말씀을 너희에게 이르고 너희를 인도하던 자들을 생각하며 저희 행실의 종말을 주의하여 보고 저희 믿음을 본받으라."(7절) 옛날 이방인으로 있을 때 말 못하는 우상을 좇았던 것처럼 맹목적으로 그들을 따르는 것이 아니다(고전 12:2 참조). 당신은 소경처럼 따르고자 하는가? 그럴 수 없다. 당신은 당신의 이성과 지성을 사용해서 따라야 한다. "성령으로 아니하고는 누구든지 예수를 주시라 할 수 없느니라."(고전 12:3) 우리는 성령을 마음에 모신 살아있는 성전이며 살아있는 백성이다. 따라서 우리는 "저희 행실의 종말을 주의하여 보아야" 한다(7절). 우리가 따라야 할 지도자는 자신들이 전파한 믿음을 따라 살고 또 죽는 사람이다[3].

이제 사도는 모든 것을 뒤로 한 채, 8절에서 새로운 주제를 시작한다. "예수 그리스도는 어제나 오늘이나 영원토록 동일하시니라"(8절). 이 구절은 히브리서의 모토라고 불릴만하다. 여기선 한 가지 핵심 요소가 있다. 이 히브리서에서 하나님의 영께서는 하나씩 주제를 다루어 나가면서, 천사를, 모세를, 여호수아를, 아론을, 옛 언약을, 제단에서 드리던 동물 희생 제사를, 그리고 그 모든 것을 그리스도로 대치시켜 버리신다. 이 모든 것을

---

[3] 누군가 죽음 직전에 이런 말을 남겼다. "나는 예수를 전파했고, 나는 예수로 살았고, 이제 예수와 함께 있기를 바라노라."

버리지 않는다면, 당신은 그리스도를 얻을 수 없다. 당신의 마음을 다하고, 당신의 영혼을 다해, 당신은 그리스도에게 올인 해야 한다. 모든 것을 버리고 그리스도만을 바라보라. 그리스도를 소유했다면, 그리스도가 전부가 되게 하라. 이것이 바로 8절에서 보아야 하는 교훈이다. 사도는 잠시 히브리서의 목적을 응시하고 있다. "나는 모든 것을 그리스도로 대치시켰고, 당신 앞에 그리스도만을 두고자 한다." 이것이야말로 히브리서의 전체 가르침 가운데 정수(精髓)인 것이다.

그리고 그에 대한 필연적인 결과, 즉 결론이 제시된다. "여러 가지 이상하고 다른 교리들에 끌리지 말라."(9절) 여기서 여러 가지 이상하고 다른 교리(교훈)들이란 그리스도와 상관없는 교리를 가리킨다. 당신은 그리스도 안에서 모든 것을 소유하고 있다. 오직 그리스도를 붙드는 것 외엔 달리 할 것이 없다. 만일 그리스도를 나의 참 종교로 소유할 때, 나는 은혜를 얻게 된다. "마음은 은혜로써 굳게 함이 아름답다."(9절) 주 예수 그리스도께서 당신과 나의 앞에 우리가 붙잡아야 할 참 종교의 총체로서 제시되었고, 그러한 종교야말로 가련한 죄인들에게 은혜를 불어넣어주는 참 종교인 것이다.

우리는 9절을 마치 음식(meats)으로 어느 정도는 우리 마음을 굳게 할 수 있는 것처럼 읽어서는 안된다. 구두점에 주목하라.

"여러 가지 이상하고 다른 교리들에 끌리지 말라 마음은 은혜로써 굳게 함이 아름답고 식물로써 할 것이 아니니 식물로 말미암아 행한 자는 유익을 얻지 못하였느니라.(For [it is] a good thing that the heart be established with grace; not with meats, which have not profited them that have been occupied therein.)" 은혜(grace)라는 단어 다음에 온 세미콜론(;)은 이 구절의 마지막 부분을 절취해내는 역할을 한다. 음식이 우리에게 할 수 있는 일은 아무 것도 없다. 사도는 다른 곳에서 이렇게 말했다. "붙잡지도 말고 맛보지도 말고 만지지도 말라."(골 2:21) 음식에 대한 규례는 당신에게 아무 유익을 주지 못하고, 무슨 존경을 더해 주지도 못한다. 당신은 육신적이고 종교적인 예식 준수자인가? 골로새서 2장이 나에게 음식 규례는 아무 존경을 주지 못하고 있다고 말한다면, 히브리서 13장은 아무 유익을 주지 못하고 있다고 말한다. 자세히 들여다보고 또 살펴보면, 이러한 음식 규례들은 결국 육신에 만족을 주는 것이고, 육신을 만족시키는 것에 불과하다. 오히려 주님으로 만족하는 순간, 나는 은혜로써 마음을 굳게 하게 된다. 당신은 성경에서 말하는 기독교 외에 지상에 있는 그 어떠한 종교도 은혜를 그 핵심적인 비밀로 삼고 있지 않다는 것을 아는가? 모든 종교는 하나님으로 침묵하게 만들고, 가능한 당신이 모든 일을 하도록 만든다. 성경에서 말하는 하나님의 종교는 은혜를 그 기초와 토대로 삼는 유일한 종교이다. 이것이 바로 여기 히브리서 13장에서 말하고자 하는 핵심 메시지이다. 그리스도에 대한 이상하고 다른 교훈에 끌리지 말라.

"우리에게 제단이 있다."(10절) 이 세대의 제단은 무엇일까? 순전히 번제를 위한 제단으로서, 성만찬 예배이다. 유대인들은 속죄 제사를 위한 제단을 가지고 있었다. 우리에겐 속죄 제사를 위한 제단은 없다. 그리스도께서 이미 속죄 제단에 드려졌기 때문에, 우리는 제사장으로서 성만찬 예배의 제단에서 섬긴다. 우리는 성만찬 예배에서 하나님의 아들께서 피를 흘리신 것을 기억하며, 우리는 죄가 해결되었고, 도말되었고, 등 뒤에 던져버린 것에 감사를 드린다. 그곳을 당신의 제단으로 삼을 때, 당신은 끊임없는 감사의 예배를 드릴 수 있다. 하지만 성막 제사로 돌아간 사람들은 이 세대의 제단에서 제사장으로 서서 섬길 권리가 없다. 사랑했고 또 사랑하는 많은 영혼들이 율법적인 마음 때문에 갈등하고 있다. 하지만 그건 갈라디아 사람들이 하고 있었던, 그리스도를 율법으로 대치하는 것과는 완전히 다른 문제이다. 그 결과 갈라디아 사람들은 그리스도 아래서 목발을 짚고 다녀야 했다. 히브리서에서 성령님은 율법적인 마음 때문에 갈등하는 영혼들과 다투고 있는 것이 아니라, 자신의 제단을 성만찬 예배로 삼기 보다는, 다시 유대교의 제단으로 돌아가 거기서 자신의 죄들을 속하기 위하여 속죄 제사를 드리고자 애쓰는 영혼들과 다투고 있는 것이다. 당신도 그렇다면 당신은 하나님의 아들의 희생을 욕보이고 있는 것이다.

이제 당신을 새로운 제단으로 이끌고, 물론 지성소 안으로 인도한 후, 사도는 당신에게 당신의 자리가 영문 밖에 있음을 보여준다. 예수님은 하나님에 의해서 지성소로 영접되었지만, 사람에 의해서 영문 밖으로 추방되셨다. 당신은 이 두 자리 모두에서 정확하게 그리스도와 함께 하고 있다. 이 두 자리는 이 세대에서 당신이 들어간 자리이다. 만일 하나님의 피조물에게 도덕적 영광이 부여되었다고 할 것 같으면, 바로 이 순간 당신에게도 도덕적 영광이 부여되었다. 그렇다면 그리스도께서 당하신 것과 동일한 능욕을 지고 영문 밖으로 그리스도에게로 나아가자! 천사들이 과연 그럴 수 있을까? 그리스도께서 과연 천사들에게 "너희는 나의 모든 시험 중에 항상 나와 함께한 자들인즉"(눅 22:28)이라고 말씀하셨는가? 천사들은 그리스도의 슬픔에 동참하도록 초대받은 적이 없다. 그리스도는 당신에게 주신 것처럼 천사들에게 그처럼 높은 영예를 주신 적이 없다. 머지않아 교회는 천사들보다 더욱 보좌 가까이 나아가게 될 것이다. "여기 땅에서는 우리가 영구히 살아갈 도성이 없다."(14절) 그리스도에겐 머리 둘 곳조차 없으셨다.

이제 16절을 보자. "오직 선을 행함과 서로 나눠 주기를 잊지 말라 이같은 제사는 하나님이 기뻐하시느니라." 여기서 우리는 이 세대의 제단에서 섬기는 봉사 속에 나타난 또 다른 아름다운 모습을 볼 수 있다. "오직 선을 행함과 서로 나눠 주기를 잊지 말라." 여러 성경을 보면, 우리가 하나님 안에서 더욱 기뻐할수록, 우리는 서로를 배려하는 더욱 넓은 마음을 가지게 되는 것을 볼 수 있다. 우리 마음을 넓히는 것은 기쁨이 가지고 있는 특징인 것이다. 느헤미야 8장에 보면, 느헤미야는 백성들에게 "너희는 가서 살진 것을 먹고 단 것을 마시되 예비치 못한 자에게는 너희가 나누어 주라 이 날은 우리 주의 성일이니 근심하지 말라 여호와를 기뻐하는 것이 너희의 힘이니라."(10절)고 말했다. 그러자 "모든 백성이 곧 가서 먹고 마시며 나누어 주고 크게 즐거워하였다."(12절) 행복을 만끽하고 있는 사람은 다른 사람을 돌아볼 수 있고, 또한 자신과 더불어 다른 사람을 행복하게 할 수 있다.

이어서 사도는 다스리는 자들에 대한 교훈을 시작한다. 7절에서 언급했던 인도하는 사람들은 이미 죽은 사람들이었다. 다시 한 번 말하지만, 성경은 맹목적인 복종을 가르치는가? 그렇지 않다. 우리는 지도자들이 말씀대로 사는지 살펴야 한다. "**저희는 너희 영혼을 위하여 경성하기를 자기가 회계할 자인 것같이 하느니라.**"(17절) 권능도 없고, 성령의 기름부음도 없는 리더십은 신약성경이 말하는 직임이 아니다. 만일 우리가 신약성경이 말하지도 않는 리더십에 매달리고 있다면, 우리는 하나님의 능력에서 벗어나 부패하고 무기력한 리더십으로 고통 받게 될 것이다. 성경에서 말하는 리더십을 붙잡는 것은 당신이 하나님께 충성해야 하는 일의 일부이며, 이 세대에서 영적 순결을 지키는 길이다. 단순히 권세만을 행세하는 리더십은 우상일 뿐이다.

하나님의 이름으로 섬겼던 가장 위대한 종, 성령의 그릇이었던 사도 바울은 이제 가장 연약한 성도의 자리에 앉는다. 그리곤 "우리를 위하여 기도하라."며 선한 양심에 호소하고 있다. 당신의 사욕을 채우고자 하는 마음에서 다른 사람에게 기도를 부탁할 수 있을까? 그럴 수 없다. 사도가 기도를 부탁하는 것은 선한 양심의 기반에서 하는 것이다. 그리고 나서 그는 그들에게 기도를 독려한다. 아! 이러한 것이 성경을 읽는 묘미(妙味)인 것이다! 당신은 결코 자신의 취향에 따라서 성경을 읽어선 안된다. 그리고 나서 사도는 자신만의 송가(頌歌)를 부른다.

만일 우리가 지금까지 하나씩 살펴본 내용들을 기억한다면, 우리는 여기서 새롭고 색다른 것을 발견하게 될 것이다. 우리는 20절 "양의 큰 목자이신 우리 주 예수를 영원한 언약의 피로 죽은 자 가운데서 이끌어 내신 평강의 하나님이"란 구절을 통해서, 승천하신 주님이 아니라 부활하신 주님을 본다. 히브리서의 큰 주제는, 우리가 처음부터 지금까지 살펴본 바에 따르면, 하늘에 계신 그리스도이다. 따라서 사도는 여기서 부활을 넘어 가지 않는다. 어째서 사도는 마지막 부분에서 하늘에 계신 그리스도를 내려오게 하는 것인가? 그는 지금까지 우리의 눈을 들어 하늘에 들어가신 그리스도를 바라보도록 해주었는데, 히브리서의 마지막 부분에서는 그리스도를 땅으로 내려오시도록 했다. 그렇게 한 것은 다 이유가 있다. 평강의 하나님을 만나는데 우리는 죽음을 거쳐 장차 올 부활의 때까지 기다릴 필요가 없기 때문이다. 우리가 부활의 하나님을 만나게 되면, 우리는 평강의 하나님을 만나게 된다. 부활은 죽음이 폐지되었음을 보여준다. 죽음은 죄의 삯이다. 만일 죽음이 폐지되었다면, 죄도 폐지된 것이다. 왜냐하면 죽음과 죄의 관계는 그림자와 본체의 관계와 같기 때문이다.

언약은 영원한 언약으로 불린다. 왜냐하면 새 언약은 결코 대치되지 않을 것이기 때문이다. 옛 언약은 (새 언약으로) 대치되었다. 새 언약은 항상 새롭고, 폐지되는 일이 없다. 휘장이 찢어졌기 때문에, 피는 우리 양심에 항상 평강을 말해준다. 우리가 일상생활에 들어갈 때, 큰 목자이신 우리 주 예수를 죽은 자 가운데서 이끌어 내신 평강의 하나님이 그 피로 영원한 죄 사함을 보증해주시기 때문에, 우리는 하나님과 함께 하는 삶을 즐길 수 있다. 그렇다면 우리는 죄 문제를 잊을 수 있다. 이 사실을 생각해 볼 때, 우리는 죄 사함을 보증해주는 언약은 영원한 언약인 것과 혹 그 사실을 잊을지라도, 우리는 여전히 하나님 앞에서 정결한 양심으로 서 있을 수 있다는 것을 기억할 필요가 있다.

이제 사도는 하나님께서 우리를 온전케 해주시고 또 하나님의 뜻을 행하는 사람이 되도록 양육시켜 주시길 기도한다. "모든 선한 일에 너희를 온전케 하사 자기 뜻을 행하게 하시고 그 앞에 즐거운 것을 예수 그리스도로 말미암아 우리 속에 이루시기를 원하노라 영광이 그에게 세세 무궁토록 있을지어다 아멘."(21절) 이 구절과 우리 자신을 비교해 볼 때, 우리 삶엔 얼마나 많은 변화가 있어야 할 것인가를 절감하게 된다. 우리는 아직 하늘 본향에 이르지 아니했기에 지상에서 우리의 사명을 이루는 일에 충실해야 한다. 그리고 마지막으로 사도는 형제들에게 익숙한 말로 마무리 인사를 한다. "은혜가 너희 모든 사람에게 있을지어다. 아멘."(25절)

결론

우리는 지금까지 히브리서를 관통하고 있는 몇 가지 사상의 흐름을 살펴보았다. 하나 하나 살펴볼 수도 있지만, 그럼에도 이처럼 다양한 흐름이 완전한 조화를 이루고 있으며, 한 가지 명백한 결론을 도출하고 있음을 볼 필요가 있다. 이러한 사상의 흐름은 다음과 같다.

(1) 성령님은 하나씩 그리스도로 대치하신다.
(2) 하늘로 승천하신 그리스도를 소개하신 후, 성령님은

그리스도께서 지금 하늘을 채우고 있는 다양한 영광의 중심이신 것을 계시하신다.

(3) 성령님은 그리스도를 하늘로 승천하신 분으로 소개하신 후, 모든 것을 온전케 하시는 분으로 계시하신다. 영광을 받으신 그리스도께서 만지는 것은 무엇이든지 온전하게 하신다. 무엇보다 그리스도는 우리 양심을 온전케 하신다.

(4) 하나님과 화목을 이룬 자로서 우리는 이제 찬미의 제사를 드리는 제사장이 되었다.

이 네 가지 사상은 별개의 것이지만, 서로 연결해서 볼 때 새로운 광채로 빛나는 것을 볼 수 있다. 이처럼 하나님의 책은 굳이 자랑할 필요가 없이, 그 자체로 밝게 빛나는 광채와 장엄함을 담고 있다. 따라서 나는 히브리서라고 하는 하나님의 책을 통해서 하나님이 친히 나에게 자신을 계시해주시는 가장 경이로운 발견과 함께 무한한 하나님의 마음을 담은 무언가와 접촉을 할 수 있었다.

지금까지 누려온 행복하고 달콤한 일을 마치기 전에, 우리는 잠시 이 네 가지 내용을 조금 더 살펴보자. 히브리서 1장과 2장에서 성령님은 천사들을 그리스도로 대치시켰다. 히브리서 3장과 4장에서 성령님은 모세와 여호수아를 대치시키셨고, 히브리서 5,6,7장에서는 아론을 그리스도로 대치시키셨다. 히브리서 8장에서 성령님은 옛 언약을 대치시키심으로써, 옛 언약은 더 이상 그리스도와 아무 관계가 없는 것이 되어 버렸다. 히브리서 9장에서 성령님은 옛 성소의 규례들을 예수님께서 하나님의 어린 양으로 바쳐진 제단과 신약의 봉사로 대치시키셨다. 이렇게 성령님은 하나씩 뽑아내어 버리심으로써 예수님을 위한 공간을 만드셨다. 이 일은 성령님을 기쁘시게 하는 일이었다. 이로써 하나님은 자신의 기쁨이 무엇인지 우리에게 알리셨다. 성령님이 근심하는 일이 있을진대, 성령님이 즐거워하는 일도 있는 법이다.

그리스도를 소개하신 후, 성령님은 이제 무슨 일을 하시는가? 성령님은 그리스도를 우리가 바라보아야 할 영원한 믿음의 대상 또는 목적으로 고정시키신다. 그리스도에겐 후계자가 없다. 성령님께서 그리스도를 신자가 바라보아야 할 대상으로 삼으셨을 때, 그리스도는 유일한 대상이시다. 신령한 사람이 되려면 어찌 해야 하는가? 성령님의 마음을 가지면 된다. 당신은 당신 영혼의 방을 청소하고 예수님을 위한 방을 만들어본 적이 있는가? 만일 우리가 "천한 초등학문"(갈 4:9)을 바라본다면, 성령님은 분개하실 것이다. 당신도 율법을 그렇게 대하고 있는가? 성령님은 그리스도를 대신할 후계자가 있다고 보시지 않는다. 하나님의 영원하신 경륜 속에서 그리스도를 대신할 만한 인물은 없다. 과연 이러한 내용들이 우리 영혼의 생각과 믿음에 일치하고 있는가?

따라서 그리스도를 우리 믿음의 대상과 목적으로 소개하신 후, 성령님은 우리의 눈을 그리스도에게로 고정시키신다. 성령님은 과연 그리스도에게서 무엇을 보시는가? 성령님은 영광 다음에 또 이어지는 영광을 보신다. 히브리서 1장에서 성령님은 그리스도를 우리의 죄들을 정결하게 하는 일을 완성하시고, 높은 곳에 계신 위엄의 우편에 앉으신 분으로 소개하시면서, "하나님이여 주의 보좌가 영영하며 주의 나라의 홀은 공평한 홀이니이다."(8절)라고 말하는 음성을 들으신다. 히브리서 2장에서 성령님은 그리스도를 지상에 계시는 동안 우리에게 구원을 말씀하셨던 사도로 보신다. 그리고 나서 성령님은 그리스도를 우리가 거할 영원한 집의 소유주로, 영원한 안식을 주시는 분으로, 그리고 하늘에 있는 성소에 계시고, 또한 맹세에 의해서 그곳에 앉아계신 분으로, 그리고 "네가 영원히 멜기세덱의 반차를 좇는 제사장이라"(히 5:6)는 환영의 인사를 받으시는 분으로 소개하신다. 이처럼 다양한 방식으로 성령님은 그리스도를 기뻐하신다. 그리고 나서 히브리서 9장에서 우리는 그리스도를 영원한 구속을 이루심으로써 하늘에서 영원한 기업을 주시는 분으로 본다.

히브리서 10장에서 우리는 그리스도를 "내가 네 원수로 네 발등상 되게 하기까지 너는 내 우편에 앉았으라"(히 1:13)는 경의를 표하는 음성과 더불어 또 다른 특징을 가진 채 하늘에 앉아 계신 분으로 본다. 당신은 과연 영 안에서 그리스도를 따라 승천해

본 일이 있는가, 게다가 이러한 음성들이 그리스도에게 경의를 표하는 음성을 성령의 감동으로 들어본 적이 있는가? 진리를 개인적으로 체험하는 일이 필요하다. 진리를 다만 교의적으로만 (as mere dogma) 대하는 것은 끔찍스러운 일이다. 나는 진리를 지성적으로만 깨우치는 것이 얼마나 무서운 일인지 경험한 적이 있다. 히브리서가 당신에게 제시하는 그리스도는 인격을 가진 분이시다. 당신이 대면해야만 하는 그리스도는 세세토록 살아계신 분이시다. 히브리서에서 다루는 모든 것들은 하늘에 속한 실체이다. 모세는 광야에서 성막을 지었다. 솔로몬은 약속의 땅에서 성전을 지었다. 하나님은 하늘에서 성전을 지으셨다. 아! 이는 하나님이 죄인에게서 기대하시는 관심이 무엇인지를 말해준다. 하나님께서 하늘에서 성소를 지으셨을 때, 그것은 우리의 대제사장을 위한 것이었을 뿐만 아니라 그리스도께서 우리의 대제사장이시기에 또한 우리의 관심을 하늘에 두도록 하기 위한 것이었다. 이제 히브리서 12장을 보면, 그리스도께서 승천하셨을 때 그리스도는 믿음의 저자이시면서 또한 믿음의 완성자로서 하늘에 들어가셨고 또 앉으신 것임을 볼 수 있다.

이러한 것이 모형과 실체의 관계이다. 그리스도를 우리가 바라보아야 할 대상으로 정하신 성령님은, 이런 식으로 그리스도를 우리에게 나타내 보여주신다.

우리가 히브리서에서 얻을 수 있는 또 다른 교훈은 완전(完全)에 대한 것이다. 만일 내가 그리스도를 완전한 구주로 소유하고 있다면, 나는 완전한 구원을 받은 것이다. 만일 내가 구원받은 것을 확신하지 못한다면, 그것은 그리스도께서 나의 완전한 구주이심을 부인하는 것이다. 우리의 연약한 양심은 율법을 온전히 지키지 못하고 있는 자신을 보면서, 구원을 확신하지 못하는 경향이 있다. 이것은 우리를 율법주의의 종으로 만든다. 율법에서 눈을 돌이켜 그리스도를 바라보라. 그리고 죄인을 위해서 완전한 구원을 완성하신 그리스도를 붙잡으라. 그리하면 당신이 완전한 죄인인 것을 확신하는 만큼, 완전한 구원을 받을 자격이 있음을 확신하게 될 것이다. 완전한 구원을 받을 자격이 있음을 확인했다면, 완전한 구원을 이루신 그리스도를 완전한 구주로 영접하라. 당신의 구원을 붙잡아주고 또 보장하는 것은 율법이 아니라 그리스도이시다. 완전한 구주이신 그리스도를 찬양하라. 이제 나는 그리스도께서 자신을 완전한 구주로 보시는 것과 마찬가지로 나 자신을 완전한 구원을 받은 사람으로 볼 수 있는 완전한 권리를 가지고 있다.

구원은 상대적인 측면이 있다. 만일 나 자신을 항상 죄인으로만 여기면서 그리스도에게로 나아간다면, 나 자신을 구원받은 사람으로 생각하기 어렵고 또한 그리스도께서 완전한 구주되심에 대한 의심도 일어날 수 밖에 없다. 하지만 우리는 이미 히브리서를 완전에 대한 논문으로 살펴보았다. 이제 하나님은 나에게 완전한 구주로 다가오게 되며, 나는 완전한 구원을 받은 사람이라는 믿음 위에 굳게 서게 된다. 이 얼마나 놀라운 일인가! 하나님은 이제 완전한 구원을 이루신 자신의 영광과 하나님 앞에 있는 나의 온전한 양심을 서로 연결시키셨다. 하나님은 자신을 낮추셨고, 그렇게 하는 것이 합당하다는 것을 나로 알게 하신다. 무슨 엄청난 신분과 힘을 가진 당신이 나에게 와서 나를 섬긴다고 할 때, 과연 그것이 합당한 일일까? 물론 당신은 친절을 다하는 마음으로 그 일을 한다고 말할지 모르지만, 나는 그 말을 감당할 수 없을 것이다. 그럼에도 그러한 것이 하나님이 사용하시는 언어인 것이다.

우리는 히브리서가 완전에 대한 일종의 논문인 것을 볼 수 있었다. 하지만 천년왕국 시대의 완전에 대한 것은 아니다. 그리스도는 모든 파괴된 것을 회복시키는 분이 되실 것이다. 가장 심하게 파괴된 것은 죄인의 양심이다. 창조세계에는 여전히 만연되어 있는 죄악과 혼돈이 있다. 이스라엘 집에도 죄악이 있다. 하지만 그리스도는 아직 자기 손으로 회복시키지 않고 계신다. 다윗의 보좌도 파괴되어 있다. 그리스도는 아직 그 모든 것을 회복시키고자 일어서지 않고 계신다. 이 모든 것에도 가장 파괴된 것이 있다면, 당신과 하나님 사이의 관계이다. 머지않아 그리스도께서는 피조물의 탄식을 피조물의 찬송으로 바꾸실 것이다. 그럼에도 그리스도는 이미 당신과 하나님 사이에 파괴된 모든 것을 회복시키시는 분으로 자신의 사역을 시작하셨다. 따라서 우리는 담대함을 가지고 지성소로 들어갈 수 있다.

우리는 히브리서에서 성령님이 하시는 사역을 볼 수 있는데, 그것은 바로 우리 자신을 찬송의 성전으로 삼으시는 것이다. 성령님은, 하나님의 어린양의 피로써 둘로 찢어버리신 휘장을 다시 수선하는 일을 하실 것 같은가? 성령님께서 분연히 "천한 초등학문"으로 선언하신 것들을 다시 회복시키실 것 같은가? 성령님이 하시는 이 모든 것들은 말할 수 없이 영광스러운 것이다. 하나님의 영께선 당신이 하나님을 찬송하도록 새로운 성전을 지으셨다. 거기서 우리는 입술의 열매를 통해서 그 이름에 감사하는 찬미의 제사를 드리고 있다. "이러므로 우리가 예수로 말미암아 항상 찬미의 제사를 하나님께 드리자 이는 그 이름을 증거하는 입술의 열매니라."(히 13:15)

우리가 히브리서에서 다루지 않은 것이 있는가? 우리는 이상의 특징들을 독립적으로 생각할 수도 있지만, 그럼에도 이 모든 것들은 매우 수려하고 점중하는 영광에 자리를 내준다. 성령님은, 이를 테면, 이상의 특징들을 하나의 아름다운 줄로 엮으서서, 예수님에게 자리를 내어드리고, 그 자리를 장식시키신다. 물론 그 모든 것들은 기꺼이 그리할 것이다. 세례 요한은 그들을 대표해서 다음과 같이 말했다. "신부를 취하는 자는 신랑이나 서서 신랑의 음성을 듣는 친구가 크게 기뻐하나니 나는 이러한 기쁨이 충만하였노라."(요 3:29) 모세, 아론, 천사들 등등. 이 모두는 그리스도께서 집에 들어오시도록, 자신들은 기꺼이 집 밖으로 나가는 기쁨을 누렸다.

이러한 것들이 합력하여 당신의 영혼을 위하여 역사함으로써, 당신으로 하여금 하나님의 그리스도를 더 깊이 이해하도록 돕고 있다. 이 세대의 성령님은 이러한 거룩한 역사를 위하여 기꺼이 우리 영혼의 종이 되셨다. 이는 주 예수님께서 종으로서 말구유에서 갈보리까지 섬기셨던 것과 같다.

우리는 개인적으로 진리로 강화될 필요가 있다. 오늘날 기독교계에는 얼마나 많은 오류가 판치고 있는지 모른다. 만일 우리가 오늘 진리를 붙들지 않는다면, 우리는 내일 사탄의 놀잇감이 되고 말 것이다. 그에 대한 사례를 제시해보겠다. 갈라디아 사람들은 진지했고, 마음이 흥분된 상태에 있었다. 그래서 그들은 사도 바울을 위해서 눈이라도 빼어주고 싶어 했다. 하지만 그들에겐 처음부터 다시 시작해야 하는 날이 오고야 말았다. "나의 자녀들아 너희 속에 그리스도의 형상이 이루기까지 다시 너희를 위하여 해산하는 수고를 하노니"(갈 4:19) 진리의 기초가 놓이지 않았음에도 마치 자신이 진리 위에 서있는 양 기뻐하고 흥분하는 일이 얼마든지 있다. 사탄의 공격이 이 가련한 사람들에게 임했을 때, 갈라디아 사람들은 파산 일보 직전까지 가고야 말았다. 마찬가지로 히브리서도 동일한 내용을 증거하고 있다. 히브리 성도들은 (믿은 지 오래되었음에도) 말씀을 잘 몰랐다. 우리는 진리의 말씀을 통해서 강해져야 한다. 영혼의 살리심을 받은 사람, 또는 거듭난 사람은 하나님의 진리로 강하게 될 필요가 있다.

이제 무슨 말을 해야 하는가? 오 깊도다 하나님의 지혜와 지식의 부요함이여! 오 영광의 지고함이여! 은혜의 넓고 깊음이여! 기적 중의 기적이여! 하나님이 그와 같은 방식으로 자신을 계시하실 때, 우리는 우리 얼굴을 가릴 수 밖에 없다. 그럼에도 우리는 고요히 주님을 신뢰하는 가운데, 우리 영혼의 깊은 애정을 다해 주님을 사랑해야 할 것이다.

제 4장 교회의 부르심 - 에베소서
Brief Notes on the Epistle to the Ephesians

에베소서 1장

세상 창조로부터 지금까지 온 세상을 섭리하시는 하나님의 경륜(the ways of God)에 대해서 잠시 생각해봄으로써 에베소서 묵상을 시작하고자 한다. 왜냐하면 하나님의 계획 속에는 놀라운 일치성이 있을 뿐만 아니라, 성경 전체는 "세상의 시작부터 그의 모든 역사를 아시는 하나님"(행 15:18, KJV)의 생각, 곧 그 신성한 뜻을 담고 있기 때문이다. 그러므로 우리가 에베소서와 같은 성경을 읽을 때, 잠시 멈추고 이전 성경과의 관계를 생각해보는 것이 필요하다. 만일 내가 "도적질하는 자는 다시 도적질하지 말고"(엡 4:28)와 같이, 성경을 도덕적인 교훈을 얻으려는 목적으로만 읽을 뿐이라면, 나는 그 구절을 문맥과는 상관없이, 그저 따로 떨어진 구절로서 내 삶에 적용할 수 있을 것이다. 하지만 에베소서를 교리적이거나 아니면 예언적인 책으로 여긴다면, 에베소서는 하나님의 마음을 우리에게 계시해주는 책이 될 것이며, 그렇다면 나는 에베소서가 어떻게 시작되고 있으며, 이후에 진행될 장래 일에 대해서 무엇을 말하고 있는지를 기도하는 마음으로 접근해야 한다. 왜냐하면 우리는 신성한 지식과 신령한 지성으로 충만해질 필요가 있기 때문이다. 우리는 "그리스도의 마음"(고전 2:16)을 가질 필요가 있다.

히브리서는 하늘을 열어주고, 하늘의 부르심(heavenly calling)을 알게 하며, 당신을 아브라함, 이삭, 그리고 야곱과 함께 하는 동반자로 넣어준다. 하지만 히브리서는 교회의 비밀을 계시하고 있지 않다. 에베소서는 교회의 비밀을 계시해주지만, 당신을 아브라함, 이삭, 그리고 야곱과 함께 하는 동반자의 반열에 넣어주지 않는다. 우리는 그보다 더 높은 부르심으로 부름을 받았으며, 하늘의 부르심(the heavenly calling)과 교회의 부르심(the calling of the church)의 차이점을 분별하도록 요청을 받고 있다. 따라서 에베소서를 제대로 이해하려면, 이전에 히브리서를 충분히 공부할 필요가 있다.

그렇다면 히브리서가 하늘의 부르심을 소개하고 있다는 것은 무슨 의미일까? 사실 히브리서는 당신을 노아, 아브라함, 그리고 모세와 연합시켜준다. 세상의 시작과 함께 땅은 인생(사람의 자녀들)에게 주어졌다. 그들은 무엇을 했는가? 그들은 땅을 잃어버렸다. 그 후에 하나님은 사람에게 무엇을 하셨는가? 하나님은 하늘을 열어주셨다! 하나님은 땅이 주는 풍성함을 누리도록 땅을 주셨다. 그들은 타락했고, 죄로 인해서 땅을 상실했다. 그러자 하나님은 "내가 너희에게 하늘을 열어주리라."고 말씀하셨다. 이것이 바로 은혜가 풍성하신 하나님이 하신 일이었다.

예를 들어보자. 누군가 나의 손에 선물을 주었는데, 나는 그것을 남용했다. 그러자 다른 손에 더 나은 선물을 주셨다. 이러한 분이 바로 하나님이시다!

아담은 하나님께로 돌아가고, 또 에녹은 하늘로 옮겨지는 은혜를 입지 않았던가? 뿐만 아니라 아브라함도 분명 하늘의 부르심을 받았다. 그들은 모두 하늘에 있는 더 나은 본향을 바라보며 사모했다(히 11:16). 모세는 비스가 산 꼭대기에 올라가서 그것을 멀리서 바라보았다. 에녹은 자기 시대에 하늘의 부르심을 증거했으며, 엘리야는 이후 세대에서 하늘의 부르심을 증거했다. 이렇듯 창세로부터 하늘의 부르심은 늘 있었지만, 교회의 부르심은 그렇지 않았다. 따라서 사도 바울이 히브리인들에게 히브리서를 쓸 때, 바울은 유대의 뿌리를 가지고 있는 사람들에게 하늘의 부르심을 이야기했지만, 그 이상 나아가지 않았다. 하지만 바울이 전에 이방인이요, 다이아나 여신을 숭배하는 사람들에게 (유대적인 연결의 끈이 없는 사람들에게) 에베소서를 쓸 때에는, 교회의 비밀을 펼쳐 보여 주었다. 이것은 하나님의 계획 가운데 가장 풍성한 은혜에 속한 것이었다. 좀 주제를 바꿔보자. 하나님은 땅에 대한 자신의 목적을 어떻게 말씀하고 계시는가? 하나님은 아브라함의 허리에 있는 하나의 가족을 알고 계셨다. 그들은 출애굽기에 보면, 하나의 국가로 성장했다. 그 다음은 사사들과 선지자들 아래 있었다. 하지만 그들은 하나님이 왕을 주실 때까지 영광의 절정에 이르지는 못했다.

하나님은 선택받은 가족이 번성할 때까지 한 단계씩 나아가셨고, 솔로몬 아래서 하나의 왕국으로 발전할 수 있었다. 게다가 이 일은 하나님의 하늘에 속한 목적과 함께 진행되었다. 하늘에 속한 목적들이 교회를 통해서 성취되는 최고 절정의 순간을 계시하는 일은 바울의 사도권이 세워지기 전에는 있을 수 없었다. 하나님은 항상 자신의 경륜에 일치하게 일하신다. 땅이 하나님의 활동의 중심이라면, 우리는 솔로몬의 전성기에 최고의 영광이 나타난 것을 볼 수 있다. 반면 하나님의 하늘에 속한 목적을 염두에 둔다면, 우리는 하나님 창조의 최고의 절정은 "만물 안에서 만물을 충만케 하시는 자의 충만"(엡 1:23)인 교회가 서는 것임을 볼 수 있다. 따라서 우리는 "깊도다 하나님의 지혜와 지식의 부요함이여!"라고 말하지 않을 수 없다.

지금까지의 내용이 에베소서를 살펴보기 이전에 서문에 해당된다. 이 글을 읽을 때, 신령한 지성이 필요하다는 것은 두말할 필요도 없다. 우리가 땅에 속한 일들을 본 것처럼, 이제 우리는 하늘에 속한 것들을 보고자 모든 준비가 되었다.

골로새서의 한 구절을 우선적으로 소개하고자 한다. "내가 교회 일꾼 된 것은 하나님이 너희를 위하여 내게 주신 경륜을 따라 하나님의 말씀을 이루려 함이니라."(골 1:25) 하나님의 계시를 이룬다는 것이야말로 자신의 사역에 대한 바울 자신의 장엄한 소개인 것이다. 왕국의 보좌를 향해 진행되던 땅에 속한 하나님의 목적이 마감되었음을 알리도록 솔로몬에게 그 지상적인 경륜이 맡겨진 것이 아닌가? 마찬가지로 하늘에 속한 비밀의 가장 장엄한 요소는 바울의 사역을 통해서 계시되도록 그에게 맡겨졌다. 우리는 바울을 통해서 그리스도의 머리되심에 이르게 되었다.

사도 바울은 그리스도 예수 안에서 신실한 모든 자들에게 에베소서를 시작한다. 바울은 에베소 사람들을 넘어 더 많은 사람들을 염두에 두고 있었다. 따라서 우리 또한 에베소서를 배우도록 부르심을 받은 것이다. "하나님 곧 우리 주 예수 그리스도의 아버지께서 그리스도 안에서 하늘에 속한 모든 신령한 복으로 우리에게 복을 주셨다"(엡 1:3). 이 복은 구약시대 족장들에게 해당되지 않는다. 이 모든 복은 "하늘 처소에(in heavenly places)" 간직되어 있다. 이 모든 신령한 복은 그리스도와 연합을 이룬 사람들에게 주어진 복이다.

따라서 당신을 이처럼 특별한 자리에 들어가게 해준 것으로 시작해서, 바울은 당신에게 허락된 복들을 담고 있는 거룩한 책을 열어주고 있다. 첫 번째 복은, 당신이 창세 전에 그리스도 안에서 택함을 받았다는 것이다. 이처럼 높은 특권들은 세상의 기초를 놓기 전에 시작되었다. 그렇다면 아브라함도 이러한 복을 받았다고 말할 수 있을까? 물론 아브라함은 창세 전에 택함을 받았다. 하지만 차이점이 있다면 당신은 "그리스도 안에서" 택함을 받았다는 것이다. 이러한 거룩한 목적들은 하나의 특별한 백성을 향해 특별한 방식으로 설정되었다.

예정은 항상 선택을 따라 나온다. 선택이 사람에 대한 것이라면, 예정은 장소 혹은 상태에 대한 것이다. "그 기쁘신 뜻대로 우리를 예정하사 예수 그리스도로 말미암아 자녀의 양자됨에 이르게 하셨으니 이는 그의 사랑하시는 자 안에서 우리를 열납해주셨음이라."(엡 1:5,6, KJV) 이는 양자됨을 독특하게 표현해주고 있다. 우리는 과연 아담이 하나님의 아들이었다고 말할 수 있을까? 물론 그렇게 말할 수 있다. 그렇다면 과연 아담이 "그 사랑하는 자 안에서 열납되었다"고 말할 수 있을까? 그럴 순

없다. 천사들이 하나님의 아들이라고 말할 수 있는가? 물론 그렇게 말할 수 있다. 그렇다면 천사들이 "그 사랑하는 자 안에서 열납되었다"고 말할 수 있는가? 결코 그럴 수 없다. 바로 여기에 양자됨의 독특성이 있다. 즉 양자됨이란 하나님의 나라에서 가장 높은 서열로의 상승을 의미한다. 우리는 그 사랑하시는 자의 아들되심의 기쁨과 자유를 소유하고 있다. 사도 바울은 계속해서 "우리가 그리스도 안에서 그의 은혜의 풍성함을 따라 그의 피로 말미암아 구속 곧 죄 사함을 받았으니"(엡 1:7)라고 말한다. 어째서 그런가? 분명히 하자면, 이것이 바로 진행되는 순서이기 때문이다. 한 사람을 하늘 처소로 상승시키는 일에서, "당신은 죄 사함을 받았는가?"라고 누가 물어볼 생각을 할 수 있을까? 당신은 탕자의 비유를 읽으면서, 아버지가 탕자를 용서해주었다는 내용을 본 적이 있는가? 어떻게 그럴 수 있단 말인가? 아버지는 결코 그 입술로 "내가 너를 용서하노라"고 말한 적이 없다. 당신과 나는 우리를 부르신 높은 부르심의 햇살 아래 걷게 될 것이다. 따라서 하나님의 높은 산에 오르려면 산 입구 평지에서 죄 사함의 진리로 무장할 때만이 높은 산에 오를 준비를 마친 것이 된다. "제일 좋은 옷을 내어다가 입히고 손에 가락지를 끼우고 발에 신을 신기라…풍류와 춤추는 소리"(눅 15:22-25)로 마음을 즐겁게 하라. 나는 죄 사함 받은 자라고 노래하라. 아버지는 그처럼 탕자를 대우해주셨다. 마찬가지로 성령님은 우리를 에베소서 1장으로 대우해주신다. 그럼에도 우리 영혼이 그리스도 안에서 우리를 부르신 부르심의 장엄함을 보려면, 죄 사함의 진리를 분명히 해야 한다. 사랑도 어찌할 수 없는 사랑의 스타일이 있다. 아버지는 울면서 "내가 너를 용서하노라"고 말했을 것이다. 자신의 잘못을 고백하면서 근심 가운데 돌아오는 사람에게 "내가 너를 용서하노라."고 말하는 것은 부끄러운 일이 아닐까? 그렇지 않다. 오히려 아버지는 회개하고 돌아오는 자녀에게 달려가 목을 안고 입을 맞추며 마음 속으로, 무수히 "내가 너를 용서하노라!"고 말했던 것이다. 과연 우리는 이러한 사랑의 방정식을 알고 있는가!

계속해서 살펴보자. 하나님은 우리에게 모든 지혜와 지식을 넘치게 하셨고, 품속에 있는 비밀을 알게 해주셨다. 모든 것이 그리스도 안에 다 있다. 이것은 이전에는 결코 알려진 적이 없는 비밀이다. 이사야 선지서를 보면, 우리는 지상에 세워지는 천년 왕국의 매우 아름다운 그림을 볼 수 있다. 하지만 과연 우리는 천년왕국 기간 동안 그들의 머리 위에서 그리스도와 함께 하늘에 거하는 그림을 볼 수 있는가? 과연 이사야 선지자는 영화롭게 된 사람이신 그리스도 안에서 하늘에 있는 것들과 땅에 있는 것들이 통일을 이루고 있는 것을 말했는가? "그리스도 안에서 우리가 또한 기업을 얻었으니"(엡 1:11) 우리는 그리스도와 함께 후사가 되었다. 과연 이전에 이러한 것을 말한 적이 있는가? 기업을 얻기 전에 우리는 성령을 받았다. 우리는 여기서 성령님의 두 가지 역할, 즉 인과 보증으로서의 역할을 볼 수 있다. 인은 현재적 구원과, 보증은 미래 기업과 연결되어 있다. 내가 구속의 비밀 안에서 성령의 자리를 바라볼 때, 여기 지상에서 성령님에게 부여된 공적인 영광을 볼 수 있다면 그것은 경이롭기 그지없는 일이다. 히브리서에서 우리는 그리스도의 공적인 영광을 볼 수 있다. 여기 에베소서에서 우리는 이 세대 동안 성령님의 공적인 영광을 증거하도록 부르심을 받은 것을 볼 수 있다. 하나님 가슴 속에 감춰진 비밀이 드러나고, 또 우리가 그것들을 알게 된 것은 얼마나 복되고도 영광스러운 일인가! 성령의 임재는 현재적 구원을 소유한 소유자로서 우리를 인칠 뿐만 아니라, 우리 기업의 보증이 된다! 아, 이 얼마나 놀라운 일인가. 그렇다면 아버지, 아들, 그리고 성령의 복을 받지 않은 영혼이 그저 앞으로 나아가는 일은 무의미한 일이 되고 말 것이다.

여기서 "그 얻으신 것을 구속하시고"(14절)라는 구절에 담긴, 그 구속의 범위는 전체 피조물을 아우르고 있다. 전체 피조세계를 값 주고 사셨지만(매입했지만), 아직 구속을 받은 것은 아니다. 그리스도의 피는 당신 뿐만 아니라 피조세계 전부를 매입할만한 가치가 있기에, 하나님은 그리스도의 피로서 값을 지불하고서 전체 피조세계를 얻으셨다. 하지만 아직 피조세계는 구속을 받지 못하고 있다. 다만 그 때까지 당신은 보증으로서 성령님을 받았다. 피조세계의 구속이 이루어질 때 당신은 만물의 후사가 될 것이다. 당신은 진정 구속을 받았는가? 그렇다면 당신은 매입되었고, 당신 몸의 구속을 기다리고 있다. 하나님이 피로써 뿐만 아니라 능력으로 역사하실 때까지 몸의 구속은 일어날 수 없다. 요한계시록은 구속의 실현을 계시하는 책이다. 복음은 매입이 이루어진 것을 선언하고 있다. 하지만 매입된 것은 하나님께서 능력의 팔을 펼치심으로써 멸망자의 손에서 건져내는 그 날까지[1] 완전한 구속, 즉 몸의 구속을 받은 것은 아니다.

15절에서 사도 바울은 성경교사가 아니라 중보기도자로 입장을 바꾼다. 이제 당신은 사도 바울이 교사로서 가르친 것을 자신의 기도를 통해서 끊임없이 중보했던 것을 볼 수 있을 것이다. 우리는 종종 사람들이 서로 사랑하게 해달라고 하나님께 기도하는 것을 보고 있다. 나는 그런 식으로 기도할 수는 없었다. 다만 하나님의 사랑을 더 깊이 인식하게 해달라는 기도는 한다. 바울은 하나님께 이것 저것을 그들에게 주시도록 기도하지 않았다. 하지만 그들이 지혜와 계시의 성령을 소유함으로써 하나님을 알게 해달라고 기도했다. 그 결과 그들의 이해의 눈이 밝아질 것이기 때문이었다. 아, 이러한 것들을 더 넓게, 더 깊게 알 수 있는 더 나은 영성을 가질 수 있다면 얼마나 좋을까! 이제 우리는 나를 사랑하시고, 나를 그리스도와 함께 하는 공동후사로 삼아주시

---

[1] 이 날, 나는 완전한 구속을 받게 될 것이다.

고, 또 그리스도 안에서 함께 하늘 처소에 앉도록 자리를 주신 하나님께 기도하고 있다! 이제 나는 내가 받은 부르심을 통해서 그처럼 복을 받았다는 사실을 충분히 인식하는 가운데 더욱 겸손하게 기도를 드릴 수 있게 되었다. 나는 그 사실을 너무도 빈약하게 누리고 있음을 탄식할 뿐이다! 만일 하나님께서 촛불을 밝히셨다면, 나는 하나님께 불을 밝혀달라고 기도할 필요가 없을 것이며, 다만 나의 눈에 비늘을 벗겨달라고 기도할 뿐이다. 그제서야 비로소 나는 하나님이 하신 일이 무엇인지, 이처럼 웅장한 목적이 무엇인지, 그리고 우리를 부르신 능력이 무엇인지를 보게 될 것이다. 따라서 바울은 당신이 하늘 영광의 광채를 볼 수 있는 눈을 가지도록, 그리고 당신을 그처럼 파멸상태에서 그처럼 놀라운 영광으로 이끌어내신 부활의 능력을 경험할 수 있게 해달라고 기도하고 있다.

에베소서 2장

이제 에베소서 2장에 이르렀지만, 우리 생각의 흐름을 이어가려면 다시 1장을 살펴볼 필요가 있다. 하늘의 부르심과 교회의 부르심의 차이점을 구분해야 한다는 점을 살펴보았다. 교회는 물론 하늘의 부르심을 받았다. 하지만 하늘의 부르심을 받은 모든 사람이 교회의 부르심을 받은 것은 아니다. 하늘의 부르심은 땅에서 통치하시는 하나님의 실망 때문에 생겼다. 땅은 아담에게 주어졌다. 하지만 아담은 땅을 잃어버렸고, 이제 주님은 택하신 사람들을 하늘로 데리고 가신다. 이 생각은 당신에게 안도의 마음을 줄 것이다.

주님은 자신의 택하신 사람들을 복 주실 새로운 방법을 찾으신 것이다. 만일 땅을 잃어버렸다면, 하나님은 자신의 성도들을 어디에 둘 것인가? 복되신 모든 은혜의 하나님은 이렇게 말씀하신다. 즉 "나는 그들을 어디에 배치해야 할지를 알고 있다. 나는 그들을 하늘에 둘 것이다." 주님은 한번 파괴된 것을 수리하지 않으신다. 파멸상태에서 더 좋은 것을 끌어내신다. 따라서 땅을 잃어버린 일이 하늘을 열었고, 사람이 이제 하늘에 속한 사람이 되어 자신이 잃어버린 땅 보다 더 좋은 처소를 얻게 되었다.

땅에 대한 하나님의 두 가지 섭리는 통치의 역사와 불러내는 역사가 있다. 그 결과 시민과 외국인(또는 순례자)의 개념이 등장했다. 하나님이 땅을 통치하시고 또 땅에서 번성하게 하실 때에는 시민의 개념이 들어온다. 하지만 하나님이 사람들을 거기서 불러내실 때에는 순례자의 개념이 들어온다. 하나님은 지금 교회를 순례자로 부르셨다. 이것은 우리 생각을 현 세대에 대한 하나님의 섭리로 이끌어주는 방식이다. 우리는 어떻게 하나님이 현재의 세대적인 방식으로 들어오셨는지를 볼 수 있다. 땅은 오염되었고, 하나님은 이 세대 가운데로 들어오심으로써 자기 백성을 하늘로 인도하신다. 이것은 순례자의 세대에 대한 강한 표현이다. 하지만 교회는 그 이상의 존재이다. 모세, 아브라함 등은 하늘의 부르심의 증인으로서 하늘로 옮겨졌다. 에베소서 1장은 새로운 생각을 소개하고 있다. 우리는 하늘에 있을 뿐만 아니라, 하늘에서 그리스도 안에 있다. 에베소서 1장에서 "안에"라는 단어가 얼마나 많이 나오는지 확인해보라. 우리는 그 사랑하는 자 안에서 열납됨으로써, 그리스도 안에서 하늘에서 복을 받았다. 하나님은 우리를 그리스도 안에서 선택하셨다. 그리스도 안에서 우리는 기업을 얻었다. 우리는 그리스도 안에서 일으킴을 받았다. 게다가 그리스도 안에서 하늘에 앉아 있다. 세상이 그리스도의 나라가 될 때, 당신은 그리스도 안에서 공동 후사로 나타날 것이다. 이것은 전혀 새로운 것이다. 이것은 그리스도의 몸에 대한 이야기이다. 이러한 것이 교회의 부르심이 가진 독특성이다.

이 점을 생각해보자. 갈라디아서에서는 아브라함을 우리와 같은 공동체에 속한 존재로 소개하고 있다. 히브리서에서도 마찬가지이다. 하지만 에베소서에서는 다르다. 여기서 우리는 성령의 영감이 가진 정확성에 주목해야 한다. 갈라디아서에서 우리는 교회를 볼 수 없다. 다만 아들됨(양자됨)과 상속권을 볼 수 있을 뿐이다. 나는 아브라함이 온전한 사람이었음을 부인하지 않는다. 하지만 성령님께서 그리스도의 몸을 계시하고 드러내시는 순간, 아브라함은 더 이상 자리가 없으며, 우리는 아브라함을 찾아볼 수 없다. 그리스도의 몸 안에 당신과 나는 있지만, 아브라함은 없다.

이러한 차이점이 아무 의미가 없는 것일까? 그리스도의 마음을 밝히 알려주는 그처럼 놀라운 세 가지 증거들을 앞에 두고, 어찌 이러한 것들을 보지 못할 수 있는가? 나는 아브라함이 교회에서 자신의 자리를 차지하고 있다고 말할 수 있는 근거가 전혀 없다고 본다. 이제 독자에게 물어보고 싶다. 당신은 이러한 사실을 대면할 준비가 되었는가? 하나님의 섭리 속에서 이에 대한 무슨 예표를 찾아볼 수 있을까? 물론 있다. 머지않아 주님은 땅의 온 지면을 가득 채우실 것이다. 모든 나라가 주님이 통치하시는 홀 아래 엎드릴 것이다. 땅은, 물이 바다를 덮음과 같이 주님을 아는 지식으로 가득해질 것이다. 그렇다면 이것은 내가 천년왕국 시대에 땅에 들어간다는 말일까? 그렇지 않다. 물론 나는 열두지파와 가까운 사이가 될 것이다. 나는 하나님과의 특별한 관계 속에서 이스라엘의 땅을 소유하게 될 것이다. 나는 거룩한 나라요 또한 제사장 나라가 된 열두지파 가운데 있게 될 것이다. 그럼에도 분리가 있다. 나는 새 예루살렘에 속해 있다. 예루살렘이 장차 자신만의 특별한 자리를 얻고 또 "여호와께서 야곱의 모든 거처보다 시온의 문들을 사랑"(시 87:2)하시게 될 그처럼 아름다운 자리에 앉게 될 것이란 사실을 보지 못하고 있다면, 어느 누구도 예언서를 제대로 읽어내고 있지 않은 것이다. 이처럼 신적인 유비(類比)를 통해서 볼 때, 나는 하늘로 옮겨지게 될 것이다. 하늘은 아름다운 다양성으로 가득할 것이다. 거룩한 순교자들의 무리, 지고한 선지자들의 교제가 있을 것이다. 어쨌든 예루살렘이 땅에서 주요 자리를 차지하는 것처럼, 교회는 하늘에서 주요 자리를 차지하게 될 것이다. 따라서 우리는 사도 바울이 "비밀"이라고 표현하고 있는 것의 실체가 무엇인지를 받아들일 준비를 해야 한다.

이스라엘 백성이 홍해와 애굽의 군대 사이에 있었을 때, 무슨 말을 들었는지 기억하는가? "가만히 서서 여호와께서 오늘날 너희를 위하여 행하시는 구원을 보라."(출 14:13) 그들은 멸망시키는 천사의 손에서 벗어났다. 그들은 하나님의 구원 안에 있었다. 하지만 하나님은 구름 속에서 비밀스럽게 계셨고, 아직 그들에게 자신을 나타내지 않으셨다. 홍해에서 애굽의 군대를 어지럽게 하는 영광이 나타났다. 그리고 방향을 돌려 애굽 병거들의 바퀴를 벗겨버렸다. 다른 방향으로 돌려, 이스라엘 쪽에는 수정 같은 벽으로 둘러쌌다. 마찬가지로 에베소서 앞에 있는 우리는 피를 통한 칭의가 아니라, 하나님의 풍성한 목적이 우리 앞에 펼쳐져 있는 것을 보고 있다. 이러한 하나님의 방식을 보는 것은 얼마나 복된 것인가! 문설주에 바른 어린양의 피가 우리를 심판에서 건진 것을 아는 것으로만 만족하고 있는가? 물론 모든 것이 피에 기초하고 있다. 하지만 그럼에도 나는 이렇게 말하고 싶다. "이제 가만히 서서, 당신 앞에서 영광의 구름이 인도하는대로 따라 가라. 그리하면 하나님의 더 깊은 비밀들이 풀리리라." 이것이 바로 에베소서를 대하는 바른 태도이다.

이제 이 사실을 주목하라. 이스라엘의 역사가 바벨론 포로 상태에 들어가는 순간, 영광이 떠나갔다. 그렇다고 해서 영광이 이방인들에게 돌아간 것은 아니었다. 대신 칼이 임했으며, 영광은 오지 않았다. 당신이 성경을 아는 대부분의 지식은 성경을 대하는 바른 태도에 달려 있다. 만일 당신이 성경을 바르게 분변하고 있다면, 성경은 당신에게 놀라운 유익을 줄 것이다. 이제 에스겔서를 보면, 우리는 영광이 하늘로 떠나가고, 칼이 이방인들에게 임하는 것을 볼 수 있다. 그 하나님의 영광이 다시 돌아왔는가? 물론이다. 로마 황제 가이사의 칼을 따라 온 것이 아니라, 나사렛 사람의 겸비 속에 감추진 채로 돌아왔다. 칼은 세상(땅의) 질서를 지키는 일에 실패했다. 우리는 영광이 거하는 곳을 알고 있다. 영광은 다윗과 솔로몬의 칼과 마찬가지로 가이사의 칼과 동행하지 않았다. 영광은, 에스겔 앞에서 떠나가고 칼이 이방인들에게 임했던 것처럼, 오늘날도 마찬가지로 칼과는 동떨어져있다. 세상 권력이 예수님을 세운 것이 아니다. 오히려 세상권력이 하나님에게서 세움을 받았다. 권세는 최고 높은 자리에 계신 하나님께 속해 있다. 예수님은 분명한 조건과 관계 속으로 들어오신 하나님을 나타내셨다. 모든 위엄이 예수님께 속해 있다. 하지만 우리는 예수님을 아직 만왕의 왕이요 만주의 주님으로 부르는 것을 볼 수 없다. 남은 자들의 신앙의 핵심은 "가이사의 것은 가이사에게, 하나님의 것은 하나님께" 바치는 것이다. 신정 체제에서 가이사와 하나님은 함께 간다. 이제 우리는 하나님의 영역과 가이사의 영역을 구분해야 한다. 혼돈스러운 지식을 버리고, 영광이 칼과 함께 돌아온 것처럼 말해서는 안된다. 오히려 "누가 나를 너희의 재판장 또는 통치자로 세웠느냐?"고 말씀하신 주님은 이 세상에서 전혀 다른 사람이 되셔야만 했다.

과연 우리는 성경의 통일성과 다양성을 알고 있는가? 성경은 전체적으로 통일성을 이루고 있지만, 그럼에도 그 다양성은 이루 다 말할 수 없을 정도이다.

우리의 태도를 바르게 했다면, 이제 에베소서 2장으로 들어가 보자. 여기서 우리는 한 가지 중요한 진리만을 살펴볼 것이다. 즉 우리가 어디서 부르심을 받아 나왔는가에 대한 것이다. 에베소서 2장은 세 부분으로 나누어진다. 1절부터 7절까지 죽음과 생명이란 주제를 볼 수 있다. 7절부터 10절까지 선한 행실이란 주제를 볼 수 있다. 그리고 10절부터 끝까지, 멀리 있음과 가까워졌음이란 주제를 볼 수 있다.

하나님은 우리를 그리스도의 몸 안으로 세례(침례)를 주었을 때, 우리는 과연 어떤 종류의 사람이었는가? 우리의 상태는 죽어 있었다. 즉 도덕적으로 파멸상태에 있었다. 우리에게 내려진 판결은 무엇이었을까? "허물과 죄로 죽었던 너희"였다. 이제 우리가 그리스도를 통해서 새롭게 들어온 상태는 무엇인가? 그 차이는 너무도 분명하다. 우리가 받은 것은 최고 수준의 생명이다. 우리는 그리스도와 직접적으로 연결되어 있다. 에베소서 1장에서는 우리가 부르심을 받은 우리의 높은 부르심을 보여주고 있고, 에베소서 2장에서는 우리가 부르심을 받아 나온 곳을 보여주고 있다. 이 얼마나 조화로운 구성인가! 본질상 우리의 죽음의 상태는 더 이상 낮아질 수 없을 정도로 낮은 상태라면, 그리스도 안에서 우리의 생명의 영역은 더 이상 높아질 수 없을 정도로 높은 영역이다.

또 다른 주제는 선한 행실이다. 선한 행실의 아름다움을 더한다면, 나는 너무도 매력적인 사람이 될 것이다. 그럼에도 구원은 "행위에서 난 것이 아니니 이는 누구든지 자랑치 못하게 함이니라."(엡 2:9)

선한 행실이 자랑의 근거가 될 수 있다면, 그것들은 하나님에 의해서 차단될 것이다. 하지만 당신은 선한 행실의 열매를 맺도록 하나님이 새로 만드신 존재이다. 요한서신은 우리에게 동일한 것을 말하고 있다. 새로운 피조물이 된 우리의 본성은 선한 행실을 보장한다.

에베소서 2장 끝까지, 우리는 멀리 떨어져있음과 가까워졌음이란 주제를 볼 수 있다. 이것은 죽음과 생명의 관계와 같다. 두 가지 모두 우리에게 속해 있다. 우리 자신과의 관계에서 보면 죽음 아니면 생명이다. 하나님과의 관계에서 보면 멀리 떨어져있음 아니면 가까워졌음이다. 나 자신을 보면, 내 속에서 죽음을 본다. 하지만 그리스도와 함께 살리심을 받음으로써 수여 받은 생명의 측면에서 보면, 나는 피조물이 누릴 수 있는 최고 수준의 생명으로 살리심을 받았다. 따라서 타고난 본성에 따르면 나는 더 이상 멀어질 수 없을 정도로 멀리 떨어져있었다. 그래서 "세상에서 소망이 없고 하나님도 없는 자"(엡 2:12)였다. 근본적으로 하나님에게서 끊어져있었지만, 이제는 그리스도 안에서 말할 수 없을 정도로 가까워졌다. 더 이상 완벽할 수 없을 정도이다. 우리 자신에 대해서는 적게 생각하는 것이 옳다. 이제 그리스도의 가치는 성전의 모든 돌에 크게 새겨져있다. 전체 성전이 주 안에서 지어져가고 있다. 성전이 지어져 가는데 무슨 다른 영광을 거기에 새길쏜가? 성령님이 그곳에 거하신다.

우리는 처음 두 개의 장을 살펴보았다. 에베소서 1장은 그리스도 안에 있는 우리의 지위(our position in Christ)를 소개하고 있다. 에베소서 2장은 우리 자신에게서 눈을 돌리도록 해준다. 성령님은 우선적으로 나라고 하는 존재를 죽은 자로 소개한다. 그 결과 하나님에게서 멀리 떠나 있었다. 이제 성령님은 그 순서를 바꾸어서, 내가 소유하게 된 생명이 무엇이며, 내가 가까워지게 된 가까움이 무엇인지를 보여주신다. 여기엔 연약한 생각이 조금도 없다. 당신은 연약한 생각을 하고 있는가? 약한 생각들은 본성에 속한 것이다. 그러한 것들은 성령님이 호흡해낸 것들이 아니다. 그것들은 당신을 향한 하나님의 계획이 아니다. 성령님께서 본성상 당신의 상태를 설명하실 때 성령님은 약하지 않다. 마찬가지로 성령님께서 그리스도 예수 안에 있는 당신의 상태를 설명하실 때에 동일하게 강하시다.

에베소서 3장

에베소서 3장부터 4장 16절까지 살펴볼 것이다. 에베소서와 같은 성경을 묵상할 때, 지식을 너무 과대평가하지 않는 것이 좋다. 게다가 당신의 지식을 맞지도 않는 자리에 꿰맞추려고도 하지 말아야 한다. 니고데모가 주님을 찾아와서 하늘에 속한 비밀에 대해서 물었을 때, 순수한 질문자의 자리를 벗어나 자신이 무슨 하늘에 속한 사람이 된 것과 같은 태도를 취했다. 마찬가지로 사도 바울은 고린도교회 사람들에게 "비밀"을 소개하는 일을 거절했다. 왜냐하면 그들의 낮은 도덕적 수준 때문이었다. 따라서 우리는 우리 자신의 도덕적 상태를 생각하면서, 호기심 보다는 진리를 추구하는 마음으로 에베소서를 대해야 한다. 주님이 니고데모를 다루신 일과 바울이 고린도교회 사람들을 다룬 일은 도덕성 측면(또는 영적인 측면)에서 일치하고 있다. 그렇다면 에베소서에 흐르는 신령한 공기를 들이마시려면 거기에 합당한 도덕성(또는 영성)을 갖추는 일이 요구된다. 그렇지 않으면 그처럼 높은 영적 고지 위에 올라가 숨도 제대로 쉬지 못하고 현기증만 느끼다 내려올 뿐일 것이다. 우리는 에베소서의 진리들을, 마치 우리 자신이 전혀 경험해보지 못한 신세계에 속한 것들처럼 겁을 낼 필요는 없지만, 아주 신중하게 접근해야 한다. 이처럼 하나님 가슴 깊숙한 곳에 감추신 비밀들이 우리에게 속해 있다. 그럼에도 우리 영혼이 그처럼 신성한 것들을 수용할 수 있도록 도덕적인 자격(또는 영성)을 갖출 필요가 있다.

우리는 에베소서 1장에서 하늘의 부르심과 교회의 부르심의 차이점을 구분했다. 에베소서 2장에서 우리는 죽음과 생명의 상태, 그리고 멀리 떨어져있는 것과 가까워진 것이 무엇인지를 살펴보았다. 이제 에베소서 3장에 들어가면서, 우리는 다시 비밀로 돌아오게 되었다. 당신은 과연 이 에베소서 3장에 나타나 있는 아름다움이 하나의 삽입구를 이루고 있는 것을 보았는가? 이 사실은 나에게 상당한 충격을 주었다. 하나의 삽입구로서 비밀이 삽입구와 같은 장에 펼쳐져 있는 것이다.

에베소서 3장은 주로 교회를 우리에게 소개하고 있다. 바울은 이 비밀을 맡은 사람이었으며, 그는 계시를 통해서 비밀을 받았다. 당신은 어쩌면 바울이 모든 것을 계시를 통해서 받았을 것이라고 말하고 싶을 것이다. 물론 바울이 갈라디아서에서 우리에게 말하고 있는 것처럼 그랬다. 그렇다면 바울은 언제 사도가 되었는가? 그리스도께서 육신에 계실 때? 그렇지 않다. 영광 중에 계신 그리스도에게서 사도권을 받았다. 다른 사도들은 어떤가? 그들은 그리스도께서 육신에 계실 때, 즉 주님의 공생애 기간 중에 받았다. 하지만 바울은 육체 상태에 계신 그리스도를 몰랐다. 그럼에도 바울의 부르심은 구체적이었고, 그에게 맡겨진 진리도 구체적이었다. 즉 비밀은 계시를 통해서 바울에게 알려졌다.

그렇다면 바울은 어째서 "곧 계시로 내게 비밀을 알게 하신 것은 내가 이미 대강 기록함과 같으니"(엡 3:3)라고 말한 것일까? 만일 우리가 에베소서 1,2장을 읽어보았다면, 결코 대강 기록한 것은 아님을 알 수 있다. 사도 요한은 우리에게 이런 말을 남겼다. "예수의 행하신 일이 이 외에도 많으니 만일 낱낱이 기록된다면 이 세상이라도 이 기록된 책을 두기에 부족할 줄 아노라."(요 21:25) 바울의 경우도 마찬가지이다. 그리스도께서 행하신 일과 사역은 너무도 장엄하기 때문에 에베소서 1,2장의 내용은 다만 대강 기록한 것에 불과한 것이 되고 만 것이다. 사도 요한의 말이 당신과 나에게도 해당되길 바란다. 그 내용들은 우리에게도 적합하다. "곧 계시로 내게 비밀을 알게 하신 것은 내가 이미 대강 기록함과 같으니 이것을 읽으면 그리스도의 비밀을 내가 깨달은 것을 너희가 알 수 있으리라 … 다른 세대에서는 사람의 아들들에게 알게 하지 아니하셨으니 이는 이방인들이 복음으로 말미암아 그리스도 예수 안에서 함께 후사가 되고 함께 지체가 되고 함께 약속에 참여하는 자가 됨이라."(엡 3:3-6) 이방인들이 함께 후사가 되는 일은 단지 유대인들과 함께 하는 것이 아니라 그리스도와 함께 하는 것이다. 그 몸 안에 유대인들도 있게 될 것이다. 하지만 그럼에도 이방인들이 주를 이루게 될 것이다. 따라서 바울은 유대인들 보다는 이방인들을 향해서, "여러분은 그리스도와 함께 후사가 되었습니다."라고 말하고 있다.

여기서 우리는 전혀 새로운 종류의 기업을 보게 된다. 즉 이 기업에 참여하는 길은 한 몸이 되는 것이며, 하나님의 사랑하는 아들과 함께 후사가 되는 것이다. 이것은 유대인 공동체에 이방인들이 접붙임을 받는 것이 아니다. "모든 성도 중에 지극히 작은 자보다 더 작은 나에게 이 은혜를 주신 것은"(엡 3:8) 바로 이 새로운 은혜의 경륜이 가진 중요한 특징이다. 구약시대 유대인들은 선택을 받았다. 왜냐하면 그들은 모든 열방 중에서 가장 작은 나라였기 때문이었다. 당신도 선택되었다. 왜냐하면 당신은 가련하고, 할례도 받지 못하고, 멀리 있었고, 이 세상에서 소망도 없고 하나님도 없는 이방인이었기 때문이다. 바울도 선택되었다. 왜냐하면 그는 모든 성도 중에 지극히 작은 자 보다 더 작은 자였기 때문이다. 하나님은 거름더미에서 뒹굴던 거지와 같은 우리를 택하셨다. 이러한 것이 하나님 은혜의 방식이다.

이 비밀이 역사하는 방식은 무엇일까? "이는 이제 교회로 말미암아 하늘에서 정사와 권세들에게 하나님의 각종 지혜를 알게 하려는" 것이다(엡 3:10). 이 구절은 우리에게 골로새서 1장 25절을 기억나게 해준다. 거기서 바울의 사역은 "하나님의 말씀을 이루는 것" 또는 완성하는 것으로 소개되어 있다. 독자는 이렇게 말하고 싶을지 모르겠다. "당신은 바울의 사역을 그리스도의 사역보다 위에 두고 싶은 것인가?" 사실 그렇다. 세대적인 섭리 차원에서 보면, 그것은 사실이다. 하나님의 세대적인 섭리는 점점 밝아지면서 원만한 광명에 이르도록 되어 있었다. 우리를 비추는 빛은 과연 얼마나 밝은 것인지 모른다! 하나님이 빛 가운데 계신 것같이 우리도 빛 가운데 있다. 하나님의 다양하고 다채로운 지혜가 이제 그 아름다운 모습을 통해서 선포되고 있다. 이제 나를 부르신 그 높은 부르심은 후사로의 부르심이다. 영광의 주님과 한 몸을 이루는 부르심인 것이다. 내가 머리와 연합을 이루게 되면, 그리스도의 몸으로서 함께 대관식에 참여하게 되고, 그리스도의 택함을 받은 자로서 함께 앉게 된다. 나는 그리스도와의 연합이 이루어졌으며, 나는 하나님의 각종 지혜를 알고 있다. 그리고 나서 바울은 "우리가 그 안에서 그를 믿음으로 말미암아 담대함과 하나님께 당당히 나아감을 얻느니라"(엡 3:12)고 선언한다. 사도 바울은 우리 발아래 이러한 기초석을 놓는 것을 얼마나 좋아 하는지 모른다! 만일 우리가 하나님이 거하시는 빛 안에 들어왔다면, 우리는 하나님이 세우신 힘의 요새 안에 거하고 있는 것이다. 우리가 만일 그러한 요새에 둘러싸여 있지 않다면, 빛 안에 있는 것이 아닐 것이다.

사도 바울은 이제, 앞서 에베소서 1장에서처럼 간구하는 자가 되었다. 그 비밀을 다시 언급하면서 바울은 14절에 보면 우리를 위한 기도의 사람이 된다. 에베소서 1장에서 그는 우리 주 예수의 하나님께 기도하면서, 우리 앞에 있는 영광이 무엇인지 알게 해주시고, 또 우리를 그 영광으로 이끌어 가는 능력을 알게 해달라고 기도하고 있다. 그리고 우리 주 예수의 아버지께 기도했다.

여기서 바울의 기도는 우리를 영광에 이르도록 정한 사랑이 무엇인지를 알게 해달라는 것이다. 바울은 우리 주 예수의 아버지께 기도하고 있다. 그의 마음은 본능적으로 아버지의 품속을 향하고 있었다. 아버지의 품속은 모든 영원한 복의 근원이다. 다윗은 "주께서는 그 마음의 원대로 행하시나이다." 라고 말했다. 당신의 마음이 본능적으로 이 차이점을 감지하고 있다면, 당신은 영광 가운데 계신 하나님과 함께 하고, 사랑 안에서 아버지와 함께 하고, 구원 안에서 그리스도와 함께 하는 기도 속으로 깊이 들어가게 될 것이다. 나의 경우에는 영광과 힘을 생각할 때마다, 나는 주 예수님의 하나님과 함께 하는 깊음 속으로 빠져든다. 그리고 사랑을 생각할 때마다, 나는 주 예수님의 아버지와 함께 하는 깊음 속으로 빠져든다. 이러한 것들이 바로 에베소서를 통해서 우리의 양심에 호소하는 거룩한 증거들이다. 성경은 스스로 자신을 증거하는 거룩한 빛의 집합체이다. 이제 바울은 기도하고 있다. "이러하므로 내가 하늘과 땅에 있는 각 족속에게 이름을 주신 아버지 앞에 무릎을 꿇고 비노니"(엡 3:14,15) 우리는 "각 족속에게"라는 작은 단어에 주목해야 한다. 비평가들은 "모든 가족에게"라고 해야 더 나은 번역이라고 주장하고 있다. 나는 전체 문맥을 통해서 그것을 수용한다.

내가 믿기론, 땅 위에 뿐만 아니라 하늘에서도 여러 족속들(households)이 있다. 다가오는 천년왕국의 하늘영역을 지성적으로 생각해볼 때, 다양한 족속들이 있다. 물론 땅의 영역도 마찬가지이다. 나는 하늘에서 (천사들의 계급을 지칭하는) 정사들과 보좌들과 통치들을 본다. 그리고 그리스도의 몸으로서 교회가 가장 높은 곳에 좌정하고 있는 것을 본다. 앞서 인용했지만, 하늘엔 "순교자들로 이루어진 고귀한 군대"와 "선한 선지자들의 그룹"이 있을 것이다. 게다가 장차 오는 세상에는 족장 족속(patriarchal household)과 선지자 족속(prophetic household)이 있을 것이지만, 살아계신 하나님의 교회는 머리되신 그리스도와 연합을 이룬 채 지극히 높은 곳에 있게 될 것이다. 이것을 천문학적이고 또 지리학적으로 이해할 필요가 있다.

머지않아 하늘은 하나님의 아들들로, 또한 새벽별들로(계 2:28) 가득해질 것이다! 그들 가운데 질투나 시샘은 있지 않을 것이다.

우리는 큰 생각을 원한다. 그렇다고 해서 생각의 거대함이 생각의 정확성을 벗어나도 된다는 말은 아니다.

이처럼 삽입구로서의 특징과 삽입구로서의 목적을 가진 에베소서 3장을 마감하면서, 이제 우리는 에베소서 4장을 살펴보고자 한다. 사도 바울은 에베소서 3장 1절에서 말한 것처럼 "**그러므로 주 안에서 갇힌 내가 너희를 권하노니**"라는 말로 새롭게 시작하고 있다. 이처럼 다시 시작하고 강조하는 것이 에베소서의 특징이다. 이를 통해서 교회가 자신이 받은 그처럼 높은 부르심 속으로 들어가는 것이 로마에 있는 감옥에서 울려 퍼지는 외침이었다. 만일 우리가 영광스러운 교회의 부르심에 따라 자연스러운 길을 걷고 자연스러운 죽음을 맞이한다면, 우리는 감옥을 벗어나 영광 중에 계신 그리스도에게로 갈 것이다. 이제 성도들은 세상을 향해 아무런 저항도 하지 않는 증인이 될 필요가 있다. 세상은 그렇게 저항하지 않고 다만 세상을 등지는 것을 일종의 모욕으로 생각한다. 그렇지 않다면 모욕이 되지 않을 것이다. 그래서 바울은 로마의 어둡고 더러운 감옥에서 교회의 비밀을 풀어내고 있다. 교회는 지상에서 순교의 결과물이다.

이제 바울은 평안의 매는 줄로 성령의 하나 되게 하신 것을 지키라고 말한다. 우리는 서로를 존중하는 영혼의 기질을 성숙시킬 필요가 있다. 그러한 보배를 간직하고 있는 영혼은 얼마나 아름다운 보석함인가! "모든 겸손과 온유로 하고 오래 참음으로 사랑 가운데서 서로 용납하고"(엡 4:2) 기독교계의 도덕적 역사를 보면, 교만이 그러한 보석함을 파괴시킨 것을 확인할 수 있다. 이제 바울은 우리가 결코 파괴할 수 없는 성령의 하나 되게 하신 것이 무엇인지를 보여주고 있다. 우리는 보석함을 깨뜨리고, 보배를 쏟아지게 할 수는 있지만, 보배를 깨뜨릴 수는 없다. 우리는 동서남북에서 모인 유대인들과 이방인들이 아닌가? 어쨌든 우리가 함께 모일 때, 그것은 주도 하나이요 믿음도 하나이요 세례도 하나인 가운데 모이는 것이다(엡 4:5).

이제 이어지는 구절들은, 잠시 묵상할 필요가 있다. 창세기 3장으로 돌아가 보자. 어쩌면 당신은, 창세기는 논리적으로나 물리적으로 너무 멀리 떨어진 성경이 아닌가라고 대답할지 모른다. 하지만 이 둘 사이에 참으로 아름다운 연결이 있다. 창세기 3

장에서 우리는 뱀의 승리와 인간의 타락을 볼 수 있다. 에베소서 4장에서 우리는 그리스도의 승리와 인간의 구속을 볼 수 있다. 이제 더 이상 창세기 3장의 범죄를 하지 않게 된 것이다. 사탄은 사람을 땅에서 힘들게 수고하고 일하는 존재로 만들었고, 자신의 정욕에 따라 사는 노예적인 존재로 만들었다. 주님은 이 세상에 오셔서 사탄과 그의 하수인들을 포로로 사로잡으셨다. 여기엔 엄청난 도덕적 대립이 있다. 주님이 그 옛날 사탄에게 사로잡힌 사람에게 하신 일은, 바로 사탄이 사로잡은 사람을 그 손에서 빼어내어 더욱 경이로운 자리에 넣어주는 것이었다. 주님이 지옥의 군대를 자신의 포로로 사로잡으셨을 때, 주님은 그러한 지옥의 군대들에게, 전에 지옥의 군대에게 사로잡힌 사람에게 주님이 과연 하실 수 있는 일이 무엇인지를 가르치려는 뜻이 있었다. 주님은 우리를 모든 것에서 자유로운 존재가 되게 하셨다. 우리는 속이는 자 사탄을 대항하는 증거가 되었을 뿐만 아니라 우리 속에 있는 거룩한 자원에 의해서 성장하는 존재가 되었다. 교회는 자기 속에 저장된 에너지에 의해서 성장하고 있다. 그리스도께서는 한편으로는 사로잡은 자를 사로잡았고, 다른 한편으로는 뱀이 전에 망가뜨린 것으로 자신이 무엇을 하실 수 있는지를 보여주었다. 창세기 3장의 이야기는 이제 반전되었다. 우리는 사람이 사탄의 포로로 사로잡힌 것도 보았고, 또 사람이 영화롭게 되는 것도 보았다. 그리고 이제 교리적인 부분은 끝난다.

이제 우리 영혼은 이 모든 것을 어찌 대해야 하는가? 우리는 그처럼 하나님의 마음이 광대하게 공개된 것에 대해서 무슨 준비를 해야 하는가? 그러한 것들이 우리에게 너무 버겁지 않은가? 나는 종종 그렇게 느낀다. 안전지대에서 사람들과 교제를 나누는 일은 너무도 즐거운 일이다. 하지만 세상 사람들로 가득한 곳에서 그들과 섞이지 않으려면 순수함을 유지해야 한다. 그래서 바울은 우리가 속 사람 속에 있는 성령에 의해서 능력으로 강건하게 되기를 기도하고 있다. 인간의 지성은 이러한 것들을 측량할 능력이 없다. 만일 나의 마음이 주 예수님이 어떠한 분이신지에 대한 인식에 열려 있다면, 나는 "주님께 더 가까이, 주께로 더 가까이 나아가길 원합니다!"라고 외치게 될 것이다. 안전지대에 거하는 것은 즐거운 일이긴 하지만, 더 중요한 것은 주님께 더 가까이 가는 것이다. 그리하면 그리스도께서 나의 마음에 거하실 것이며, 나를 둘러싼 세상 일로 압도당하지 않게 될 것이다. 나는 지식에 넘치는 그리스도의 사랑을 더욱 풍성하게 경험하게 될 것이다.

에베소서 4장

에베소서의 교리적인 부분은 에베소서 4장 16절로 끝난다. 우리는 에베소서 4장을 끝까지 살펴볼 것이다. 에베소서의 교리적 가르침을 다시 추적해보자. 첫 번째 중요한 특징은, 교회의 부르심에 대한 것으로, 교회는 그리스도 안으로의 부르심을 받았다. 따라서 우리는 에베소서 1장에서 "안에"라는 단어를 많이 볼 수 있었다. "그리스도 안에서 하늘에 속한", "그의 사랑하시는 자 안에서" 등등. 이것은 그리스도 안에 있는 현재적인 기업을 가리킬 뿐만 아니라, 그리스도 안에 있는 우리의 기업이 세상이 시작되기 전에 시작되었고(4절) 또한 세상이 끝난 이후에도 존속하게 될 것(11절)을 의미한다. 당신은 나에게 모든 속량 받은 사람들은 하나님의 주권적인 선택과 예정에 근거하고 있다고 말하고 싶을 것이다. 사실이다. 뿐만 아니라 하나님이 정해주신 처음 자신의 자리를 지킨 천사들의 경우도 마찬가지이다. 하지만 교회-선택의 특징은 단순히 신학적 개념의 선택과 예정의 개념을 넘어선다. 교회가 선택된 것은 "그리스도 안에서" 된 일이다. 그렇다면 당신은 그리스도를 떠날 수 없다.

교회는 창세로부터 세상의 운명이 끝난 후 영광에 이를 때까지 그리스도와 끊어질 수 없는 관계로 묶여 있다. 이것은 교회에 대한 첫 번째 생각이다. 이러한 것들은 이스라엘의 역사를 다루고 있는 구약성경에 예언되지 않았다. 교회가 그리스도와 연결되어 있고 묶여 있는 것이야말로 교회의 독특한 부르심이다. 따라서 이 교회는 하나님 안에 감추어 왔다. 이것은 소위, 하나님의 품속에 있는 비밀이었으며, 하나님의 마음에 감추어 왔고 또한 하나님의 계획 가장 깊은 속에 있던 것이었다. 우리는 이처럼 신비스러울 정도로 아름답고 친밀한 방법에 의해서 선택받을 만큼 가치 있는 것을 구약성경에서는 볼 수 없다. 이것은 과거 모든 세대로부터 하나님 안에 감추어 왔다가 바울의 사역을 통해서 밝히진 것이다.

　에베소서는 언어 축적의 정수(精髓)이다. 언어는 성령님의 생각을 그대로 표현할 수 있을 만큼 성장한다. 만일 당신의 영혼 속에 어떤 생각이 계속해서 떠오르지만, 그것을 무어라 표현할 수 없을 때, 그것을 설명하는 여러 가지 언어들이 계속해서 입에서 맴돌면서 축적되다가 어느 순간 유창한 설교가 되어서 나오는 것을 경험해본 일이 있는가? 그래서 유창한 설교의 어머니는 머리가 아니라 마음인 것이다. 그러한 것이 에베소서에서 비밀을 드러내는 성령님의 스타일인 것이다. 우리는 "그의 은혜의 영광을 찬미하게 하려는 것이라"(엡 1:6), "그의 영광의 찬송이 되게 하려 하심이라"(엡 1:12), "그의 영광을 찬미하게 하려 하심이라"(엡 1:14), 그리고 "그 은혜의 지극히 풍성함을 오는 여러 세대에 나타내려 하심이니라"(엡 2:7)는 구절을 볼 수 있다. 그래서 에베소서 2장에서 사도 바울은 이러한 부르심의 대상이 누구인지를 보여주고 있다. 바울이 과거 그들이 처해 있었던 죽음의 자리를 보여주고자 했을 때, 그는 과거 그들의 모습에 대한 설명을 반복적으로 표현했다. 당신이 당신 자신과 가까운 것을 보게 된다면, 성령님은 지금 당신에 대한 설명을 더욱 확장하실 것이다.

계시의 최정상 또는 완성이 이방인의 사도인 바울의 사역을 기다리고 있었다. 바울이 이 비밀을 밝히 드러냈을 때, 이것은 하나님의 계시의 최종적인 것이었고, 그것은 모든 하나님의 목적을 이루었을 때의 면류관을 쓴 모습이었다. 잠시 비유를 들어보자. 옛 창조의 역사는 어떻게 진행되었는가? 하나씩 창조될 때마다 그 아름다움은 배가되었고, 마지막으로 인간이 창조되었다. 인간은 동산에 있었다. 그곳에서 인간의 상태는 어떠했는가? 인간은 그곳을 집으로 삼고 있었다. 하지만 동물의 무리가 그 앞을 지나갈 때 각각의 이름을 지어주면서, 그는 그저 살기 편한 집에 있었던 것이 아니라, 자기 앞에 있는 모든 만물의 주권을 얻게 되었다. 그는 만물의 주인으로 그곳에 있었다. 이게 전부일까? 한 가지 남은 일이 있었고, 그 일은 매우 중요했다. 그는 아내를 얻기 이전에 만물을 소유했다. 아내를 얻는 것은 마지막으로 계시된 일이었고, 그가 누릴 수 있는 행복 가운데 가장 꼭대기에 있는 것이었다. 그는 입술을 열어 "마음에 가득한 것을 입으로" 말하게 되었다. 아담은 이전에도 행복했지만, 행복으로 가득하진 않았다. 아내를 얻게 되었을 때, 그의 기쁨은 하늘을 찌를듯했다. 마찬가지로 우리도 바울의 사역을 통해서 교회의 부르심이 계시될 때까지 기다려야했다. 우리는 하나님의 경륜 가운데 최고의 부르심을 가져다줄 최종적인 사역을 위해 준비될 필요가 있었다.

우리는 예루살렘의 이야기를 통해서 동일한 것을 볼 수 있다. 이스라엘이 가나안에 들어갔을 때, 여호수아의 칼은 그 땅을 그들의 소유로 만들어 주었다. 사사기 시대에 그들은 계속해서 그 땅을 소유하고 있었다. 그리고 사울 왕 시대에도 그들은 계속해서 소유하고 있었다. 하지만 예루살렘은 항상 여부스 족속의 성이었다. 항상 이 사랑받는 장소이자, 그 땅 가운데 가장 좋은 지역, 그래서 여왕같이 사랑을 받는 성 예루살렘은 하나님의 눈이 머무는 곳이었지만, 이방인이 점령하고 있었다. 예루살렘은 하나님이 친히 세우신 왕, 다윗의 시대에 와서야 비로소, 그 땅의 모든 것의 중심이자, 성소, 보좌, 그리고 모든 지파에 속한 사람들이 매년 올라가 예배를 드리는 장소가 되었다. 예루살렘은 모든 지역 가운데 가장 중요한 성이었고, 마침내 그렇게 되었다. 과연 우리는 에베소서의 진리를 거기에 비교할 수 있을까? 하나님은 종종 비유를 사용하신다. 하나님이 사용하시는 비유는 단순한 비유가 아닌 신성한 영감으로 가득한 비유이다. 그래서 마지막 성경인 요한계시록에서 우리는 여인이 마지막으로 가장 중요한 인물로 다시 등장하는 것을 볼 수 있다. 하나님의 승리가 선포되고, 왕국이 큰 위엄 가운데 설립된다. 하나님의 책에서 최종적인 결말은 가장 아름다운 모습으로 하늘로서 내려오는 교회에 대한 계시인 것이다(계 21장). 따라서 바울이 자신은 하나님의 말씀을 완성하는 일을 맡았다고 말할 때, 그를 교만하다고 송사하는 것이 아니라, 오히려 나는 전적으로 그 앞에 엎드려 그의 말을 경청할 준비를 해야 한다. 그럴 때, 우리는 바울이 받은 계시를 받아들일 준비가 된 것이다.

다시 말하지만, 교회의 계시는 은혜와 영광과 지혜 가운데 나타내신 하나님의 가장 풍성한 계시이다. 물론 이스라엘의 부르심도 하나님의 풍성한 계시였다. 그렇다. 하나님은 자신을 나타내심이 없이 자신의 손을 내미실 수 없다. 하지만 우리가 그리스도의 몸과 신부인 교회의 비밀에 대해서 듣고자 모일 때, 우리는 은혜와 그 영광과 그 풍성함이, 그리고 그 은혜의 지극히 풍성함이 나타난 결과가 무엇인지 온 피조 세계에 알려지게 되었고, 따라서 하늘에 있는 정사들과 권세들도 보고 듣도록 나타났다는 것을 교훈 받게 된다. 이 모든 일에는 단순함이 깃들어 있다. 어찌 보면 단순함이 장엄함을 누르고 있는듯하다. 만일 이것이 형언할 수 없을 정도로 영광스러운 것이라면, 이것은 단순히 신적인 것만은 아닐 것이다. 만일 이것이 하나님의 마음 속에 깊이 간직해온 것이라면, 그것은 은혜와 영광과 지혜로 가득하고 가장 충만한 모습일 것이다. 하늘에 있는 정사들과 권세들은, 장차 교회를 부르시는 부르심이 들릴 때, 숨을 죽이고 잠잠하게 될 것이다.

그렇다면 교회의 부르심을 무엇으로 표현하면 좋을까? 바로 몸과 신부로의 부르심이다. 그 의미는 무엇인가? 몸이란 교회가 가장 높은 위엄의 자리에 앉아 있다는 것을 표현하고 있다. 신부로서 교회는 사랑의 가장 깊은 자리에 있음을 표현한다. 그리스도의 몸으로서 교회는 위엄의 가장 높은 자리를 차지하고 있음을 의미하며, 이 세상 뿐만 아니라 장차 오는 세상에 있는 모든 것들이 교회의 발아래 있게 될 것이다. 그리스도께서 모든 것 위에 가장 높은 자리에 앉으실 것이다. 그리스도의 몸인 교회는 만물 안에서 만물을 충만케 하시는 자, 곧 그리스도의 충만이다. 신부로서 교회는 사랑의 가장 중심적인 자리를 차지할 것이다. 당신에겐 당신이 사랑하는 사람만큼 가까운 사람이 없을 것이다. 그리스도의 신부로서, 교회는 그리스도의 마음 가장 가까이 있는 존재이다. 교회는, 하와가 아담에게 가장 가까운 존재였듯이 그리스도의 마음 가장 가까운 곳에 있는 존재로 운명이 정해졌다. 에베소서 5장은 아담이 하와에게 한 말을 그대로 담고 있다. "우리는 그 몸의 지체이며, 그의 살 중의 살이요 그의 뼈 중의 뼈임이라."(엡 5:30, KJV)는 말은 첫 번째 사람이 첫 번째 여자에게 가장 행복한 순간에 한 말로서, 에베소서 5장에서 메아리쳐 울리고 있다.

만일 사랑하는 사람이 있다면, 우리는 그 사람의 존귀함과 영광만을 보고자 할 것이다. 그처럼 당신은 가장 높은 위엄의 자리에 있으며, 신부로서 가장 깊은 애정의 자리에 있다. 내가 주 예수님께서 하나님의 계시를 완성한 것이 아니라고 말하면 당신은 무척이나 놀랄 것이다. 사복음서를 읽을 때, 당신은 과연 은혜의 복음의 전체적인 그림을 볼 수 있는가? 주님의 사역은 과도기에 있었다. 주님의 죽음이 완성되기까지 완전한 은혜의 복음이 나타날 무대 혹은 교회를 형성할 도구가 준비된 것이 아니었다. 도구도 없이 어찌 무언가를 만들 수 있단 말인가? 보혜사 성령께서 임하시지도 않았다. 머리되신 그리스도께서 아직 영광을 받지도 않았다. 하나님의 책, 에베소서를 펼치는 것은 교회의 비밀을 위해서 나를 준비시키는 것이며, 에베소서를 덮는 것은 나에게서 교회의 비밀을 닫는 것이다.

에베소서에서 우리는 단순히 교회에 대한 교훈만을 보는 것이 아니라 성도들 개인들에 대한 교훈도 본다(엡 5장과 6장). 우리는 우리의 개성을 잃지 않을 것이다. 이것은 에베소서 4장 12절이 의미하는 바이다. 이 구절은 개인적인 것이다. 은사를 사용하는 것은 개인적인 것이다. "그가 혹은 사도로, 혹은 선지자로, 혹은 복음 전하는 자로, 혹은 목사와 교사로 주셨으니 이는 성도를 온전케 하며"(엡 4:11,12) 나와 그리스도 사이에는 그 무엇도 끼어들 수 없는 깊은 친밀함과 인격성이 있다. 따라서 은사가 하는 첫 번째 일은 개인적으로 "성도를 온전케 하는 일"을 하는 것이다. 그렇게 온전케 된 성도들이 사역의 일에 참여하고, 몸을 세우는 일에 참여하는 것이다. 결과적으로, 고린도전서 2장에 보면, 바울이 교회의 비밀을 말할 때, 그는 "우리가 온전한 자들 중에서 지혜를 말하노니"(고전 2:6)라고 말했다. 따라서 에베소서에서 실제적인 삶을 다루는 부분에 오게 되면, "이제부터는 이방인이 그 마음의 허망한 것으로 행함같이 너희는 행하지 말라"(엡 4:17)는 교훈을 개인들에게 하는 것을 보게 된다. 그리고 계속해서 "저희가 감각 없는 자 되어 자신을 방탕에 방임하여"(19절), 즉 양심이 무감각해지고 나중에는 화인(火印) 맞은 것 같이 되어 자신들이 방탕에 빠진 것조차 느낄 수 없게 되는 지경에 이를 수 있다는 것을 경고하고 있다. 하지만 "너희는 그리스도를 이같이 배우지 아니하였느니라 진리가 예수 안에 있는 것같이 너희가 과연 그에게서 듣고 또한 그 안에서 가르침을 받았느니라."(엡 4:20,21)

여기서 예수의 이름을 도입한 것은 개인성을 보여준다. 우리도 개인 교습을 좋아하지 않는가? 당신과 그리스도는 아무도 간섭할 수 없는 하나의 일을 공유하고 있다는 생각을 할 때, 기쁘지 아니한가? 요한복음을 보라. 그리하면 죄인과 그리스도가 함께하는 아름다운 그림을 볼 수 있을 것이다. 우리는 요한복음에서 사도들과 함께 일하시는 주님처럼 사교적인 사람을 찾지 못할 것이다. 주님은 죄인들의 경우엔 따로 만나주셨다. 성령님께서 우리를 개인적으로 대하는 것을 포기하지 않으신다는 것을 볼 때, 우리는 참으로 행복감을 느낀다. "하나님을 따라 의와 진리의 거룩함으로 지으심을 받은 새 사람을 입으라."(엡 4:24)

이 구절은 새로운 창조를 말하고 있다. 여기서 말하고 있는 새 창조는 처음 창조보다 더 큰 것이다. 아담은 처음 창조에서 유일한 목적이었다. 그럼에도 우리는 아담이 "하나님을 따라 의와 진리의 거룩함으로 지으심을" 받았다고 말할 순 없다.

우리는 서로 지체들 간에 "거짓(말)을 버리라"(엡 4:25)는 교훈을 받고 있다. "분을 내어도 죄를 짓지 말라."(26절) 분노는 어느 누군가를 향해서는 정당한 감정일 순 있지만, 그것이 나의 본성 속으로 천착하도록 허용해서는 안된다. 이제 "마귀를 대적하며"(27절) 또한 "도적질하는 자는 다시 도적질하지 말고 돌이켜 빈궁한 자에게 구제할 것이 있기 위하여 제 손으로 수고하여 선한 일을 해야 한다."(28절) 이것은 매우 아름다운 교훈이다. 바울은 단순히 도적질하는 것을 그만두게 하는 것으로 끝내고 있지 않고, 다른 사람을 섬기는 일꾼이 되라고 교훈하고 있다. "무릇 더러운 말은 너희 입 밖에도 내지 말고 오직 덕을 세우는 데 소용되는 대로 선한 말을 하여 듣는 자들에게 은혜를 끼치게 하라 하나님의 성령을 근심하게 하지 말라." (28-29절) 우리의 행실, 우리의 말, 그리고 우리의 기질이 다루어지고 있다.

기독교가 당신의 일거수일투족을 제재하는 것같이 생각되는가? 아니면 당신에게 존엄성을 더해주는 것으로 생각되는가? 당신의 입술은 듣는 자들에게 은혜를 끼치는 것으로 작용해야 한다. 당신의 생각은 하나님의 성령을 시원하게 해드리거나 아니면 근심시키거나 둘 중 하나이다!

"서로 용서하기를 하나님이 그리스도 안에서 너희를 용서하심과 같이 하라."(32절) 이것은 주기도문의 약간 변형된 형태이다. 우리는 거기서 하나님께서 우리가 행한 대로 갚아주실 것이라고 배웠다. "우리가 우리에게 죄 지은 자를 사하여 준 것같이 우리 죄를 사하여 주옵시고"(마 6:12) 하지만 여기서는 순서가 바뀌었다. 나는 하나님이 하신 대로 해야 한다. 그래서 "하나님이 너희를 용서하심과 같이 하라"고 말하고 있다. 이것은, 우리가 이미 살펴본 대로, 주님의 사역은 과도기적인 것이기 때문이다. 주님의 사역은 구원의 완전한 영광 가운데서 나온 것이 아니었다. 이제 사역은 우리를 개인적으로 온전케 하기 위한 목적으로 나왔다. 즉 우리를 그리스도의 몸으로서 세우기 위한 것이다.

에베소서 5장

우리는 에베소서 4장 16절로 마치는 에베소서의 교리적인 부분을 살펴보았다. 이 지점부터 에베소서 6장 9절까지는 실제적인 부분을 다룬다. 그리고 마지막 부분에서 영적인 전쟁이란 주제를 다룬다.

이제 에베소서 5장에서 6장 9절까지 읽으라. 여기에서 우리는 그리스도인의 삶의 실제적인 부분에 대한 교훈을 볼 수 있다. 나는 우선적으로, 잠시 규범(precept)에 대해서 설명하고자 한다.

로마서와 골로새를 살펴보면, 우리는 빌립보서와는 다른 구조를 발견하게 된다. 빌립보서를 보면, 사도 바울은 분명 빌립보 성도들의 영혼을 돌보는 목자(pastor)이다. 하지만 에베소서, 로마서, 골로새서를 보면, 그는 교사(teacher)이다. 따라서 우리는 그 서신서들에서 규범에 따른 교리를 볼 수 있다. 그렇다면 우리는 어째서 서신서에 있는 규범을 공부해야 하는가? 규범을 통해서 항상 행실의 변화를 경험하기 때문에? 그렇지 않다. 당신의 마음을 그리스도 자신에게 연결시키고 당신을 부르신 하나님의 은혜를 생각함으로써 행실의 변화가 올 것이다. 우리는 이것을 디도서를 통해서 확인할 수 있다. "하나님의 은혜가 모든 사람에게 나타나 우리를 양육하시되 경건치 않은 것과 이 세상 정욕을 다 버리고 근신함과 의로움과 경건함으로 이 세상에 살게 하셨다."(딛 2:11,12, KJV) 다시 말해서, 만일 내가 서있는 은혜의 도덕적 아름다움을 안다면, 나는 규범이 없어도 근신함과 의로움과 경건함으로 살도록 교훈을 받을 것이다.

베드로는 정확히 같은 것을 우리에게 말해준다. "이 모든 것이 이렇게 풀어지리니 너희가 어떠한 사람이 되어야 마땅하뇨"(벧전 3:11)라고 말한 후, 다시 "너희가 이것을 바라보나니 주 앞에서 점도 없고 흠도 없이 평강 가운데서 나타나기를 힘쓰라"(벧전 3:14)고 말했다. 힘쓰라는 규범을 말하기 전에, 우리 영혼의 눈을 장차 나타날 영광과 및 현재 존재하는 모든 것이 풀어지게 될 것을 바라보라고 말한 후, 우리가 어떠한 사람이 되어야 마땅한가를 묻고 있다. 그렇다면 실제적인 삶의 능력은 우리를 부르신 은혜에서 나오는 것이 분명하다.

우리는 동일한 것을 창세기에서 볼 수 있다. 창세기에는 규범은 없고, 대신 믿음의 족장들을 부르신 미덕으로 인한 거룩한 삶이 있다. 한 사람은 "영광의 하나님"에 의해서 부르심을 받았다. 성경은 요셉의 입술을 통해서 이렇게 말하고 있다. "그런즉 내가 어찌 이 큰 악을 행하여 하나님께 득죄하리이까?"(창 39:9) 이것은 요셉이 규범 때문에 한 말이 아니라, 하나님을 바라보는 신앙에 따라 한 말이었다. 마찬가지로 매일의 삶 가운데서 당신은 규범을 바라보기 보다는 그리스도를 바라보아야 한다. 그렇다면 어째서 규범이 필요한 것인가? 몇 가지 이유가 있다.

첫 번째, 규범은 일종의 시험이다. 만일 어느 한 영혼이 타락한다면, 당신은 징계의 방법을 사용해야 한다. 이 경우 잘 정의

된 규범은 당신을 인도하는데 매우 유용하다.

두 번째, 하나님은 자신의 말씀을 통해서 생생한 현실을 다루신다. 만일 교리가 나에게 하나님이 나를 다루신다고 말한다면, 규범은 나에게 그건 나와 함께 하시는 하나님이 하시는 일이라고 말해준다. 하나님은 나의 눈을 멀게 할 정도의 무한한 빛을 계시하지 않으신다. 하나님은 부패한 피조물에 불과한 나를 아시고, "도적질하는 자는 다시 도적질하지 말라"는 수준에서 말씀하신다.

세 번째, 규범들마다 각각 아름다움이 있다. 그래서 교리를 더욱 존귀하게 만든다. 규범들은 교리 속에 감추어진 도덕적 미덕의 표현이다. 예를 들자면, "하나님의 성령을 근심하게 하지 말라."는 규범이 있다. 교리는 내가 구원의 인침으로서 성령을 받았다는 사실을 나에게 이미 가르쳤다. 규범은 내가 받은 성령님은 아무리 작은 것이라도, 거룩하지 못한 것에 대해서 민감하시다는 사실을 말해준다. 따라서 교리는 규범을 통해서 영화롭게 된다.

네 번째, 규범이 하는 역할에 대해서 더 말해줄 것이 있다. 규범들은 당신의 거룩이 세대적인 특징을 띠고 있다는 사실을 말해준다. 당신은 어쩌면 "거룩은 항상 똑같은 것이 아닌가요?"라고 묻고 싶을 것이다. 그렇지 않다. 담대하게 말하지만, 똑같지 않다. 우리는 거룩을 하나님이 정하신 세대적인 빛을 통해서 보아야 한다. 오늘날 유대인이 이방인과 거래하는 것은 거룩하지 못한 것인가? 그렇지 않다. 율법 아래서 유대인들은 이방인들과 감히 식사를 같이 하고자 하지 않았다. 마찬가지로 거룩은 그 기준이 다양하다. 만일 악에 대해 분개하는 나의 선한 양심 때문에 계속해서 선한 양심을 지키고 싶고, 또 자신의 도덕성이 온전하기 때문에 도덕적으로 살고 싶다면, 그것이 과연 신약성경에서 말하는 그리스도인의 도덕성이겠는가?

진리에서 나오는 것이 아닌 거룩은 결코 그리스도인의 거룩이 아니다. 진리를 당신 자신에게 적용하고자 할 때, 당신 스스로는 거룩할 수 없기에, 무언가 선행되어야 할 것이 있음을 절실하게 깨닫게 된다! 즉 거룩하고자 한다면, 무엇보다 당신은 당신 삶의 모든 영역에서 주 예수님과 연합을 이루어야만 한다. 믿음의 선진들은 어떻게 좋은 간증을 얻을 수 있었는가? 그것이 과연 아브라함에게 주신 자기 본토, 친척, 아버지 집을 떠나고 또 모세에게 애굽을 버리라는 명령 때문이었을까? 그렇지 않다. 그것은 그들에게 하나님이 친히 나타나셨기 때문이었다. 명령(계명)은 결코 사람을 그리스도인으로 만들지 못한다. 우리 영혼이 하나님의 계시에 접촉하는 일이 일어나야만 하는 것이다.

"그러므로 사랑을 입은 자녀같이 너희는 하나님을 본받는 자가 되고 그리스도께서 너희를 사랑하신 것같이 너희도 사랑 가운데서 행하라."(엡 5:1,2) 이제 독자들에게 묻고 싶다. 만일 나란 사람이 다른 사람을 해치지 않는, 그저 편안한 양심을 가진 선한 이웃이라고 생각해보자. 과연 이 구절의 요구를 충족시킬 수 있을 것 같은가? "그리스도께서 우리를 사랑하신 것같이 사랑 가운데서 행하라."는 것은 우리의 친절을 그리스도인의 친절로 바꾸어준다. 나는 주 예수님을 나의 모본으로 취한다. 이것은 도덕적 모본을 모세에게서 취하는 것과 같은 것인가? 그렇지 않다. 그리스도를 나의 모델로 삼는 것은 전혀 새로운 기반 위에 서는 것이다. 나는 사랑 가운데서 행해야 한다. 왜냐하면 그리스도께서 나를 사랑하셨고, 나를 위해 향기로운 예물과 제사로 자신을 하나님께 드리셨기 때문이다. 주님은 당신에게 그 피의 모든 가치를 따라서 뿐만 아니라, 그 희생의 향기로운 예물로 제시되셨다. 이것은 당신이 의로운 사람이기 때문인가? 그렇지 않다. 다만 당신이 "그 사랑하시는 자 안에서 열납된 사람"이기 때문이다. 대제사장이 그 피를 가지고 지성소에 들어갈 때, 그는 향로에서 나오는 은은하고 향기로운 연기 속으로 들어가게 된다. 하나님은 그리스도의 제사를 마지못해 받으셨는가? 그렇지 않다. 기쁘게 열납하셨다. 이제 당신은 그렇게 열납된 그리스도의 제사가 가진 가치를 덧입고 있다. 이제 믿음을 통해서 내가 하나님 앞에 들어간 신령한 분위기를 버리고 다시 죄악된 삶으로 돌아갈 수 있겠는가?

　당신은 새롭게 된 당신의 양심이 단순히 옳은 일을 하는 것만으로 결코 만족하지 못한다는 것을 알고 있다. 당신은 정결한 행동을 할 수 있는 내적인 원천을 갖추어야만 한다. 그리스도께서 하신 일을 당신도 할 것을 요구하고 있다. 3절에서 읽은 정결하지 못한 것들, 곧 "음행과 온갖 더러운 것과 탐욕" 등은 성도에게 합당한 것들이 아니다. 단순히 정결하지 않다는 이유 때문에 그것들을 피해야 하는 것인가? 그렇지 않다. 그러한 것들이 성도에게 합당하지 않기 때문에 피해야하는 것이다. 그리고 나서 "너희가 전에는 어두움이더니 이제는 주 안에서 빛이라 빛의 자녀들처럼 행하라"(엡 5:8)고 말한다. 나는 정결하지 못한 일에 참여하기를 거절한다. 왜냐하면 전에 어두움 가운데 있었지만 이제 나는 변화되었기 때문이다. 나는 새로운 피조물이며, 빛의 자녀이다.

　나는 여기서 잠시 당신에게 묻고 싶다. 과연 당신은 이처럼 아름다운 성도의 삶에 합당한 사람이 되었는가? 실제적인 삶의 문제에 부닥치면, 그리스도를 저버리겠는가? 우리는 결코 그리스도를 저버릴 수도 없으며, 그러지도 않을 것이다.

　이제 영적 싸움이란 주제에 오게 되면, 우리는 비로소 하늘에 속한 그리스도의 사람으로서 실제 삶의 자리에 들어온 것이며, 혹은 에베소서의 초반부에서 언급하고 있는 대로 하늘에 승천하게 된 것이다. 여기엔 무언가 숭고한 것이 있다. 만일 하나님에 관한 하나의 교리가 나에게 계시되었다면, 하나의 계명은 그 속에 감추어진 도덕적 미덕을 나에게 보여준다. 성령의 열매는 모든 선함과 자애로운 미덕 가운데서 싹이 나며, 또한 의로움(righteousness)과 성실함(integrity)과 정직함(honesty) 가운데서 꽃을 피운다. 그리고 이 모든 것은 진리와 연결되어 있다. 우리는 세상에서도 선함과 의로움을 볼 수 있지만, 그러한 것들이 진리와 연결되어 있지 않다는 것을 알고 있다. 이러한 것들은 실제적으로 그리스도를 나타내도록 우리에게 주어졌다. 옛날 어느 저자는 "그리스도가 그리스도인에게 모든 율법의 기반이시다." 라고 했는데, 율법은 그리스도와 같지 않지 않기 때문에 영혼을 계발하는데 적합하지 않다. 바로 그리스도께서 친히 우리를 진지하고, 진실하고, 정직하게 만드신다.

이제 당신은 빛이다. 무슨 빛인가? 바로 "주 안에서" 빛이다. 당신 영혼의 불꽃을 일으키는 것은 모세가 아니라, 빛의 주님이시다. 당신은 주님에게서 한 줄기 빛을 받아와서, "주께 기쁘시게 할 것이 무엇인가 시험하여 보면서" 그 빛 가운데서 걸어가야 한다. 내가 확신하는 바로는, 이렇게 하면, 우리는 어째서 신약성경의 계명들이 성령으로 하여금 나의 주 예수님을 나의 삶의 모든 길을 밝히는 빛이 되게 하셨는지를 이해하게 될 것이다.

당신은 여기서 성령님은 단순히 악을 멀리하고, 그저 자제하는 것으로 만족하지 않으신다는 사실을 발견하게 될 것이다. 성령님은 선함이 우리 속에 계발되도록 끊임없이 일하신다. "도적질하는 자는 다시 도적질하지 말고 돌이켜 빈궁한 자에게 구제할 것이 있기 위하여 제 손으로 수고하여 선한 일을 하라."(엡 4:28) 이것은 부정적인 교훈과 긍정적인 교훈을 절묘하게 결합시킨 것이다. 그 결과 악은 부정되고, 선은 권장된다. 마찬가지로 5장에서도 "너희는 열매 없는 어두움의 일에 참여하지 말고 도리어 책망하라"(엡 5:11)고 교훈하고 있다. 왜냐하면 당신은 옛 사람을 벗어버렸기 때문이다. 단순히 자신을 비웠고, 알몸이 된 것인가? 아니다. 새 사람을 입었다. 옛 사람이 다른 사람에게 속한 것을 약탈하고자 했던 것처럼, 이제 당신은 과거에 당신이 약탈하고자 했던 사람을 위해서 일해야 한다. 모세는 나에게 그런 일을 하도록 허락하지 않았다. 그리스도는 과연 모세라는 잣대로 자신을 평가하시는가? 그렇지 않다. 자신 외에 그 무엇으로 자신을 평가하실 수 있단 말인가? 여기엔 이러한 위엄이 있다. 그리스도를 기준으로 삼을 때에만 우리는 도덕성의 승격을 경험하게 된다. 모세는 오히려 우리의 도덕성을 끌어내릴 것이다. 이 말은, 산상수훈에서처럼, 우리가 그리스도라는 필터를 통해서 모세를 볼 수밖에 없기 때문이라고 말하는 것이 아니다. 모세는 당신에게 누군가를 위해 당신의 목숨을 내놓으라고 요구한 적이 있는가? 없다. 하지만 그리스도는 그리하신다. 왜냐하면 그리스도는 바로 그 일을 하셨기 때문이다. "그러므로 이르시기를"(14절) 이는 빛의 음성이며 빛의 언어이다. 이제 비추는 빛은 그리스도의 빛이다. 그래서 "그리스도께서 네게 비취시리라"(14절)고 말한다. 특별한 도덕적(영적) 빛이 비추기 시작한 것이다.

"그런즉 너희가 어떻게 행할 것을 자세히 주의하여 지혜 없는 자같이 말고 오직 지혜 있는 자같이 하여 세월을 아끼라 때가 악하니라."(엡 5:15,16) 이 말씀을 어떻게 실천할 것인가? 철학을 가르치는 교실에서 배운 것으로, 이 말씀을 실천할 수 있는가? 그렇지 않다. 우리는 주의 뜻이 무엇인지 이해하는 마음을 가져야 한다. 주님은 당신을 그리스도와 연합된 하늘에 속한 새로운 피조물이 된 사람으로서 지켜주신다. 세상을 통과하는 순례자이셨던 주님은 당신을 자신과 동일하게 여기시며 당신을 지켜주신다. 주님이 당신을 전쟁터에 내보내실 때, 주님은 당신을 그리스도 안에서 무장시켜주실 뿐만 아니라 그리스도로 옷 입게 해주신다. 성령님 외에 누가 그와 같은 세상의 번잡함 속으로 내려오셔서, 세상을 통과하는 당신의 여정을 그리스도로 지켜주실 수 있단 말인가! 옛 사람은 술에 취하고자 할 것이다. 새 사람은 자신을 충만하게 해주시는 성령을 소유한 사람이다.

만일 전자가 우리 자신의 노력으로 가능하다면, 후자도 우리의 노력으로 가능할 것이다.

그렇다면 성령으로 충만해진 결과는 어떻게 나타나는가? "시와 찬미와 신령한 노래들로 서로 화답하는 것"(19절)으로 나타난다. 성령을 충만하게 받아내는 거룩한 그릇이 있다. 변화된 그릇에만 성령의 충만이 나타난다. 전에는 세상의 포도주를 담던 그릇이었다. 이제는 "마음으로 주께 노래하며 찬송하며…항상 아버지 하나님께 감사하는"(19,20절) 거룩한 그릇이 되었다. 우리는 이전에 세상적인 열망에 의해서 뜨거워진 사람이었지만, 지금은 성령에 의해서 뜨거운 열정과 강렬한 열망으로 달구어진 사람이 되었다. 그 결과, 이제 우리는 아름다운 고요함을 품은 자되어, 세상의 가장 낮은 자리에게까지 내려갈 수 있는 사람이 되었다. 바로 이러한 거룩성에는 아름다움이 있다. 과연 우리는 어떻게 이러한 아름다움이 충분히 배어나오는 사람이 된 것인가? 교리적인 부분과 실제적인 부분, 어느 것에 더 비중을 두어야할지 확정하기는 어렵다.

사도 바울은 이것을 더 상세하게 적용시키고자 하는 뜻에서, 남편과 아내들에게 말한다. 여기서 우리가 그리스도와 연합을 이루고 있다는 진리를 얼마나 깊이 인식하고 있어야 하는지, 굳이 언급할 필요가 없을 것이다. 아내와 남편은 모든 일을 그리스도에게서 재가(裁可)를 받으며 결혼생활을 해야 하지 않는가? 그럼에도 많은 훌륭한 아내들이 주 예수님을 생각하지 않고 있다. 그것이 과연 그리스도인 아내인가?

에베소서에서는 놀랍게도 세 번 정도 그리스도의 권리에 대해서 언급하고 있다. 그런 의미에서 그리스도는 에베소서 1장, 4장, 그리고 5장에서 "머리"로 소개되고 있다. 하지만 각 경우마다 머리되심의 의미가 다르다.

에베소서 1장에서 그리스도는 몸의 머리이시다. 그리스도는 만물 위에 교회의 머리로서, 신비스러운 사람의 몸을 이루는데 가장 중요한 요체이시다. "그를 만물 위에 교회의 머리로 주셨느니라 교회는 그의 몸이니 만물 안에서 만물을 충만케 하시는 자의 충만이니라."(엡 1:22,23)

에베소서 4장에서 그리스도는 각 지체들을 자라게 하는 힘을 분배하는 머리이시다. "그에게서 온 몸이 각 마디를 통하여 도움을 입음으로 연락하고 상합하여 각 지체의 분량대로 역사하여 그 몸을 자라게 하며 사랑 안에서 스스로 세우느니라."(엡 4:16)

이제 에베소서 5장에서 우리는 그리스도의 다른 측면을 볼 수 있는데, 곧 권위의 머리이신 그리스도를 볼 수 있다. "이는 남편이 아내의 머리 됨이 그리스도께서 교회의 머리 됨과 같음이니"(23절) 그리고 32절에서는 "이것은 큰 비밀이다"라고 말하고 있다. 따라서 아내들의 일상적인 의무에 대해서 교훈한 후에, 에베소서 6장에서는 동일한 내용을 자녀들에게 적용시키고 있다. "자녀들아 너희 부모를 주 안에서 순종하라 이것이 옳으니라."(1절) 모세 시대에서도 이것은 존귀한 의무였다. 오늘날에도 마찬가지로 존귀한 의미이다. 왜냐하면 이것은 주님이 보실 때 옳은 것이기 때문이다. 이것은 율법적 약속에서 빼어낸 것이다. 그리고 주님은 이 계명의 새로운 승인자가 되셨다.

아버지들에게도 새로운 계명이 필요했다. 아버지들은 마땅히 자기 자녀들에게 그리스도인 종이 되어야 한다. 이 말은, 아버지는 주의 교양과 훈계로 자녀를 섬기기 위해서 모든 시간을 깨어 경성해야 한다는 말이다. 아버지는 자녀에게 그리스도를 소개하고, 가르치고, 알게 해야 한다.

종들에 대한 교훈도 주어졌다. 이 얼마나 아름다운가! 종들은 상전에게 순종해야 한다. 상전들의 성격은 문제가 되지 않는다. 종들은 "그리스도께 하듯"(엡 6:5) 섬겨야 한다. 당신은 이생에서 사람의 신분의 차이를 보면서 이 구절을 야고보서에 있는 구절(약 1:9,10)과 연결시켜 생각해본 일이 있는가? 그렇다면 당신은 이 세상의 신분적인 차이는 지나가는 것이란 사실을 보면서 기뻐하게 될 것이다. 디모데전서 6장에서도 종들과 상전들에 대한 교훈을 말해주면서, 다가오는 세상과 영생의 삶을 바라보도록 나에게 말해준다. 따라서 조만간 이 세상의 신분은 이 세상의 형적과 더불어 지나갈 것이란 사실이 마음의 숨은 기쁨이 되어야 한다.

그리고 나서 상전들에게 교훈이 주어졌다. 종들을 협박하는 죄를 짓지 말아야 한다. 상전들의 군림하는 듯한 태도는 혐오스럽다. 하늘에 계신 당신의 상전께서 당신을 그리 대하신다면 어찌하겠는가? "상전들아 너희도 저희에게 이와 같이 하고 공갈을 그치라 이는 저희와 너희의 상전이 하늘에 계시고 그에게는 외모로 사람을 취하는 일이 없는 줄 너희가 앎이니라."(엡 6:9)

여기서 실제적인 교훈은 끝난다. 나는 묻고 싶다. 과연 이 실제적인 교훈이 당신에게 위엄을 더해주었는가? 조지 허버트라는 사람은 이렇게 말했다.

"방을 청소하는 일일지라도, 만일 그것이 주의 법을 이루는 것이란 믿음으로 행했다면, 그 행동은 위엄 있는 일이다."

만일 당신이 하늘에서 그리스도와 연합을 이룬 사람이라면,

당신이 하는 모든 일은 그리스도에게 동일하게 작용할 것이다. 그렇다면 그 동일하신 예수님께서, 순례의 길을 걷는 모든 걸음마다 당신을 품에 안으시고, 감싸 안으시고, 부요하게 하실 것이며, 영원한 세계에 이를 때까지 그리하실 것이다.

에베소서 6장

우리는 이미 에베소서가 자연스럽게 세 부분으로 나누어져 있다는 것을 살펴보았다. 교리적인 부분과 실제적인 부분, 그리고 에베소서 6장 10절부터 끝까지 다루고 있는 주제로서, 영적 싸움에 관한 부분이다. 가르침과 행함, 그리고 영적 싸움(conflict)인 것이다.

우리가 기억하는대로, 에베소서의 가르침은 그리스도의 몸인 교회의 덕을 세우기 위한 것이다. 우리가 살펴본 대로, 교회의 부르심이 있기 전에 하늘의 부르심이 있었다. 하늘의 부르심은 구약시대로부터 계속해서 있어왔지만, 그리스도의 몸에 대한 것은 다만 그림자와 같이 희미한 암시만 있어왔다. 어떤 사람이 말한 대로, "메시아를 완성시키고, 충만하게 만들어주는 하나의 신성하고 신비적인 몸이 있다는 말은 유대인에게는 터무니는 없는 말로 들릴 것이 분명하다."는 것은 사실이다. 이것은 그리스도 안에 있는 하늘의 처소에서 복을 받았고 그리스도 안에 심겨진 아브라함에게도 알려지지 않은 비밀이었다. 이것은 모든 서신서들 가운데 진리의 최고봉에 해당되는 가르침인 것이다.

교리적인 부분을 마무리하면서, 우리는 실제적인 부분에 들어오게 되었고, 이 실제적인 부분은 에베소서 6장 9절까지 이어지고 있다. 우리가 살펴본 내용들을 다시 반복해서 설명하고자 한다. 우리가 에베소서의 실제적인 부분에 오게 되면, 우리는 교리적인 부분이 영광스럽게 빛나고 있는 것을 보게 된다. 계명들은 성령의 손에 들려서, 교리를 떠받치고 있는 도덕적 미덕을 표현하는 수단이 되는 것을 볼 수 있다. 만일 나의 마음이 하나님을 향해 열리게 되면, 나는 나를 부르신 부르심이 가지고 있는 내적인 미덕에 의해서 인도를 받게 될 것이다. 만일 우리가 평범한 영적 감각을 가지고 있을지라도, 우리는 그것을 즐기게 될 것이다! 이렇게 교리와 계명들이 서로 조화를 이루고 있는 것이 진정 아름답게 보이지 않는가? 동일한 방식으로 베드로는 교리와 도덕적 가치를 따로 입증할 필요가 없는 이적들 앞에 서있었다(벧후 3:16 참조). 나도 마찬가지이다.

이제 10절부터 에베소서는 세대적 특징을 가진 계명들을 소개한다. 하나님은 구약시대 예루살렘에 있는 보좌에 앉아 계셨을 때와 같이 오늘날 그 동일한 빛 가운데 거하시지 않는다. 구약시대에는 땅에 속한 빛이었고, 땅을 비추는 빛이었다. 하나님이 지금 거하시는 빛은, 하나님이 자신의 사랑하는 아들을 버리셨으나, 지금 그 아들께서 하늘에서 영화롭게 되신, 어찌 보면 무시무시하지만, 그럼에도 참으로 보배로운 비밀을 비추는 빛이다. 그렇다면 당신도 하나님이 거하시는 그 빛 속에 거해야 한다. 즉 당신은 하나님의 세대적인 진리를 당신의 삶의 규범으로 삼아야 한다. 이 말은 결코 디모데전서 6장 16절에서 보는 것과 같이 오직 하나님 그분에게만 합당한 영광을 가리키는, "오직 그에게만 죽지 아니함이 있고 가까이 가지 못할 빛에 거하시는" 그 빛에 우리도 거할 수 있다는 뜻은 아니다.

이제 에베소서 5장과 6장의 차이점은 이렇다. 에베소서 5장에서 우리는 인간 삶의 모든 환경 가운데 있는 성도가 어떠한 행실을 가져야 하는가를 볼 수 있다. 하지만 에베소서 6장에서는 전쟁터의 한 가운데 있는 성도를 볼 수 있다. 당신의 싸움이 당신의 지속적인 행실과 연결되어 있다는 것을 보고 있는가? 당신은 오늘 당한 싸움을 내일도 동일하게 감당하게 될 것이다. 우리가 해야 할 일이 많다. 만일 우리가 하나님께 실제적으로 살아있는 성도라면, 우리의 손은 해야 할 일로 무척이나 바쁠 것이다.

이제 세 번째 부분, 즉 영적 싸움에 대한 가르침을 시작하면서, 사도 바울은 우리에게 주 안에서와 그분의 힘의 능력으로 강건하여지고, 하나님의 전신갑주를 취하라고 말한다. 이는 악한 날에 능히 피하여 숨는 것이 아니라, 오히려 우리로 대적하고 또 이 모든 일을 행하기 위해서 든든히 서기 위한 것이다. 성령님은 이것을 세상의 시작부터 마지막까지 존재하는 전쟁으로 생각하신다. 여기엔 분명한 싸움이 있다. 구체적인 싸움을 감당하려면, 당신은 전쟁에 임한 사람처럼 굳게 서야만 한다! 당신은 사람의 생명이 달린 전쟁에 대비해서 충분한 준비를 하고 있는가? 그러한 것이 이 본문이 의도하고 있는 것이다. 구체적인 싸움이 당신의 영혼 가운데 현재 진행 중이건 아니건, 당신의 전체 영혼은, 당신이 이 세상과 육신과 마귀와의 관계를 끝낼 때까지는 결코 끝날 수 없는 전쟁이라는 결론을 염두에 두고 있어야 한다. 만일 두 나라가 전쟁 중에 있다면, 그들은 매일 싸우지는 않을 것이며, 실제로 싸우는 날도 그리 많지 않을 것이다. 하지만 그럼에도 전쟁은 계속 진행 중인 것이다. 주님은 우리가 육체의 몸을 가지고 있는 동안에는 전쟁터에 있다는 사실을, 당신과 내가 모르기를 원치 않으신다.

"악한 날"(13절)은 구체적인 전쟁을 가리킨다. 만일 우리가 승리했다면, 어째서 서있어야 하는 것일까? 그 이유는 전쟁이 선포되었기 때문이다. 당신은 당신 지체 속에 있는 정욕과 또한 당신을 둘러싼 세상의 영(혹은 정신)과의 싸움을 선포한 적이 있는가? 당신의 영혼은 당신이 육체(몸) 안에 있으며, 따라서 당신은 영적 군사라는 사실을 인식하고 있어야 한다. 그렇다면 당신이 차지하고 있는 자리에 굳게 서서, 당신은 하나님의 전신갑주를 입어야 한다. "우리의 씨름은 혈과 육에 대한 것이 아니요 정사와 권세와 이 어두움의 세상 주관자들과 하늘에 있는 악의 영들에게 대함이라."(12절) 이제 당신은 이것을 어떻게 이해하고 있는가? 당신은 악한 영들이 하늘에 있는 처소에 있다는 생각을 해보았는가? 성경은 이것을 우리에게 확실히 가르치고 있다. 역대하 18장에서 주님은 "누가 이스라엘 왕 아합을 꾀어 저로 길르앗 라못에 올라가서 죽게 할꼬?"(19절) 하셨을 때, 한 영이 나아와 "내가 저를 꾀이겠나이다…내가 나가서 거짓말하는 영이 되어 그 모든 선지자의 입에 있겠나이다"(20-21절)라고 말했다. 이것은 에베소서 6장에서 살펴보고 있는 내용을 실제적으로 입증하는 생생한 증거이다.

성령께서 성경 말씀 가운데 중심을 잡고 계신 것을 보는 것은 아름답기 그지없다. 성령님은 사탄이 하늘에 있음을 확실한 사실로 말씀하신다. 성령님은 그에 대해 의구심을 남기지 않으신다. 성령님은 확실한 사실로, 신뢰할만한 것으로 확정하신다. 주님은 무엇이라 말씀하셨는가? "사단이 하늘로서 번개같이 떨어지는 것을 내가 보았노라"(눅 10:18)고 하셨다. 이것은 그저 문학적인 표현이 아니다. 그리고 요한계시록 12장에서 사탄은 하늘에서 내어쫓김을 당한다. 사탄과 정사들과 권세들이 지금 하늘 처소를 장악하고 있다.

그렇다면 이 악한 영들은 무슨 일을 하는가? 그들은 온갖 계략과 거짓말과 속임수를 통해서 당신의 마음과 지성을 노략하는 일을 한다. 미가야가 환상을 통해서 본 대로, 거짓말하는 영이 나가서 아합 왕을 속이는 일을 했다. 또 사탄은 다윗에게 역사하여 백성들을 계수하는 일을 하도록 했다. 구약성경과 신약성경은 이러한 이야기를 많이 설명하고 있다. 바울은 "우리가 그 궤계를 알지 못하는 바가 아니로라"(고후 2:11)고 말했으며, 또한 사탄을 가리켜 "모든 궤계와 악행이 가득한 자요 마귀의 자식이요"(행 13:10)라고 말했다. 이 모든 구절들은 사탄이 간계(속임수)를 통해서 일한다는 것을 보여준다. 사탄은 폭력과 핍박을 통해서 일하기도 하지만, 여기서는 언급되지 않고 있다. 만일 우리가 성경에서 소개하고 있는 또 다른 사탄의 이야기를 보게 되면, 그는 참소하는 자인 것을 알게 될 것이다. 욥기에 보면 사탄은 욥을 참소하는 자였다. 마찬가지로 요한계시록에 보면 사탄은 여전히 형제들을 참소하는 자인 것을 보게 될 것이다.

우리는 이제 우리 자신이 대적 앞에 있다는 사실을 발견하게 되었다. 나는 전쟁 중에 있으며, 비록 악한 날을 피할 수는 있지만, 전쟁을 완전히 벗어버릴 수 없다. 그렇다면 이제 나는 무엇을 해야 하는가? 하나님의 전신갑주를 입어야 한다.

이제 우리는 이 전신갑주의 각 부분을 살펴볼 필요가 있다. 혈과 육으로 싸우는 전쟁터로 보낼 때에 당신에게 적합한 하나님의 전신갑주는 한 벌로 된 것인가? 아니면 하나님께서 여호수아와 다윗을 무장시키신 것과 같은 방식인 것인가? 여호수아와 다윗은 혈과 육에 속한 전쟁을 해야 했다. 하나님이 그들에게 주신 무기는 육신을 제압하는 무기였다. 이제 그런 무기에 대한 언급은 전혀 없다. 물맷돌과 나귀의 턱뼈는 이제 소용이 없다. 이제 필요한 것은 하나님의 전신갑주이다. 만일 내가 이 갑주를 입고 있지 않다면, 나는 그리스도를 위한 싸움을 하고 있는 것이 아니다. 성도들은 육신적인 무기들을 사용하기도 한다. 하지만 만일 내가 그렇게 한다면, 예를 들어서, 나의 권리를 주장하기 위해서 법원에 간다면, 더 이상 내가 하나님의 빛 가운데 있는 사람이라고 말을 할 수 없다. 그래서 세대적인 진리가 그토록 중요한 것이다. 나는 여기서 성령님께서 나를 전쟁터로 보내신 것을 보게 되고, 나의 안전은 진리, 의, 믿음, 평안, 그리고 성령의 검에 달려 있는 것을 보게 된다.

이제 이러한 사탄의 계략들 가운데 몇 가지만 예로 들어보자. 사탄은 사람들로 하여금 비윤리적인 이단들, 미신적이고 허망한 사상들, 악한 교리들, 세상의 역사에 대한 헛된 기대들에 빠지게 한다. 우리는 여기 이 세상에 우리의 정욕을 충족시키고자 있는 것이 아니라, 대적의 직접적인 도발에 대적하기 위해서 있는 것이다. 우리는 에베소서 5장의 교훈처럼, 세상을 좇아 행하고자 하는 마음의 시험에 대항하며 굳게 서야 한다. 여기서 우리는 사탄과 불의로 가득한 속임수와 교리적인 이단들과 얼굴을 대면하며 서있다. 이러한 것들이 우리가 맞서 대항해야 하는 것들이다. 여자의 후손이신 그리스도에 의해서 영적 해방을 받은 자로서 우리는 인류를 사로잡은 자였던 사탄과 전쟁을 해야 하는 것이 완전히 옳은 일이 아니겠는가? 어떻게 당신은 당신 자신을 예수님에게 밀착시키고, 대적의 면전에서 도망치지 않고, 사탄으로 하여금 당신이 기꺼이 그와 전쟁을 벌일 것이란 사실을 알게 할 것인가?

이처럼 열정적인 장면을 지나게 되면 우리는 전신갑주를 입은 우리의 모습을 보게 된다. 따라서 만일 다시 살리심을 받은 우리 영혼의 상태가 성령의 교통 가운데 유지되지 않는다면, 전신갑주는 거추장스럽게 그지없는 것이 되고 말 것이다. "모든 기도와 간구로 하되 무시로 성령 안에서 기도하고…또 나를 위하여 구할 것은 내게 말씀을 주사 나로 입을 벌려 복음의 비밀을 담대히 알리게 하옵소서 할 것이니 이 일을 위하여 내가 쇠사슬에 매인 사신이 되었노라."(엡 6:18-20) 과연 당신은 한 나라의 대사가 파견을 받은 나라의 감옥에 수감되었다는 이야기를 들어본 적이 있는가? 어째서 하나님은 어느 나라도 하지 않을 일을 허락하시는 걸까? 도대체 그리스도의 대사, 바울이 가지고 온 메시지가 무엇이길래 기도하는 일을 하도록 쇠사슬에 매인 죄수가 되게 하셨는가? 사도 바울이 가지고 온 메시지는 한없는 은혜의 메시지였다. 그럼에도 바울은 죄수의 대우를 받았다. 세상 나라의 법은 일순간도 그런 것을 허용하지 않을 것이다. 그럼에도 하나님은 지난 2,000년 동안 자신의 종들과 증인들이 그런 식으로 대우받는 것을 허용하셨다.

이제 사도 바울은 "우리 사정을 알게 하고 또 너희 마음을 위로하게 하기 위하여"(22절) 두기고를 보내었노라고 말한다. 아, 과연 우리도 이런 식으로 할 수 있을까! 감옥에 수감되어 있으면서도, 다른 사람들을 위로할 수는 영성이여!

런던 탄광촌의 성직자였던 손더스는 자신의 아내에게 이렇게 편지를 썼다.
"기뻐하시오. 사랑하는 아내여, 기뻐하시오. 우리는 모두 여기서 기뻐하고 있소. 우리는 지금 그분과 함께 울고 있지만, 우리는 장차 그분과 함께 영원히 웃을 것이오."

이것은 바울이 처한 상황과 동일하다. 로마에 있는 감옥에서 에베소에 있는 형제들에게 격려의 서신을 써 보낸 것이었다. 하나님의 영이 역사한 것이 아니면 무엇이랴?

주께서 우리에게 교리로 가르쳐주시고, 실제 삶 속에서 도덕성의 함양이 일어나게 해주시고, 마지막으로 살펴본 하나님의 전신갑주에 대한 교훈을 통해서 영적 전쟁에서 승리를 위한 힘을 더해주시길 빈다. 아멘.

by John Gifford Bellett

부록 - 세대적인 진리 연구의 유익

하나님이 인간을 섭리하실 때, 하나님은 인간을 재삼재사 시험하시지만, 이러한 시험이 항상 실패로 끝날 것을 아시고 그에 대한 준비를 하신다.

하나님은 에덴 동산에서 아담을 시험하셨다. 하나님은 아담을 율법 아래에 두셨다. 하지만 아담을 잠들게 하신 후에, 남자에게서 여자를 취하심으로 처음부터 하나님은 이 시험이 어떻게 끝날 것을 아셨고, 또 다른 것, 사실은 그보다 나은 것을 준비하셨다.

이후에 시험은 이스라엘에게도 임했다. 하나님은 이스라엘을 율법으로 시험하셨다. 하지만 하나님은 이스라엘에게 율법을

"장차 오는 좋은 일의 그림자"로, 즉 은혜와 구원에 대한 약속(pledges)으로 계시하셨다. 하지만 하나님은 인간이 에덴 동산에서 그들에게 주셨던 계명 아래서 했던 것처럼 스스로 파멸을 자처하며 시내 산의 율법 아래서도 몰락할 것을 아셨다.

그 후에 선지자들의 사역을 통해서 주님은 백성들을 순종의 길로 돌아오도록 했다. 이에 실패하자 선지자들은 자멸의 길을 걷고 있는 완고한 이스라엘 백성들로 하여금 그들이 장차 굳게 서게 될 은혜를 바라보도록 했다.

그리고 세례 요한이 이미 주어진 예언을 따라 주님 앞서 가서 메시야의 소리, 메신저, 엘리야로서 등장했다. 하지만 세례 요한의 사역의 또 다른 측면을 보면 그는 하나님의 어린양을 소개하는 증인이자, 장차 세상에 빛을 비추실 빛이신 주님의 선구자였다. 예언의 성격상 세례 요한에 대해서 미리 예고한 바는 없지만, 이스라엘과 사람에게 은혜와 구원을 전파했지만 결국 사람들을 시험하는 시험에 실패할 것이란 가정 하에서, 세례 요한은 메시아이신 그리스도와 동일한 반열에 있다고 할 수 있다.

이스라엘의 모든 성과 마을에서 베푼 주님 자신의 사역도 이와 동일한 과정이 진행되었다. 주님은 자신을 그들에게 소개하시면서 재삼재사 자기 백성들을 시험하셨다. 주님은 전과 같이 은혜와 구속을 증거하셨지만, 예전처럼 그들이 또 다시 시험 아래서 자신들을 몰락시킬 것을 알고 계셨다. 열두제자와 칠십인을 파송하실 때에도 주님은 동일한 일을 하셨다. 이는 그러한 사역들은 다만 주님의 마음의 반영에 불과하기 때문이다.

게다가 이 일은 끝까지 지속될 것이다. 예루살렘에서 그리스도의 승천을 목격했던 사도들은 성령 아래서 유대인들을 시험했다. 하지만 유대인들은 또 다시 실패했다. 다만 오랜 후에 있을 이스라엘 나라를 회복하는 때 또는 유쾌하게 되는 날을 멀리서 바라보았다. 주님이 제자들에게 지상대명령을 주실 때에도, 바울을 사도로 부르실 때에도, 하나님의 구원의 기쁜 소식을 땅 끝까지 전함으로써 택하신 자들을 그리스도의 몸으로 모을 때에도, 주님은 그 사역의 마지막을 내다보시고 그에 따른 대비책을 마련하셨다. 이 사실이 디모데후서에 나타나 있다. 요한계시록 1-3장에서 촛대에 대한 경고의 말씀을 통해서 확증되었다. 게다가 요한계시록 4-19장에서 기독교계에 대한 심판을 통해서도 나타나 있다. 이러한 생각들은 자연스럽게 세대적인 진리로 집약되어진다. 이제 이 주제를 구체적인 성경구절들을 통해서 살펴보자.

세대적인 진리를 이해하는데 합당한 영혼의 상태

최근에 "세대적인 진리를 연구하는 일은 영혼에 생기를 잃게 한다."는 말을 들었다. 과연 그러한지 우리가 이미 하나님의 말씀 안에 있는 빛을 얻었듯이 하나님의 지혜의 빛을 통해서 확인해보자. 우리는 오직 하나님의 말씀을 통해서만 빛을 얻을 수 있다.

로마서는 이러한 진리의 특징을 하나님의 성도들에게 교훈하고 있다. 특히 로마서 9-11장은 세대에 대한 하나님의 지혜(divine dispensations)에 대한 설명으로 가득하다. 이처럼 세대적인 진리는 로마서 1-8장이 우리에게 보여주는 대로, 하나님과 개인들이 맺는 관계에 대한 진리를 개인적으로 적용한 후에야 주어지고 있다.

이것은 하나님의 섭리 또는 하나님의 세대에 대한 연구를 하는데 적합하지 않거나 시기적절하지 않은 영혼의 상태가 있음을 알게 해준다. 그러므로 하나님과 자신의 관계에 대한 영적인 문제가 해결되지 않은 상태에서 그처럼 신성하고 귀한 세대적인 진리에 관한 일들을 호기심으로만 접근하고자 하면, 세대적인 진리를 연구하는 일은 그러한 사람에겐 영혼을 메마르게 하는 일이 될 것이라고 짐작할 수 있다.

고린도전서에 보면, 앞서 언급한 경우에 해당되는 사람, 즉 다만 지적인 호기심만을 가진 하나님의 성도들에게 사도 바울은 신령한 진리로 먹이는 일을 주저하고 있는 것을 볼 수 있다(고전 3:1-2). 그에게 주신 성령의 곳간에서 사도 바울은 "비밀한 가운데 있는 하나님의 지혜" 또는 "감추인 지혜"를 가지고 있었지만, 다만 온전한 자들 중에서만 지혜를 말하고자 했다. 하지만 고린도교회의 성도들은 도덕적으로, 영적으로 수준이 낮은 상태에 있었다. 그러므로 사도 바울은 성도들을 개인적으로만 상대해서, 하나님의 지식과 하나님의 섭리를 교제하고 나누고자 했다. 이와 동일한 방법으로 주님은 요한복음 3장에서 랍비인 니고데모를 교훈하신 것을 볼 수 있다. 거듭난 이후에 성령으로 난 사람이 되어야만(요 3:6, 8) 하늘에 속한 일을 이해할 수 있기 때문이다(요 3:12).

다시 말해서, 진리를 받기에 합당하지 못한 상태, 그리고 세대적인 진리를 연구하기에 성령님에게서 인정을 받지 못하는 영혼의 상태가 있는 것이다. 그러므로 부주의한 사람의 경우, 세대적인 진리를 연구하는 일은 필히 그 영혼을 메마르게 할 수도 있다.

게다가 세대적인 진리를 연구하는데 합당한 준비가 된 영혼의 상태가 있으며, 하나님의 말씀을 바르게 분변하는 일에 영적으로 성숙한 상태도 있다. 그에 대한 예를 들어보기로 하자. 이미 로마서 9-11장에 대해서 언급한 것처럼, 사도 바울은 하나님의 세대적인 섭리를 추적하면서 그 성격상 상당히 개인적인 진리와 그에 대한 개인적인 적용문제에 대한 자신의 논지를 중단하고서 그처럼 중차대한 세대적인 진리를 진술하기 시작한다. 로마서 10장 안에는 그처럼 놀라운 성경의 주제가 담겨져 있다. 거기에서 우리는 각자 자신을 위해서 율법의 음성과 믿음의 음성을 통해서 경계와 격려와 교훈으로 가득한 메시지를 듣게 된다.

고린도전서 12-14장에서 사도 바울은 교회에 대한 진리 뿐만 아니라 세대에 대한 진리를 소개하면서, 사랑의 장이라고 불리는 고린도전서 13장에서 볼 수 있는 것처럼, 신적인 사랑과 같이 깊이 있고 엄숙한 개인적이면서도 실제적인 진리를 삽입해서 교훈하고 있는 것을 볼 수 있다.

하나님의 섭리

따라서 지금까지 전개해온 내용들 외에 우리는 세대적인 진리를 연구하는데 적합한 영혼의 상태에 대해서도 살펴보아야 한다. 이러한 권면을 마음에 새기고 영혼의 경계심을 가지고, 하나님이 자신의 지혜로써 (창세로부터 정하시고 섭리해 오신) 서로 다른 세대에 대한 하나님의 섭리와 하나님의 계획에 대해서 묵상을 할 때 조심스럽게 접근해야만 한다.

이에 대한 증거는 있을까? 분명 창세기와 같은 초기의 신성한 기록들에 의하면 족장들의 이야기는 하나님의 계획적인 섭리에 대한 주제로 가득하다. 그 안에 하나님은 창세로부터 말세에 이르는 하나님의 계획과 섭리를 담으셨다. 그 모든 것들은 반드시 실현될 참되고 진실한 이야기이다. 우리는 그처럼 하나님의 섭리에 대한 주제에 익숙해져야 한다. 그것이 전부인가? 이러한 기록들이 그저 수 천년 전에 나를 위해서 기록되었다는 사실을 말해주는 것으로 끝인가? 아니면 하나님을 아는 지식과 하나님의 섭리를 통해서 신앙의 덕을 쌓는데 필요한 유익을 얻을 뿐만 아니라, 하나님의 비밀에 대한 계시를 받을 수 있다는 기대감도 가질 수 있는 것인가? 이에 대해 확실한 답변을 할 수 있다.

예를 들어, 사라와 하갈의 이야기는 단순한 가정사가 아니라, 일종의 알레고리(비유)이다. 우리는 창세기에서 이와 유사한 무수히 많은 알레고리들을 발견한다. 어떤 것은 깊이가 있고, 어떤 것은 단순하고, 또 어떤 것은 심오하면서도 (우리 인생을 밝게 해줄) 풍성한 교훈을 담고 있다. 이 모든 것들은, 즉 이러한 알레고리들은 하나님의 마음에 품고 있는 영원한 계획을 우리에게 전달해주기 위해서 선택된 하나님의 수단이다.

모세의 율법(ordinances) 또한 동일하게 놀라운 이야기를 전달해준다. 레위기 23장에 기록된 유대인의 연력은 애굽에서 나온 출애굽의 날로부터 시작되어 마침내 그리스도께서 영광 가운데 천년동안 통치하실 천년왕국에 들어가는 날까지의 이스라엘 민족을 향한 하나님의 섭리를 드러내는, 일종의 청사진 또는 모형도이다.

후에 선지자들은 그러한 하나님의 섭리에 대한 교훈을 (성령님으로부터 직접) 받고 모든 세대에 그러한 교훈을 증거하기 위해서 기름부음을 받았다. 선지자들을 부르신 데에는 또 다른 하나님의 목적이 있었다. 그것은 바로 이스라엘 민족을 돌이켜 회개하게 함으로써 여호와께 대한 충성으로 돌아오게 하는 것이었다. 하지만 선지자들의 사역에 있어서 보다 웅대하고 보다 특징적인 목적은, 하나님이 창세 전부터 가지고 계신 지혜를 따라 이 세상을 다스리고 통치하시는 하나님의 섭리를 선포하는 것이었다.

신약성경으로 오게 되면, 우리는 동일한 것을 보게 된다. 신약성경의 여러 부분들이 그러한 진리를 담고서 세대적인 진리를 드러내고 있으며 (우리가 이미 살펴본 로마서 9-11장이 한 예이다.) 또한 이러한 세대적인 진리들은 여러 부분과 여러 본문을 통해서 제시되고 있으며, 다른 여타 주제들을 다루다가도 삽입

되는 형태로 제시되고 있다. 세대적인 진리는 거기에서 다른 진리들과 조화를 이루고 있다. 세대적인 진리는 "지혜와 비밀"이라는 숭고한 용어로 설명되고 있다. 분명 세대적인 진리는 그러한 숭고함을 입을 만하다. 사도 바울은 우리가 신령한 지혜와 총명에 이르고, 그처럼 중요한 주제에 익숙해지기를 바라는 기도를 했다. 하지만 고린도전서에서 사도 바울은 온전한 자들 가운데에서만 지혜를 말하고자 했다. 이것은 고린도교회 성도들에겐 수치스러운 일이며 또한 손실임을 암시하고 있는 것이다. 그들은 실로 그처럼 영적으로 높은 수준의 진리를 받을 준비가 되어 있지 않았다. 이 모든 일 중에서, 참으로 존귀한 것은 이 세대적인 진리 자체에 있으며, 이 진리를 연구하는 일에 힘을 다하도록 격려하는데 있다. 만일 우리가 이 모든 성경을 기록하도록 감동을 주신 성령님과 동행하고 있다면 우리는 성경의 진리에 익숙해지는 일에 혼신의 힘을 다할 것이며, 따라서 성경의 처음부터 마지막까지, 창세기에서 요한계시록에 이르기까지, 성경 전체를 연구하는 일에 힘쓸 것이다.

시대를 분별해야 할 필요성

조금 더 살펴보자. 경건은 진리를 통해서 연단된 신앙의 진수이다(딤전 3:15-16). 우리의 성품은 진리를 통해서 연단을 받으며, 우리의 섬김과 봉사는 진리에 의해서 형성되고 또한 인도를 받는다. 진리는 도구이며 또한 기준이다. 진리를 통해서 성령님은 우리 안에서 일하시며 또한 우리와 더불어 역사하신다. 게다가 진리를 가지고 우리는 모든 것을 시험하고 분별한다. 따라서 진리는 성령님의 손에 들린 도구이며 우리 신앙의 기준이다. 그리고 진리는 하나님이 섭리하시는 다양한 세대와 연결되어 있다.

이것은 매우 명백한 사실이다. 인간관계에 부여된 도덕과 의무는 세대적인 진리와 연관해서 매우 독특한 특징을 가지고 있다. 성경 가운데 에베소서 4-6장은 다양한 측면에서 우리에게 이 점을 교훈하고 있다. 우리는 이 세대에서 그리스도를 배우며(엡 4:20), 또한 예수 안에 있는 진리(엡 4:21)로 가르침을 받는다. 하나의 세대 아래서 거룩과 봉사였던 것이 또 다른 세대에서는 다르게 정의될 수 있다. 행동 규범은 시대가 변함에 따라 그 성격이 바뀌게 마련이다. 하나님이 정하신 기준에 따라 옳고 바르게 행동하려면 우리는 사도 바울이 말한 대로, 때와 시기를 알아야 한다. 장차 하늘로서 불이 내려와 대적을 사르는 거룩한 날이 있을 것이다. 하지만 그전에 이러한 경고의 메시지를 전하는 것이 조롱을 받는 날이 올 것이다. 그것도 동일한 성경의 영감을 믿는 사람들에게서 올 것이다. "하나님이 모든 것을 지으시되 때를 따라 아름답게"(전 3:11) 하셨듯이, 세대적인 진리는 하나님의 이스라엘과 하나님의 교회가 엄격히 시대적으로 구분되어야 하는 시대적 구분과 관련된 가장 중요한 요소이다.

한때 주님은 종들의 손에 검을 들려주셨다(마 10:34). 다른 때 주님은 그 손에서 검을 제하여 버리셨다(마 26:52). 여호수아와 베드로는 이 사실을 우리에게 말해준다. "가이사의 것은 가이사에게, 하나님의 것은 하나님께 바치라"는 말씀은 복음서 시대에 주신 주님의 명령이었다. 하지만 이스라엘 역사의 초기에 이스라엘 백성들의 열심과 열정에 의해서 유대 땅에서 이방 신과 이방인의 모든 흔적을 다 제하도록 한 일이 있었다(수 24:14-15). 그때에는 하나님과 가이사가 양립할 수 없는 시대였다. 다만 여호와의 이름만이 열두지파의 땅에 기록될 뿐이었다. 열두지파의 지팡이와 돌에는 이스라엘의 여호와의 이름만이, 아무런 경쟁자 없이 기록될 수 있었다.

마찬가지로 장소와 규례들도 세대에 따라 그 성격이 변한다. 이것은 다른 것에 비하면 매우 이해하기 쉽다. 하나님이 강림하신 시내산은 무섭고 두려운 곳이었지만, 거룩히 구별되었기에 오직 하나님 외엔 접근할 수 없었다. 그곳은 지금은 단순히 "아라비아에 있는 시내"라고 불린다. 한때는 신성한 장소였기에, 그곳을 범하는 자는 죽음을 면치 못하는 곳이었지만, 지금은 단지 "세상의 초등 학문"(골 2:20) 또는 "약하고 천한 초등 학문"(갈 4:9)의 잔재일 뿐이다. 게다가 율법은 우상숭배와 밀접한 연관이 있다(갈 5장 참조). 따라서 한때는 거룩한 것이 지금은 일반적인 것이 되었다. 한때는 부정했던 것이 이제는 성도의 교제를 위해 주어진다. 모세가 광야에서 장대 위에 달았던 놋 뱀이 후에는 이스라엘 백성들이 우상으로 섬겼던 네후스탄이 되었다. 할례 받지 못했기에 거부당했던 이방인들이 이제는 성령으로 말미암아 하나님의 거하시는 처소가 되었다.

이처럼 하나님께 가치 있던 행위, 장소, 규례와 같은 것들이 세대가 변함에 따라 변화된다. 우리는 이제 진리를 가지고 경건성, 거룩성, 신성성을 결정해야 한다. 변화하는 세대와 조화를 이루면서 해야 할 뿐만 아니라 동일한 세대 안에서도 변화하는 국면과 상태에 따라서 결정해야 한다.

예를 들어서 이스라엘의 수금은 솔로몬 시대에 사용했던 악기였고, 노래는 헤만, 아삽, 여두둔의 자손들이 신령한 노래를 지어 불렀다. 하지만 바벨론 포로 시대에는 수금을 버드나무에 걸어두고 시온의 노래를 눈물로 불렀다.

마찬가지로 하나님의 마음에 합한 사람이었던 다윗은 이스라엘의 시대적 경륜 가운데 오직 제사장만 먹을 수 있었던 성전의 진설병을 자신과 자신을 따르는 사람들의 굶주림을 해결하기 위해서 요구했다.

또 다시 다윗은 하나님의 이름을 위하여 전을 건축하고자 마음이 있었지만, 그렇게 할 수 없었다. 왜냐하면 세대적으로 자기 시대에 할 수 있는 일이 아니었기 때문이었다(대하 6:8-9).

따라서 우리는 이러한 몇 가지 사례 등을 통해서, 하나의 세대 또는 동일한 세대 가운데서도 여러 시기와 시절이 있으며, 거기에 합한 상황과 상태가 있는 것을 볼 수 있다. 게다가 동일한 세대는 그 세대에 일반적이고 공통적으로 적용되는 진리들이 있기 마련인데, 같은 세대 안에서도 마치 전혀 다른 세대에 속하는 것처럼 보이는 경우도 있다. 예를 들면, 여호수아의 지도력 아래 있던 이스라엘 백성들, 사사들의 지도력 아래 있던 이스라엘 백성들, 그리고 고토에 있던 이스라엘 백성들, 바벨론 포로 시기의 이스라엘 백성들, 그리고 고토로 귀환한 이스라엘 백성들은 모두 동일한 언약의 세대 아래 있었지만, 여호와 하나님을 섬기는 방식은 각 상황마다 달랐다. 이와 관련해서 누가복음 5장 34-35절을 인용하고자 한다. "혼인집 손님들이 신랑과 함께 있을 때에 너희가 그 손님으로 금식하게 할 수 있느뇨 그러나 그 날에 이르러 저희가 신랑을 빼앗기리니 그 날에는 금식할 것이니라."

이 모든 것들을 통해서 우리가 확실히 알 수 있는 것은, 하나님은 성결 또는 거룩에 이르는 방법과 규례를 시대마다 다르게 정하셨다는 세대적인 진리는 참으로 위대하다는 것이다. 따라서 우리는 때와 기한, 즉 시세를 파악해야 한다. 시세에 맞지 않는 것은 아무 것도 아니다. "잇사갈 자손 중에서 시세를 알고 이스라엘이 마땅히 행할 것을 아는 두목이 이백 명이니 저희는 그 모든 형제를 관할하는 자며"(대상 12:32) 성경은 이렇게 때와 기한에 합당한 교훈으로 가득하다. 따라서 시대적으로 구분된 진리를 떠나서 또는 세대를 구분하지 않고서 거룩한 것과 거룩하지 않은 것을 판단할 자유가 우리에게 주어지지 않았다. 하나님의 성품에 합당한 경건과 신앙심은 이러한 진리에 대한 지식, 하나님이 정하신 시대적 구분과 조화를 이루는 진리에 기초하고 있다. 하나님은 각 세대별로 하나님의 온전하고도 아름다운 기준을 마음에 정하셨다.

도덕적 연속성

혹시라도 독자들이 오해할 것이 염려되어 이 말을 분명히 해두고자 한다. 즉 어느 세대라도 변치 않는 옳고 그른 기준은, 즉 도덕성은 존재한다. 우리는 그러한 기준에 대해서 이견이 없다. 양심은, 하나님의 말씀으로 교훈을 받아야만 했지만 그럼에도 항상 존중되어 왔다. 양심은 항상 우리가 들어야 하는 목소리를 가지고 있다. 지금까지 세대적인 진리(또는 시대적으로 구분된 진리)에 대해서 말해왔지만, 그럼에도 양심은 시대를 초월해 있다. 다시 한번 말하지만, 성결 또는 거룩에 이르는 방법은 고정적이지 않다. 또 다시 말하지만, 각 세대별로 또는 모든 세대를 구별 짓는 분명한 특징이 있었지만, 그럼에도 모든 세대가 공통적으로 가지고 있는 원칙 또한 존재해왔다.

교만과 자기 과시의 욕망으로 말미암아 하나님을 떠난 세상에서 인간은 하나님처럼 살아왔다. 만일 하나님이 이러한 인간 세상에 나타나셔서 역사하신다면, 분명 하나님은 모든 인간의 교만을 제거하는 방법으로 임하실 것이며, 게다가 하나님은 반역한 자신의 피조물을 오직 하나님 안에만 존재하는 영광을 바라보도록 돌이키실 것이다.

따라서 하나님은 우리 가운데서 항상 이러한 원리를 따라 역사해오셨다. 이는 세상의 약한 것들을 택하사 강한 것들을 부끄럽게 하심으로써 아무 육체라도 하나님 앞에서 자랑하지 못하게 하려 하시며, 자랑하는 자는 주 안에서 자랑하게 하려 하셨기 때문이다. 세대가 변하고 세대에 속한 원리들은 변할지라도, 이러한 원리는 항상 존재해왔다.

족장들은 그 땅에서 극소수의 무리였고, 거기서 나그네로 살았다. 그들은 정착할 땅을 얻지 못했고, 이 나라에서 저 나라로 순례하는 인생을 살아야만 했다. 그럼에도 하나님은 사람들로 저들을 해치지 못하도록 보호하셨으며, "나의 기름 부은 자를 만지지 말며 나의 선지자를 상하지 말라"(대상 16:22)고 말씀하심으로써 땅의 임금들을 책망하셨다.

하나님의 택하신 사람들이 한 나라를 이루었을 때, 그들은 땅의 모든 족속 가운데 가장 작은 족속이었고, 세상 역사에 기릴 만한 또는 기념할 만한 것이 아무 것도 없었다. 하지만 그들은 이집트의 학대와 고역 아래서도 번창했으며 하나의 왕국을 이룰 만큼 눈부신 발전을 거듭했고, 마침내 자신을 둘러싼 모든 이방 나라들의 미움에도 불구하고 세상의 중심, 열방의 중심이 되었다. 그들의 승리는 지극히 연약함이라는 도구에 의해서 이루어졌다. 횃불과 항아리, 소모는 막대기, 나귀 턱뼈, 그리고 물매로 군대와 군마, 그리고 칼과 방패의 역할을 했다. 두 사람이 천명을 도망하게 했고 양각 나팔이 견고한 여리고 성벽을 허물었다.

시대가 변하고 이스라엘 민족이 죄로 인해 몰락했을 때, 은혜와 구원의 사역이 시작되었다. 하지만 그들의 수장격인 주님은 목수의 아들이었고, 그 제자들은 대개 어부들이었다. 그들은 온 이스라엘 성과 마을을 다니며 복음을 전파했다.

또 다시 이방인의 사도가 사역으로 부르심을 받았을 때, 그는 우리에게 하나님의 미련한 것이 사람보다 지혜 있고 하나님의 약한 것이 사람보다 강하다는 사실을 설파했다. 사도 바울은 고린도 교회에서 우리가 지금까지 상고해온 이 동일한 원리, 즉 하나님은 인간 또는 육체를 겸손하게 하시며 하나님 자신을 우리의 영광이자 자랑으로 삼도록 하는 원리를 증거했던 것이다(고전 3장). 하나님은 우리에게, 하나님은 항상 이 원리를 따라 역사하신다는 것을 알게 하셨다. 그래서 바울은 그리스도의 일꾼으로서 고린도교회 성도들 가운데 거할 때에 약하며 두려워했으며, 말의 화려함이나 사람의 지혜에서 나오는 것으로 말씀을 전하지 않았다. 이 모든 것 가운데서 그의 연약함이, 바로 그가 가진 능력의 비밀이었다. 이 세대의 관원들이 미처 보지 못하고 듣지 못하고 마음으로 생각지 못한 영광스럽고 놀라운 비밀이었다. 기드온, 삼손, 그리고 다윗은 승리를 경험했다. 비록 횃불과 빈 항아리, 나귀 턱뼈, 또는 물매를 가지고 전쟁터에 나갔지만, 자기 시대에 승리가 그들 앞에 있는 것을 알았다. 마찬가지로 바울은 약하며 두려워하며 심히 떨었지만, 질그릇 같은 자신 안에 보배를 가지고 있음을 알았다.

현재 세대의 발전

신약성경에서 우리는 세 개의 연속된 상태로 우리 앞에 제시된 현재 세대의 특징을 볼 수 있다. 첫째, 바울을 통해서 교회가 성령의 목회적 돌봄 아래 있는 것을 볼 수 있다. 이 사실이 바울 서신들을 통해서 우리에게 제시되어 있다. 둘째, 교회들이 촛대로서, 책임 아래 있는 존재로서의 교회에 대한 설명이 있다. 교회들은 밝게 빛을 발하고 그 눈은 불꽃 같고 심판자의 영광을 입은 인자 앞에서 각자 책임을 져야 하는 존재로 부르심을 받은 것이 나타나 있다. 우리는 이것을 요한계시록 1-3장에서 볼 수 있다. 셋째, 교회는 기독교계 안에서, 이제는 더 이상 교회로서 그리스도의 보양함이나 징계를 받거나, 또는 촛대로서 경고를 받는 존재가 아니라, 주님의 심판의 대상으로서 기독교계의 모습으로(여전히 그리스도의 이름으로 불리지만, 실상은 부패하고 타락한 종교기관의 모습으로) 나타나고 있다. 이 사실이 요한계시록 4-19장에 나타나 있다.

이 세 가지 특징적인 모습은 현재 세대 내에서 연속적으로 진행되어 가는 세 가지 국면을 보여준다. 이스라엘 민족의 역사 속에서 변화되어가는 국면이 존재했듯이, 현재 세대에서도 이처럼 변화해 가는 국면 가운데 그리스도인의 자리와 봉사와 의무 또한 변화해가는 것이 명백하지 않은가? 가장 단순한 비유에서부터, 도덕적 필요성에 이르기까지, 분명 그렇다고 대답할 수 있다. 디모데전후서를 묵상해보면 이러한 것이 우리를 향한 하나님의 선한 뜻임이 분명해진다.

특히 디모데전서는 이미 앞에서 살펴본 교회의 국면 가운데 첫 번째 국면과 상태에 놓여 있는 교회들의 모습을 우리에게 보여준다. 즉 사도들을 통해서 교회를 보양하고 돌보는 성령의 사역과 역사를 소개하고 있다. 디모데후서는 두 번째와 세 번째 국면 사이에 놓인 교회의 모습을 보여준다. 즉 촛대들을 향한 경고, 즉 "어디서 떨어진 것을 생각하고 회개하여 처음 행위를 가지라 만일 그리하지 아니하고 회개치 아니하면 내가 네게 임하여 네 촛대를 그 자리에서 옮기리라"는 주님의 경고를 받고 있는 국면과 장차 기독교계가 주님의 심판를 받게 될 국면 사이에 있는 교회의 모습을 보여준다.

그렇게 보는 근거가 있는가? 그렇다. 분명하고 확실한 근거가 있다. 각 세대마다, 그리고 모든 세대마다, 그리고 어떠한 상황 아래에서도 하나님의 세대를 향한 경영은 항상 확증(경고)과 심판(해체)으로 끝나기 때문이다. 하나님을 향해서 책임의 관계 아래 있는 인간은 항상 책임을 다 하지 못했다. 인간은 주님이 맡기신 청지기 직분에 대해서 항상 신실하지 못했다. 하지만 성경은 우리에게 주어진 하나님의 약속에 대해서 항상 신실할 것을 말하고 있다. "하나님의 약속은 얼마든지 그리스도 안에서 예가 되니 그런즉 그로 말미암아 우리가 아멘 하여 하나님께 영광을 돌리게 되느니라." (고후 1:20) 하지만 "주인이 저를 불러 가로되 내가 네게 대하여 들은 이 말이 어찜이뇨 네 보던 일(steward)을 셈하라 청지기 사무를 계속하지 못하리라" (눅 16:2)는 말씀처럼, 인간은 하나님이 맡기신 청지기 직분에 대해서 항상 청지기 직분을 빼앗기는 것으로 끝을 맺고 있다. 따라서 만일 "하나님이 하나님의 회 가운데 서시며 재판장들 중에서 판단하신다면"(시 82:1), 그에 대한 확증은 분명 "저희는 무지무각하여 흑암 중에 왕래하니 땅의 모든 터가 흔들리도다."(시 82:5)일 것이며, 그에 대한 심판은 "너희는 사람처럼 죽으며 고관의 하나 같이 넘어지리로다."(시 82:7)가 될 것이다.

따라서 요한계시록 1-3장에 기록된 촛대를 향한 경고의 말씀도 확증과 심판으로 끝마쳐지는 것을 볼 수 있다. 이에 대한 확실한 근거는 요한계시록 1-3장에서 묘사하고 있는 요한 자신이다. 요한은 촛대로서 지역교회들의 대표로서 주 예수님 앞에 서 있다. 여기서 주님은 "그 머리와 털의 희기가 흰 양털 같고 눈 같으며 그의 눈은 불꽃같고 그의 발은 풀무에 단련한 빛난 주석 같은" 모습으로 나타나신 인자이시며, 또한 교회들 가운데 거니시는 심판자로서 묘사되어 있다. 주님은 요한 앞에 세상의 심판자로서 자신을 나타내셨고, 요한은 그 앞에 서 있다. 요한은 이미 우리가 심판 날에 담대함을 가지고 있음을 가르쳤다(요일 4:17). 하지만 주님은 촛대들 가운데 서 계시고, 요한 앞에 심판자로서 그 모습을 나타내셨다. 이것은 참으로 우리 영혼을 압도하는 장면이다. 요한은 그와 같이 엄청난 영광을 가지시고, 심판자로서 자신을 나타내신 주님의 발 앞에 마치 죽은 자와 같이 엎드러졌다. 이것은 마치 이사야 선지자가 보좌에 앉으신 여호와의 모습을 보고 또 이스라엘 백성들을 향해서 경고하시는 주님의 재판장으로서 입으신 영광을 본 것과 같다. 그때 이사야 선지자는 "화로다 나여 망하게 되었도다"(사 6:5)고 외쳤다.

이 모든 것이 우리에게 말하는 바는 바로 이러한 경고에는 그 결말이 뒤따르게 되어있다는 것이다. 청지기 직분이란 자신의 하던 일에 대한 책임을 지는 것이며, 그 결과에 따라 자신의 직분을 잃을 수도 있다. 청지기 직분은 빼앗길 수 있다. 현재 세대는 황폐화된 가운데 있다. 오랜 시간 황폐화된 시기를 지나온 기독교계는 부패하고 파괴된 세대로 종결될 것이다. 하나님의 눈앞에서 죄악된 모습으로 변질된 기독교계가 심판으로 종말을 맞을 때까지 모든 형태와 모든 장소에서 혼돈과 파괴가 진행될 것이다.

디모데후서는, 내가 믿기론, 교회가 촛대를 향한 경고와 심판의 결과로 그 자리에서 옮기어지는 것과 기독교계가 심판을 받게 되는, 그 중간 시기에 놓인 교회의 모습을 우리에게 보여준다. 야고보서에서 유다서에 이르기까지(바울 서신을 제외한 모든 서신을 포함해서) 교회는 성령님이 보시기에 점점 영적으로 하락되어 가고 있음을 우리에게 보여준다. 그래서 일반서신들이 주로 다루는 대상은 교회라기 보다는 신자들 개인이다. 물론 이것은 바울 서신서도 마찬가지이다. 이 사실은 우리로 하여금 요한 계시록 1-3장에서 묘사하고 있는 교회를 향한 도전과 그 결과에 대한 이해에 이르도록 해준다.

주님이 제자들에게 "천국의 비밀을 아는 것이 너희에게는 허락되었으나"(마 13:11)라고 말씀하신 대로, 우리도 이 세대의 비밀을 알아야 한다. 게다가 우리는 이 세대가 진행되어 온 과정과 변화, 그리고 다음 단계에 대해서도 알아야 한다. 그렇지 않으면 하나님의 보화, 즉 하나님의 각종 지혜를 옛 것과 새 것을 때에 맞게 내어오는 집주인의 역할을 해야 하는 천국의 제자된 서기관으로서 사명을 다 할 수 없게 된다.

디모데전후서로 돌아가서, 좀 더 자세히 살펴보면, 우리는 디모데전서가 부정한 것들을 집밖으로 내어버린 소제된 집에 대해서 설명하고 있다면, 디모데후서는 참 성도들이 떠남으로써 버려진 집에 대해서 설명하고 있음을 보게 된다. 이것은 이스라엘 역사 가운데 사사기 시대와 포로기 시대가 다른 것처럼, 하나의 세대가 서로 다른 상태에 있는 것을 설명해준다. 바벨론이 이스라엘을 포로로 사로잡아 갔을 때, 그것은 일종에 이스라엘의 폐기를 의미했다.

우리는 디모데전서가 기록된 후 얼마의 시간이 흐른 뒤에 디모데후서가 기록되었는지 정확히 알지 못한다. 아마도 충분한 시간이 흘렀을 것이다. 왜냐하면 바울은 대부분 해외에서 활동적인 사역을 했고, 그가 디모데전서를 기록한 것은 로마 감옥에 있을 때였으며, 디모데후서를 기록할 당시에는 이미 로마 황제 앞에서 재판을 받은 후였기 때문이다. 그 당시 디모데는 에베소 교회에서 사역을 하고 있었고, 이 디모데전서를 통해서 하나님의 집을 어떻게 돌아보고 목회를 할 것인가에 대한 바울의 서신을 받았다. 하지만 디모데가 디모데후서를 받을 당시에는 그가 어디에 있었는지 우리는 확신을 가지고 말할 수 없다.

두 서신을 살펴보고 비교해보면, 우리는 디모데전서가 디모데의 목회적 돌봄 아래 있는 하나님의 집에 대한 교훈을 담고 있음을 볼 수 있다. 이때 교회는 "하나님의 집이며 또한 살아계신 하나님의 교회"로 불리고 있었고, "진리의 기둥과 터"라고 하는 영광과 존귀를 가지고 있었다. 반면 디모데후서에서 이 집은 (디모데의 목회적 돌봄 아래 있지도 않았고, 성령님에 의한 보양과 돌봄 아래 있지도 않았다.) 그 안에 깨끗하지 못한 것과 부패한 것으로 가득한 "큰 집"으로 불렸다. 이것은 그들이 진리에 관하여 그릇되었음을 말해준다. 즉 그들은 "부활이 이미 지나갔다"는 거짓을 믿고 있었던 것이다. 이러한 것들이 디모데전서와 디모데후서의 차이점이다.

디모데전서를 쓸 당시에 바울은 영적 권위를 가진 사도였다.

하지만 디모데후서를 쓸 당시, 바울은 로마 감옥에 갇힌 죄수였고, 또한 성도들에게 버림받고 잊혀진 존재에 불과했다. 따라서 바울은 교회 외부에서 일어난 박해 때문에 고통을 받고 있을 뿐만 아니라 교회 내부에서 일어난 영적 황폐화 때문에 가슴을 찢는 슬픔 가운데 있었던 것이다.

이 사실은 디모데후서에 엄청난 영향을 주는 요인이었다. 바울은 디모데후서 1장 1-5절처럼, 개인들과 친밀한 관계 가운데 있는 친족들을 기억하면서 그들에게 마음의 위안과 위로를 전하는 말을 하고 있다. 사도 바울이 이렇게 개인들에게 매우 친밀한 관심과 애정을 표현하는 방식을 통해서 우리는 교회가 이제는 바울을 매우 실망시키는 영적 상태에 떨어졌음을 알아야 한다. 왜냐하면 그러한 표현 방식은 바울이 교회들에게 쓴 초기 서신들과는 전혀 다르기 때문이다. 사실 초기에도 바울은 그리스도 안에서 기억해야 하는 친족들이 있었지만, 초기 서신서들에서 그들에 대한 문안 인사나 언급은 하지 않았다.

게다가 바울은 디모데후서 3장에서 모세를 대적했던 얀네와 얌브레에 대해서 언급하고 있는데, 이는 그들과 같이 대적하는 자들이 일어나게 될 시대의 도래를 예고하는 것이다. 사단은 모세 시대에 그러한 마술사들을 통해서 애굽 왕 또는 세상의 양심을 마비시키는 일을 꾸몄듯이, 기독교계 안에서도 진리를 약화시키려는 목적으로, 이상한 사람들로 진리를 주장하게 하거나 또는 진리를 악한 것들과 혼합시키는 일을 한다.

장차 올 일에 대한 이 얼마나 훌륭한 사전 경고의 메시지인가! 기독교계란 진리의 능력을 약화시키는 다양한 혼합물로 가득한 모습으로 서서히 변질되어가는 교회들을 가리킨다. 교회가 사도 바울이 디모데전후서를 기록할 때 경고한 대로 이와 같은 모습을 띤다는 것은 현재 세대가 서로 다른 상태와 국면에 있음을 보여준다. 첫 번째는 촛대의 불꽃이 꺼지지 않도록 살피고 간검하는 국면이고, 두 번째는 촛대가 그 자리에서 옮겨진 국면이다.

이것이 우리에게 충격으로 와 닿지 않는가? 우리가 이미 살펴본 대로, 모든 세대 하나님의 청지기 직분이 창세로부터 지금까지 심판을 통해 빼앗기는 것으로 종결되었음에도, 당신은 이 (교회) 세대의 하나님의 청지기 직분만큼은 지금까지 신실하게 유지되고 있다고 생각하는가? 교회는 주님의 주권 아래, 성령님 안에, 세상의 빛으로, 진리의 기둥과 터로 존재해야 한다. 하지만 교회는 점점 영적인 무지와 어둠 속으로 빠져들어, 안개 낀 바다를 항해하는 배들의 길을 밝히는 등대로서 기능을 상실했다. 에덴 동산에서 청지기 직분을 맡은 아담으로부터, 세상의 주인이었던 노아, 그리고 유대 포도원의 농부로서 이스라엘이 이미 실패했다. 왕과 제사장과 선지자들이 실패했으며, 지금은 촛대의 시대이다. 이것은 하나님께 책임 있는 존재로서 인간의 불충성과 실패가 계속해서 반복되는 이야기이다. 맡은 일에 대한 회계가 있을 것이며 결국 직분을 빼앗기는 것으로 끝나게 된다. 소위 기도의 집은 항상 강도의 굴혈로 변하게 된다.

한 세대의 종말

세대의 발전 과정에 대해서 알아보자. 각 세대는 세대별로 존재하지만 거기에는 각 세대가 여전히 존속하면서 또한 별개의 상태로 존재한다. 이것을 이스라엘의 역사를 통해서 살펴보자. 스룹바벨, 에스라, 느헤미야는 각각 다른 시기에 자기 사람들과 더불어 바벨론 포로상태에서 귀환한 사람들이었지만, 서로 구분된 남은 자들이었다. 하지만 말라기 선지자 시대에 이르러, 여호와를 경외하는 자들이, 포로상태에서 귀환한 자들이 서로 구분된 상태에서, 그들은 서로 다른 남은 자들이었지만 피차에 말했다(말 3장).

이것은 기독교계에서도 마찬가지이다. 예를 들어, 종교개혁은 분리의 시기였다. 하지만 영적 부패는 멈추지 않고 지속되었기에, 계속적으로 개혁된 교회 안에서도 또 다른 종교개혁과 분리가 일어났다. 바벨론으로부터의 귀환은 이스라엘 민족의 순결한 상태를 보장해주지 못했다. 종교개혁 또한 초대교회의 순수성을 온전히 회복시키지 못했고, 기독교계 안의 혼합된 상태에 머물렀다. 집이 비어지고 소제되고 수리되었지만 주 예수님을 위한 것이 아니었다. 주님은 자신의 영광이 머물 수 있는 집을 발견하지 못했다. 나갔던 더러운 영, 우상숭배의 영이 다시 이스라엘을 찾아왔다. 이는 바벨론에서 돌아온 이후에 더 이상 우상들이 존재하지 않았기 때문이다. 하지만 이스라엘은 온전히 회복되지 못했다. 무신론적 오만과 교만이 다시금 싹을 피었다. 그렇다면 기독교계의 종교개혁은 어떠했을까? 말라기를 읽어보고 그들의 도덕적 상태와 상황을 살펴보라. 그리고 인간 세상의 부패와 혼돈의 이야기들이, 그때와 지금, 그리고 그곳과 이곳이, 이스라엘과 기독교계가 얼마나 서로 닮았는지, 또 그렇게 서로 얽혀 있는 놀라운 유사점을 주목해보라. 놀랍지 않은가?

디모데전후서에 나타난 하나의 세대의 다른 측면들을 살펴본 후 요한계시록에 오게 되면, 이미 살펴본 대로, 경고와 심판을 행하는 주님의 모습을 볼 수 있다. 주님은 촛대를 향해서는 경고를, 세상을 향해서는 심판을 행하신다. 다른 말로 하자면, 촛대는 그 자리에 옮겨짐을 통해서, 세상은 주의 날에 원수를 갚으신 결과 멸망하는 것을 통해서 심판하신다.

우리는 요한계시록 1-3장에서 이러한 심판 가운데 그 첫 번째를 보게 된다. 교회들은 자신의 자리에서 책임을 다해야 하는 촛대로서 자신에게 맡겨진 일을 회계하도록 부르심을 받았다. 인자이신 주님은 심판자의 영광을 입으시고 촛대 사이를 거니신다. 교회들은 바울 서신에 보면 성도의 교회이며 하나님의 택하신 무리이며, 어린양의 신부로서 성령님에 의해 보호와 양육을 받고 인도를 받고 있다. 하지만 여기서 교회들은 세상에서 빛을 밝힐 책임을 가진 촛대로서 경고를 받고 또 책망을 받고 있다. 요한계시록에서 인자이신 주님은 각 교회 마다 "내가 네 행위를 아노니"라는 말로 교회를 향한 메시지를 시작하신다. 우리가 이미 살펴본 대로, 자신의 청지기 직분에 대한 셈이 끝나면 더 이상 하나님에 대한 청지기 직분이 없게 된다. 촛대에 대한 이러한 경고는 반드시 확증과 심판으로 끝을 맺게 된다.

영원한 진리를 놓치지 말라

지금까지 살펴본 내용들을 마무리하는 이 시점에, 독자는 자신의 영혼과 양심에 어떤 도전을 받았는가? 우리가 지금까지 살펴본 내용들을 사실로 바꾸고, 개념들을 현실 세계로 가져오는 것은 믿음에 속한 일이다. 내가 쓴 이 모든 내용들에 대해 나는 조금의 의심도 없으며, 아무리 작은 내용일지라도 나에겐 엄청난 영향력과 권위를 행사하고 있다고 확신한다. 이것을 통해서 내가 확신하는 바는, 하나는 진리와 교통하는 것이며, 다른 하나는 주님 자신과 교통을 나누는 것이다. 나는 최근에 세대적인 진리를 연구하는 일을 비판하는 책을 쓴 저자와 토론하는 시간을 가질 수 있었다.

그는 그 책에서 이렇게 말했다.
"세대적인 진리의 측면은 영원한 진리에 비해서 부차적인 것이어야 한다. 세대적인 진리에 대한 절대적인 연구, 혹은 균형을 잃은 연구는 종종 사람을 교만하게 하며, 지적인 사색에만 집착하게 만들어 서로의 덕을 세우는데 필요한 사랑을 약화시키는 위험에 빠지게 한다. 종종 자신들보다는 그리스도 안에서 깊이 뿌리를 내리고 있는 다른 사람들을 경멸하는 투로 말하는 (진리를 많이 연구했음에도) 저급한 상태에 있는 성경학도들에 대한 이야기를 듣게 된다. 그러한 성경학도들은 자신과는 다른 사람들이 하나님의 진리를 배우는 일에 있어서 인간의 사색에 의해서 추론된 이론들에 익숙하지 않다는 이유만으로 그런 실수를 저지르고 있다.……(세대적인 진리의) 빛에 의해서 조명을 받지 않아도 더욱 눈부시게 될 가능성은 얼마든지 있다."

나는 세대적인 진리를 연구하는 모든 성경학도들에게 이 저자의 말을 늘 새겨두라는 말을 남기고 싶다.

지금까지 이 모든 내용들을 함께 살펴온 독자 제위들께 감사의 말을 드리고 싶다. 이 모든 교훈들은 늘상 나의 영혼을 각성시켜주는 교훈과 경고의 메시지이며, 또한 언제라도 돌이켜 영적 건강성을 회복할 수 있는 청량제와 같다. 이러한 축복이 독자들에게도 임하길 바란다.

by John Gifford Bellett

저자소개

존 기포드 벨렛, (John Gifford Bellett, 1795-1864)

1795년 더블린에서 출생했으며, 아일랜드 국교회 집안에서 성장하면서 10대에 회심을 경험했다. 벨렛의 형과 동생은 아일랜드 국교회의 목사가 되었고, 그의 집안에는 많은 성직자가 있었지만 자신은 변호사가 되고자 공부했다. 엑세터 문법 학교와 더블린 트리니티 대학교를 졸업했으며, 존 넬슨 다비와 오랜 우정을 쌓았다.

더블린에서 변호사가 생활을 하다가 1827년 파워스콧 여사의 집에서 성경 예언 수양회에 참석했다. 1828년 프랜시스 허친슨, 에드워드 크로닌, 존 넬슨 다비 등 신앙의 동지들과 함께 떡을 떼기 시작하면서, 형제단 운동(Brethren Movement)의 주역이 되었다. 1859년 북부 아일랜드에서 일어난 부흥운동에 참여했다. 교회분쟁의 시기에 사랑스러운 그리스도인의 덕목과 온유를 실천하면서 여타 분쟁을 해결했고, 이후 벨렛은 가장 고상한 그리스도인이란 평가를 받았다.

잉글랜드 노리치의 로버트 고벳(R. Govett)은 형제단 지도자들의 출판된 모든 책을 다 읽어본 후, 벨렛의 글이 가장 영적으로 깊이가 있다는 평가를 내렸다. 벨렛이 쓴 책 가운데 가장 유명한 책은 "Patriarchs", the "Evangelists", the "Son of God", 그리고 the "Moral Glory of the Lord Jesus" 등이 있다.

형제들의 집 도서 안내

1. 조지 뮐러 영성의 비밀
   조지 뮐러 지음/이종수 옮김/값 1,000원
2. 수백만을 감동시킨 사람을 감동시킨 바로 그 사람: 헨리 무어하우스
   존 A. 비올리 지음/이종수 옮김/값 1,000원
3. 내 영혼의 만족의 노래
   W.T.P 월스톤 지음/이종수 옮김/값 1,000원
4. 모든 일을 하나님의 영광을 위하여 하라
   해리 아이언사이드 지음/이종수 옮김/값 1,000원
5. 잃어버린 영혼을 위해서 어떻게 기도해야 하는가
   오스왈드 샌더스, 찰스 스펄전 지음/이종수 옮김/값 1,000원
6. 윌리암 켈리의 로마서 복음의 진수
   윌리암 켈리 지음/이종수 옮김/값 5,000원
7. 이것이 거듭남이다[개정판]
   알프레드 깁스 지음/이종수 옮김/값 9,000원
8. 존 넬슨 다비의 영성있는 복음
   존 넬슨 다비 지음/이종수 옮김/값 5,000원
9. 로버트 클리버 채프만의 사랑의 영성
   로버트 C. 채프만 지음/이종수 옮김/값 5,000원
10. 영성을 깊게 하는 레위기 묵상
    C.H. 매킨토시 외 지음/이종수 옮김/값 5,000원
11. 존 넬슨 다비의 성경주석: 빌립보서
    존 넬슨 다비 지음/이종수 옮김/값 5,000원
12. 존 넬슨 다비의 히브리서 묵상
    존 넬슨 다비 지음/정병은 옮김/값 9,000원
13. 조지 커팅의 영적 자유
    조지 커팅 지음/이종수 옮김/값 4,000원
14. 윌리암 켈리의 해방의 체험
    윌리암 켈리 지음/이종수 옮김/값 3,000원
15. 존 넬슨 다비의 성경주석: 골로새서
    존 넬슨 다비 지음/이종수 옮김/값 7,000원
16. 구원 얻는 기도
    이종수 지음/값 5,000원
17. 영혼의 성화
    프랭크 빈포드 호올 지음/이종수 옮김/값 1,000원
18. 당신은 진짜 거듭났는가?
    아더 핑크 지음/박선희 옮김/값 4,500원

19. C.H. 매킨토시의 완전한 구원
　　　　　　　　　　　　　　　　C.H. 매킨토시 지음/이종수 옮김/값 4,600원
20. 존 넬슨 다비의 하나님의 뜻을 분별하는 법
　　　　　　　　　　　　　　　　존 넬슨 다비 지음/이종수 옮김/값 1,000원
21. 존 넬슨 다비의 성경주석: 요한계시록
　　　　　　　　　　　　　　　　존 넬슨 다비 지음/이종수 옮김/값 10,000원
22. 주 안에 거하라
　　　　　　　　　해밀턴 스미스, 허드슨 테일러 지음/이종수 옮김/값 1,000원
23. C.H. 매킨토시의 하나님의 선물
　　　　　　　　　　　　　　　　C.H. 매킨토시 지음/이종수 옮김/값 4,000원
24. 존 넬슨 다비의 성경주석: 에베소서
　　　　　　　　　　　　　　　　존 넬슨 다비 지음/이종수 옮김/값 8,000원
25. 존 넬슨 다비의 영적 해방
　　　　　　　　　　　　　　　　존 넬슨 다비 지음/문영권 옮김/값 7,000원
26. 건강하고 행복한 그리스도인이 되는 법
　　　　　　　　　어거스트 반 린, J. 드와이트 펜테코스트 지음/ 값 1,000원
27. 존 넬슨 다비의 성경주석: 로마서
　　　　　　　　　　　　　　　　존 넬슨 다비 지음/문영권 옮김/값 12,000원
28. 존 넬슨 다비의 성화의 길
　　　　　　　　　　　　　　　　존 넬슨 다비 지음/이종수 옮김/값 4,500원
29. 기독교 신앙에 회의적인 사랑하는 나의 친구에게
　　　　　　　　　　　　　　　　로버트 A. 래이드로 지음/박선희 옮김/값 5,000원
30. 이수원 선교사 이야기
　　　　　　　　　　　　　　　　더글라스 나이스웬더 지음/이종수 옮김/값 5,000원
31. 체험을 위한 성령의 내주, 그리고 충만
　　　　　　　　　　　　　　　　조지 커팅 지음/이종수 옮김/값 4,500원
32. 존 넬슨 다비의 성경주석: 갈라디아서
　　　　　　　　　　　　　　　　존 넬슨 다비 지음/이종수 옮김/값 4,800원
33. 존 넬슨 다비의 성경주석: 요한서신서 · 유다서
　　　　　　　　　　　　　　　　존 넬슨 다비 지음/문영권 옮김/값 8,000원
34. 존 넬슨 다비의 성경주석: 데살로니가전 · 후서
　　　　　　　　　　　　　　　　존 넬슨 다비 지음/이종수 옮김/값 8,000원
35. 그리스도와의 연합과 구원(성경공부교재)
　　　　　　　　　　　　　　　　　　　　　　　문영권 지음/값 2,500원
36. 그리스도와의 연합과 성화(성경공부교재)
　　　　　　　　　　　　　　　　　　　　　　　문영권 지음/값 3,000원

37. 사도라 불린 영적 거장들
이종수 지음/값 7,000원
38. 당신은 진짜 하나님을 신뢰하는가
조지 뮬러 지음/ 이종수 옮김/값 4,500원
39. 그리스도와 연합된 천상적 교회가 가진 영광스러운 교회의 소망
존 넬슨 다비 지음/ 문영권 옮김/ 값 13,000원
40. 가나안 영적 전쟁과 하나님의 전신갑주
존 넬슨 다비 지음/ 이종수 옮김/ 값 2,000원
41. 죄 사함, 칭의 그리고 성화의 진리
고든 헨리 해이호우 지음/ 이종수 옮김/ 값 2,000원
42. 하나님을 찾는 지성인, 이것이 궁금하다!
김종만 지음/ 값 10,000원
43. 이것이 그리스도의 심판대이다
이종수 엮음/ 값 8,000원
44. 존 넬슨 다비의 성경주석: 마태복음
존 넬슨 다비 지음/이종수 옮김/값 16,000원
45. C.H. 매킨토시의 하나님에 관한 진실
C.H. 매킨토시 지음/ 이종수 옮김/값 1,000원
46. 존 넬슨 다비의 성경주석: 여호수아
존 넬슨 다비 지음/문영권 옮김/값 8,000원
47. 찰스 스탠리의 당신의 남편은 누구인가
찰스 스탠리 지음/이종수 옮김/값 4,000원
48. 존 넬슨 다비의 성령론
존 넬슨 다비 지음/이종수 옮김/값 13,000원
49. 존 넬슨 다비의 영적 해방의 실제
존 넬슨 다비 지음/이종수 옮김/값 5,000원
50. 존 넬슨 다비의 주요사상연구: 다비와 친구되기
문영권 지음/값 5,000원
51. 존 넬슨 다비의 죽음 이후 영혼의 상태
존 넬슨 다비 지음/이종수 옮김/값 5,000원
52. 신학자 존 넬슨 다비 평전
이종수 지음/ 값 7,000원
53. 존 넬슨 다비의 요한복음 묵상
존 넬슨 다비 지음/이종수 옮김/값 8,000원
54. 프레드릭 W. 그랜트의 영적 해방이란 무엇인가
프레드릭 W. 그랜트 지음/이종수 옮김/값 4,500원

55. 홍해와 요단강을 통해서 나타난 하나님의 구원
   윌리암 켈리 지음/ 이종수 옮김/ 값 4,800원
56. 그리스도와의 연합을 위한 성령의 역사
   윌리암 켈리 지음/ 이종수 옮김/ 값 19,000원
57. 누가, 그리스도인가?
   시드니 롱 제이콥 지음/ 박영민 옮김/ 값 7,000원
58. 선교사가 결코 쓰지 않은 편지
   프레드릭 L. 코신 지음 / 이종수 옮김/ 값 9,000원
59. 사랑의 영성으로 성자의 삶을 살다간 로버트 채프만
   프랭크 홈즈 지음/ 이종수 옮김/ 값 8,500원
60. 므비보셋, 룻, 그리고 욥 이야기
   찰스 스탠리 지음 / 이종수 옮김/ 값 7,500원
61. 구원의 근본 진리
   에드워드 데넷 지음 / 이종수 옮김/ 값 6,500원
62. 회복된 진리, 6+1
   에드워드 데넷 지음 / 이종수 옮김/ 값 6,000원
63. 당신의 상상보다 더 큰 구원
   프랭크 빈포드 호올 지음/ 이종수 옮김/ 값 6,500원
64. 뿌리 깊은 영성의 그리스도인으로 사는 법
   찰스 앤드류 코우츠 지음/ 이종수 옮김/ 값 9,000원
65. 천국의 비밀 : 천국, 하나님 나라, 그리고 교회의 차이
   프레드릭 W. 그랜트 & 아달펠트 P. 세실 지음/이종수 옮김/ 값 7,000원
66. 존 넬슨 다비의 성경주석: 베드로전 · 후서
   존 넬슨 다비 지음/장세학 옮김/ 값 7,500원
67. 존 넬슨 다비의 영광스러운 구원
   존 넬슨 다비 지음/이종수 엮음/ 값 15,000원
68. 어린양의 신부
   W.T.P. 월스톤 & 해밀턴 스미스 지음/ 박선희 옮김/ 값 10,000원
69. 성경에서 말하는 회심
   C.H. 매킨토시 지음/ 이종수 옮김/ 값 6,000원
70. 십자가에서 천년통치에 이르는 그리스도의 길
   존 R. 칼드웰 지음/ 이종수 옮김/ 값 7,500원
71. 그리스도와의 연합이란 무엇인가?
   에드워드 데넷 지음/ 이종수 옮김/ 값 9,000원
72. 하늘의 부르심 vs. 교회의 부르심
   존 기포드 벨렛 지음/ 이종수 옮김/ 값 16,000원

제2의 종교개혁 '형제운동', 교회 역사상 빌라델비아(형제사랑)교회 시대를 열었던

플리머스 형제단의 영성을 책으로 만난다!

"오, 아무 것도 소유하지 않고,
아무 것도 되지 않고,
아무 것도 보지 않고,
오직 영광 중에 살아계신 그리스도만을 보며,
그리스도께서 이 땅을 향해 관심하신 것만을 관심하는 기쁨이여!"
- 존 넬슨 다비

존 넬슨 다비
(John Nelson Darby, 1800-1882)

"그리스도를 전파하는 사람은 많지만
그리스도를 살아내는 사람은 많지 않다.
내 생애 큰 목표는 그리스도로 사는 것이다."
- 로버트 채프만

로버트 채프만
(Robert C. Chapman, 1803-19

"나에게는 내가 죽은 날이 있었다. 그 날은 바로 조지 뮬러가,
자신의 의견, 선호, 취향, 의지에 대해 죽은 날이요,
세상과 세상의 인정 혹은 비난에 대해서 죽은 날이다.
나는 심지어 나의 형제들 혹은 친구들의 인정과 비난에 대해서도
죽었다. 그때로부터 나는 오직 하나님께 인정받는 일꾼으로만
드러나도록 힘썼다."
- 조지 뮬러

거듭남, 영적 해방, 그리스도와의 연합의 진리를 펴내는
형제들의

조지 뮬러
(George Muller, 1806-1898)

홈페이지 http://www.brethrenhouse.co
다음. 카페 http://cafe.daum.net/BrethrenHou

평생 후원 & 평생 회원 모집

제 2의 종교개혁으로 불린 "형제단 운동", 교회 역사상 빌라델비아(형제사랑) 교회 시대를 열었던 플리머스 형제단의 영성을 고스란히 담아 출판해온 형제들의 집에서 평생 후원 및 평생 회원을 모집합니다.

플리머스 형제단의 저서들은 성경에 계시된 칭의, 성화, 영화의 진리가 우리 삶에 깊이 역사하게끔 해줌으로써, 이 시대를 변화시킬 영적 역량과 영성을 가진 하나님의 사람으로 변화시켜주는 힘이 있습니다. 뿐만 아니라 진정으로 거듭난 모든 사람들의 바램인 성화의 삶을 가능케 해주는 원동력으로써, 영적 해방과 그리스도와의 연합의 진리를 경험적으로 알도록 이끌어줍니다.

앞으로 존 넬슨 다비, 윌리암 켈리, 찰스 매킨토시, 존 기포드 벨렛, 찰스 스탠리, 해밀턴 스미스, 앤드류 밀러 등 영적 거장들의 저자들 가운데 최고의 작품은 모두 출판하고자 하며, 이 사역을 완주할 수 있도록 기도와 후원을 부탁드립니다.

- 향후 출판 계획 -

1. 제2의 종교개혁 – 플리머스 형제단 이야기. 앤드류 밀러.
2. 이것이 새로운 피조물이다. 존 넬슨 다비 등 다수.
3. 내게 사는 것이 그리스도니. 존 넬슨 다비.
4. 바울의 기도. 존 넬슨 다비.
5. 마태복음의 진수. 존 넬슨 다비.
6. 영광스러운 교회. 존 넬슨 다비.
7. 존 넬슨 다비 성경주석시리즈 – 고린도전후서. 존 넬슨 다비.
8. 존 넬슨 다비 성경주석시리즈 – 디모데전후서. 존 넬슨 다비.
9. 존 넬슨 다비 성경주석시리즈 – 다니엘서. 존 넬슨 다비.
10. 존 넬슨 다비 성경 등

후원 방법 및 회원 특전

1. **정회원** : 매월 1만원 이상 자동이체 후원자
2. **정회원 특전** :
   1) 신간 나올 때마다 자동 우편 발송
   2) 존 넬슨 다비 주석 11권 무료 증정
   3) 영적 해방 및 그리스도와의 연합 세미나 참석
3. **후원 방법** :
   1) 본인이 은행에 가서 자동이체 신청
   2) 인터넷 뱅킹(또는 스마트 뱅킹)을 통해서 자동이체 신청
   3) 1회분 입금 확인후 다비주석 11권 발송
4. **후원 계좌 및 자동이체 계좌** :

국민은행 356-21-0238-433 예금주 : 이종수

우리은행 1002-035-797890 예금주 : 이종수

농협 369-02-132172 예금주 : 이종수

다비신학연구원 등록 안내

1. 설립 취지

19세기 일어난 제2의 종교개혁으로 불린 형제단 운동의 신학의 초석을 놓았던 신학자 존 넬슨 다비(John Nelson Darby)의 신학을 연구, 보급함으로써 그리스도와의 연합을 통해서 하늘에 속한 영성을 갖춘 그리스도인으로 육성하는 복음주의 기독교 신학연구원이다.

2. 교육방향

(1) 본 신학연구원은 하나님의 영원하신 경륜 가운데 하나님의 구원을 이루고 있는 진리의 네 기둥을 중심으로 교육함으로써, 가장 성서적인 의미에서의 하나님 나라를 건설하고 또한 그리스도의 몸 안에서 사역하는 역량을 갖춘 철저한 그리스도인을 육성하는 교육 기관이다.

(2) 여기서 진리의 네 기둥이라 함은, 신구약 성경에서 계시하고 있는 구원론을 이루는 거듭남, 죄 사함, 영적 해방, 그리고 그리스도와의 연합의 진리를 의미한다. 이 네 가지 기둥 가운데 하나라도 부실하게 되면, 성경에서 말하는 진정한 그리스도인의 삶을 살 수 없을뿐더러,

나약한 영성에 몸부림치며 살아갈 수 밖에 없다. 그로 인해 나타나는 현상은 무법주의(고린도전후서), 율법주의(갈라디아서), 영지주의/신비주의/금욕주의/천사숭배주의(골로새서), 자포자기주의(로마서) 등에 빠지는 것이다.

(3) 신구약성경에서 계시하고 있는 구원론은 진리의 네 기둥에 기초하고 있으며, 이러한 구원론은 가장 성서적인 신론, 그리스도론, 성령론, 교회론, 종말론의 뼈대를 이룬다.

(4) 학과는 모두 네 가지로 구성되며, 이 네 가지 학과를 학습하게 되면, 가장 성서적인 구원론, 신론, 그리스도론, 성령론, 교회론, 종말론을 두루 학습하는 효과를 거둘 수 있다.

자세한 내용은 네이버 카페 공지 참조바랍니다. 네이버에서 "다비신학연구원"을 검색하세요.

영적 해방과 그리스도와의 연합 세미나

주제: 영적 해방과 그리스도와의 연합을
  어떻게 경험하는가?
장소: 강남역, 스터디 블룸
시간: 매주 월요일 저녁 7시-9시
자격: 정회원 이상
문의: 010-9317-9103

거듭남, 죄사함, 영적해방,
그리고 그리스도와의 연합의 진리의 보고(寶庫)

형제들의집

대표전화 010-9317-9103, FAX (02) 2215-9583
E-mail: asharp@empas.com
홈페이지: brethrenhouse.co.kr
카페: cafe.daum.net/brethrenhouse
다비신학연구원: cafe.naver.com/darbytheologyinst

Originally published under the title of
Musings on the Epistle to the Hebrews &
Brief Notes on the Epistle to the Ephesians
by John Gifford Bellett
Copyright©Les Hodgett, Stem Publishing
7 Primrose Way, Cliffsend, Ramsgate, Kent, U.K.

Korean translation copyright
ⓒ 2015 by Brethren House, Korea
All rights reserved

하늘의 부르심 vs. 교회의 부르심
ⓒ형제들의 집 2015

초판 발행 • 2015.03.31
지은이 • 존 기포드 벨렛
엮은이 • 이 종 수
발행처 • 형제들의집
판권ⓒ형제들의집 2015
등록 제 7-313호(2006.2.6)
Cell. 010-9317-9103
홈페이지 http://brethrenhouse.co.kr
카페 cafe.daum.net/BrethrenHouse
다비신학연구원 cafe.naver.com/darbytheologyinst
ISBN 978-89-93141-72-6 03230

＊값은 뒤표지에 있습니다.
＊잘못된 책은 바꿔드립니다.
＊서점공급처는 〈생명의말씀사〉 입니다. 전화(02) 3159-7979(영업부)